EuroNatur-WWF Reiseführer

AF511259

Mur, Drau und Donau – Leben durch Flussdynamik

Naturreiseführer durch eine einzigartige Flusslandschaft am Südrand Mitteleuropas

Borut Stumberger, Arno Mohl
& Martin Schneider-Jacoby

AMAZON OF EUROPE
MURA-DRAVA-DANUBE

euroNATUR

WWF

EuroNatur und WWF arbeiten seit mehr als 20 Jahren gemeinsam mit zahlreichen Partnerorganisationen und öffentlichen Institutionen in der Donau-Drau-Mur-Region für den effektiven Schutz und die nachhaltige Entwicklung dieser faszinierenden Flusslandschaften.

MAVA FONDATION POUR LA NATURE

Dieser Naturreiseführer ist mit finanzieller Unterstützung der MAVA Stifung für Natur entstanden.

Der Naturführer Mur, Drau und Donau ist den vielen engagierten Personen gewidmet, die sich für den Schutz dieser einmaligen Flusslandschaft eingesetzt haben und weiterhin einsetzen.

Inhaltsverzeichnis

Inhaltsverzeichnis

Inhaltsverzeichnis

Inhaltsverzeichnis

Vorstellung der Autoren

Foto: Privat

Dr. Martin Schneider-Jacoby (†)

Martin Schneider-Jacoby wurde 1956 in Cuxhaven geboren. Sein Vater, ein erfahrener, engagierter Ornithologe und Naturschützer, vermittelte ihm schon seit früher Kindheit den Zugang zur Vogelwelt und weckte damit ein Interesse, das Schneider-Jacobys ganzes künftiges Leben prägen und mit Leidenschaft für den Vogelschutz erfüllen sollte.

Seit seiner Studienzeit arbeitete er regelmäßig ehrenamtlich bei Vogelzählungen und anderen naturschützerischen Aktivitäten des NABU (Naturschutzbund Deutschland e.V.) mit. Im Rahmen seiner Doktorarbeit „Vögel als Naturschutzindikatoren in den Save-Auen" hielt er sich von 1986 bis 1988 in den kroatischen Save-Auen (damals Jugoslawien) auf. In dieser Zeit entstand der Kontakt zu EuroNatur, wo er ab 1989 eine feste Anstellung erhielt und von da an als Leiter von Projekten in Ost- und Südosteuropa tätig war.

Besonders verdienstvoll war seine Arbeit für den Naturschutz auf dem Balkan, ein Teil Europas, der ihm sehr am Herzen lag. Ebenso außergewöhnlich war sein Einsatz für den Schutz der Zugvögel und ihrer Lebensräume. Nicht nur die EuroNatur Stiftung, sondern auch ein ausgedehntes Netzwerk aus Naturschutzpartnern in ganz Europa profitierten von seinem über die Jahre gewachsenen Erfahrungsschatz. Seine tiefe Liebe zur Natur machte Martin Schneider-Jacoby zu einem exzellenten Feldbiologen, der es wie kaum ein anderer verstand, den Funken seiner eigenen Begeisterung auf andere überspringen zu lassen.

Zu seinen besonderen Anliegen gehörte stets der Schutz der Auen von Drau und Mur. Seine trotz manchen Rückschlägen nie nachlassenden Bemühungen, Naturschützer und Entscheidungsträger der Anliegerländer zu gemeinsamem Handeln für diesen gefährdeten Großlebensraum zu motivieren, machten ihn zu einer der treibenden Kräfte für die grenzüberschreitenden

Naturschutzbemühungen. Um einer breiteren Öffentlichkeit die einzigartigen Naturschätze und Schutzwürdigkeit des Drau-Mur-Gebietes näherbringen zu können, hatte Schneider-Jacoby den 1996 im Naturerbe Verlag Jürgen Resch erschienenen Naturführer „Drau und Mur" verfasst, auf dem auch das vorliegende Buch aufbaut.

Am 15. August 2012 starb Dr. Martin Schneider-Jacoby nach kurzer schwerer Krankheit im Alter von 56 Jahren. Sein plötzlicher Tod riss ihn mitten aus der Arbeit an einem Manuskript für einen neuen, aktualisierten und erweiterten Naturreiseführer „Mur-Drau-Donau". Seine langjährigen Freunde und Weggefährten Borut Stumberger und Arno Mohl haben die Fäden aufgenommen und das begonnene Manuskript gemeinsam vollendet. Mit diesem nun in der Serie der EuroNatur-Naturreiseführer erschienenen Buch haben die beiden Co-Autoren ein wichtiges Vermächtnis Schneider-Jacobys erfüllt.

Foto: Mirko Sarac

Dr. Martin Schneider-Jacoby

Und meine Seele spannte
Weit ihre Flügel aus,
Flog durch die stillen Lande,
Als flöge sie nach Haus.

Joseph Karl Benedikt Freiherr von Eichendorff

Foto: Privat

Borut Stumberger, Dr. vet. Med.

Borut Stumberger wurde 1964 in der slowenischen Stadt Ptuj (ehem. Pettau) geboren und blieb seither stets in der Nähe der Drau wohnen. Als jüngstes Gründungsmitglied widmete er sich seit 1979 dem Aufbau von BirdLife Slowenien, und schon während seines Studiums der Tiermedizin engagierte er sich für den Vogelschutz. Seit 2001 arbeitet er als selbständiger Naturschutzexperte in verschiedenen Naturschutzprogrammen. Im Mittelpunkt seiner Aktivitäten standen jedoch stets die Bemühungen um ein grenzüberschreitendes Biosphärenreservat Mur-Drau-Donau.

Im Rahmen des EuroNatur-Projektes „Cerknicer See" entwickelte sich ein enger Kontakt zwischen Borut Stumberger und Martin Schneider-Jacoby, der sich über die Jahre noch vertiefte und zu Kooperationen in weiteren EuroNatur-Projektgebieten führte. So übernahm Stumberger etwa als Regionalkoordinator im EuroNatur-Zugvogelschutzprojekt „Adriatic Flyway" ab 2002 die Verantwortung für die Vogelbestandserfassungen in den wichtigsten Zugvogelrastgebieten und die Erstellung von Schutzkonzepten.

Neben seiner fundierten ornithologischen Kompetenz brachte Stumberger durch seine tierärztliche Ausbildung umfangreiche Kenntnisse über alte Haustierrassen in die Projektarbeit von EuroNatur ein. Seine spezielle Mischung von Know-how ist besonders wichtig in großflächigen Landschaftsschutzvorhaben wie dem „Mur-Drau-Donau"-Projekt, bei dem angepasste nachhaltige Nutzungen eine wichtige Rolle spielen.

Als Co-Autor hat Borut Stumberger seinerzeit schon bei dem o.a. Naturführer „Drau und Mur" des Naturerbe Verlags Jürgen Resch mitgewirkt. Sozusagen als letzten Freundschaftsdienst hat er nun auch maßgeblich dazu beigetragen, um das Vorhaben Dr. Schneider-Jacobys für einen neuen Naturreiseführer in der Serie von EuroNatur zu verwirklichen. Nicht zuletzt profitieren jetzt die Leser dieses Büchleins von Stumbergers profunder Kenntnis der Drau-Mur-Region und seinem reichhaltigen Wissens- und Erfahrungsschatz.

Foto: WWF

Dipl. Ing. Arno Mohl

Arno Mohl wurde 1970 in Klagenfurt geboren. Jeden Sommer schlug die Familie ihre Zelte an der damals noch weitgehend unberührten Drau im Kärntner Rosental auf. Dort erwachte sein Interesse für Fluss- und Auenlandschaften, das sich später zu einer Leidenschaft entwickeln sollte.

Durch seinen Vater, der ehrenamtlich den WWF-Stützpunkt in Kärnten leitete, kam Mohl bereits als Schüler in Kontakt mit konkreter Naturschutzarbeit. Das Studium der Landschaftsökologie führte ihn 1989 nach Wien. An der Entstehung des Nationalparks Donau-Auen in den 1990er Jahren wirkte Mohl wie etliche seiner Studienkollegen begeistert mit.

Die Leidenschaft für Flüsse ließ ihn von da an nicht mehr los. Im Rahmen einer Ungarnreise lernte er als Student 1992 erstmals die Untere Drau, die als fließende Grenze zwischen Ungarn und Kroatien mäandriert, kennen. Die vollkommen natürliche und damals weitgehend unbekannte Flusslandschaft zog ihn sofort in ihren Bann. Angesichts der drohenden Zerstörung durch ein Wasserkraftwerk, fasste er damals den Entschluss, für den Erhalt dieser europäischen Urlandschaft zu kämpfen.

1993 traf er bei der ersten internationalen Arbeitsgruppensitzung zum Schutz der Drau auf Martin Schneider-Jacoby und Borut Stumberger, beide Co-Autoren dieses Naturreiseführers. Es folgte eine Vielzahl an Studienreisen ins Gebiet und die Mitwirkung am ersten grenzübergreifenden Konzept für ein Biosphärenreservat „Mur-Drau-Donau". Im Rahmen seiner Diplomarbeit erarbeitete Mohl gemeinsam mit Weggefährte und Studienkollege Ulrich Schwarz die naturschutzfachlichen Grundlagen für den Schutz der Drau-Auen vor schädlichen Eingriffen.

Im Jahr 2000 wurde das Hobby zum Beruf. Aufbauend auf den jahrelangen ehrenamtlichen Bemühungen etablierte Mohl den Schutz der Mur, Drau und Donau im Naturschutzprogramm des WWF. Seither ist er die treibende Kraft im internationalen Schutz dieser Flüsse. Als Drauschützer der ersten Stunde hat er seine Erfahrung und profunden Kenntnisse des Gebietes als Co-Autor in den vorliegenden Naturführer eingebracht.

Vorwort

Im Grenzgebiet zwischen Österreich, Slowenien, Ungarn, Kroatien und Serbien liegt eine der letzten naturnahen Flusslandschaften unseres Kontinents, die als „Amazonas Europas" bekannt ist. Durch ein breites Band aus mächtigen Auwäldern und -wiesen, Augewässern, Kies-und Sandbänken und malerischen Ortschaften fließt die Drau bis zu ihrer Mündung in die Donau. Zusammen mit ihrem größten Zubringer, der Mur, und den anschließenden riesigen Auengebieten an der Donau bilden das Mur-Drau-Donau-Flusssystem einen 700 km langen, einmaligen Biotopverbund und wichtigen Bestandteil des Grünen Bandes Europas. Die Lage in einer Grenzregion, zur Zeit des Kalten Krieges als Teil des ehemaligen „Eisernen Vorhangs", bewahrte weite Teile der Flusslandschaft jahrzehntelang vor intensiver menschlicher Nutzung. Ungehindert konnten die Flüsse Kies- und Sandbänke, Flussinseln und Steilufer schaffen. Bis zu einer Höhe von 40 m ragen an den Flussufern steile Lehm- und Sandwände auf. Von ihnen aus reicht der Blick weit über die einzigartige Flusslandschaft. Die große Vielfalt an Lebensräumen sorgt für eine außerordentlich reiche Tier- und Pflanzenwelt: An den Abbruchkanten brüten Uferschwalben, Bienenfresser und Eisvögel. Auf den Kiesbänken im Flussbett ziehen Kolonien von Zwerg- und Flussseeschwalben und der Flussregenpfeifer ihre Jungen groß. Auch Fischotter und der Glattdick, die seltenste Donaustörart, sowie Seeadler mit der höchsten Dichte an Brutpaaren im kontinentalen Europa sind hier beheimatet.

Der vorliegende Naturreiseführer möchte Sie in diese touristisch noch weitgehend unbekannte, aber landschaftlich umso reizvollere Flusslandschaft entführen. Er bietet einen umfassenden Einblick in den Naturraum, erhebt jedoch keinen Anspruch auf eine vollständige Beschreibung von Fauna und Flora, die – auch bedingt durch den Fall des Eisernen Vorhangs und den politischen Wandel in Europa – Veränderungen unterworfen ist.

Gebiete, die 45 Jahre lang nur von wenigen Menschen betreten werden durften, sind seit 1989 wieder frei zugänglich und nutzbar – in vielen Fällen mit negativen Folgen für die Natur. Mit der Grenzöffnung wurden etliche Kies- und Sandbänke, natürliche Ufer und Auwälder durch Kiesabbau und Regulierungsprojekte erheblich geschädigt. Die größte Gefahr droht den noch verbliebenen natürlichen Flussabschnitten durch neue Wasserkraftwerke. Vor allem von kroatischer Seite werden immer wieder Projekte für große Kraftwerke entlang der Drau vorangetrieben. Aber auch in Slowenien an der Mur sind acht Kraftwerke geplant.

EuroNatur und WWF erkannten schon früh die Bedeutung der einzigartigen Flusslandschaften. Bereits 1990 startete EuroNatur ein ehrgeiziges Projekt zu ihrer Rettung und organisierte im Mai 1993 in der ungarischen Stadt Kaposvár die erste internationale Naturschutzkonferenz über die Zukunft der Flüsse, an der Politiker und Naturschutzexperten der Region teilnahmen. Ziel war es, die noch weitgehend natürlichen Flussabschnitte von Mur, Drau und Donau in ihrer Ursprünglichkeit zu bewahren. Im Rahmen dieser Tagung wurde die Idee eines grenzüberschreitenden Biosphärenreservats geboren.

Die UNESCO kann Landschaften als Biosphärenreservate auszeichnen, wobei sich die jeweiligen Länder zu besonderen Maßnahmen für den Schutz und die nachhaltige Entwicklung dieser Gebiete verpflichten. Biosphärenreservate verbinden streng geschützte Naturlandschaften mit Kulturlandschaften, die der Mensch durch jahrhundertelange Nutzung geprägt hat. Die vielfältigen Natur- und Kulturschätze der Region entlang von Mur, Drau und Donau bieten die besten Voraussetzungen für diesen Schutzgebietstyp.

Gemeinsam mit Naturschutzpartnern aus allen fünf Ländern setzen sich WWF und EuroNatur seit den 1990er-Jahren mit Nachdruck für die Einrichtung eines grenzüberschreitenden Biosphärenreservats „Mur-Drau-Donau" ein. Als Vision und Grundlage für die Verhandlungen über die nachhaltige Absicherung der einzigartigen Naturwerte diente ein Konzept zur Realisierung eines Biosphärenreservats sowie die Studie „Lifeline Drava-Mura 2009 bis 2020". Darin sind Strategien und Maßnahmen zum Schutz und der Renaturierung der Flusslandschaften beschrieben.

Die langfristig angelegten Schutzbemühungen für die Flüsse zeigen Erfolge. In den letzten Jahrzehnten errichteten die Regierungen aller fünf Anrainerländer dreizehn große Schutzgebiete entlang von Mur, Drau und Donau. Mit der Ausweisung des rund 88.000 ha großen Regionalparks

„Drau-Mur" durch die kroatische Regierung im Jahr 2011 wurde das Schutzgebietsnetzwerk endgültig komplettiert. Darüber hinaus konnten durch intensive Kampagnenarbeit gemeinsam mit lokalen Naturschutzpartnern bedrohliche Pläne zur Regulierung und Kiesausbaggerung sowie neuer Wasserkraftwerke an Mur, Drau und Donau abgewendet und somit 270 km natürliche Flusslandschaft gerettet werden.

Die Weichen für das grenzüberschreitende UNESCO-Biosphärenreservat an Mur, Drau und Donau wurden im September 2009 durch Kroatien und Ungarn in Rahmen eines gemeinsamen Abkommens gestellt. Der endgültige Wurf gelang zwei Jahre später. Am 25. März 2011 unterzeichneten die Umwelt- und Naturschutzminister von Österreich, Slowenien, Ungarn, Kroatien und Serbien im ungarischen Gödöllő bei Budapest das Gründungsabkommen für das weltweit erste 5-Länder Biosphärenreservat. Bereits am 11. Juli 2012 hat die UNESCO den kroatisch-ungarischen Teil des geplanten 5-Länder Biosphärenreservates im Umfang von 630.000 ha offiziell anerkannt. Dann ging es Schlag auf Schlag. Im Juni 2017 folgte die Anerkennung des serbischen Anteils an der Donau als Biosphärenreservat und in den beiden darauffolgenden Jahren wurden die slowenischen und österreichischen Murgebiete anerkannt. Damit waren alle Bausteine für das gemeinsame 5-Länder Biosphärenreservat beisammen. Der entsprechende Antrag wurde im Mai 2020 bei der UNESCO in Paris eingereicht und am 15. September 2021 genehmigt. Mit dem Verschmelzen der einzelnen Reservate zum weltweit ersten gemeinsamen 5-Länder Biosphärenpark mit einer Fläche von rund 1 Million ha wird die Vision des grenzüberschreitenden Naturschutzes Wirklichkeit.

Um zu verhindern, dass das Biosphärenreservat nur auf dem Papier existiert, arbeiten EuroNatur und WWF bereits mit lokalen Partnern in allen beteiligten Ländern fieberhaft an dessen Umsetzung. So wurde im Rahmen eines EU-Projektes ein mit allen dreizehn Schutzgebietsverwaltungen gemeinsam abgestimmtes grenzübergreifendes Managementprogramm entwickelt. In einem Folgeprojekt wird eine 5-Länder Flussrevitalisierungsstrategie entwickelt und erste Pilotmassnahmen umgesetzt.

Darüber hinaus wird gemeinsam mit den Wasserwirtschafts- und Naturschutzbehörden der Länder an der Revitalisierung bereits geschädigter Fluss- und Auengebiete gearbeitet. Finanziert werden diese Maßnahmen u.a. mit Hilfe des EU-LIFE-Programms. Um das Biosphärenreservat für internationale Touristen und die lokale Bevölkerung auf umweltfreundliche Weise erlebbar zu machen und den Naturtourismus zu stärken, ist ein länderübergreifender Radweg, der Amazon of Europe Bike Trail, in Umsetzung.

Bisher konnten WWF und EuroNatur mit Hilfe von lokalen und internationalen Partnern tiefgreifende naturzerstörerische Eingriffe in dem Gebiet verhindern und den Schutz wesentlich stärken. Es sind jedoch noch viele Anstrengungen erforderlich, um einen dauerhaften Schutz des lebendigen Flusssystems von Mur, Drau und Donau sicherzustellen.

Dieser Naturreiseführer soll einen Beitrag dazu leisten, die Naturschönheiten der Region bekannter und erlebbar zu machen. Wir hoffen, dass das Büchlein viele Naturinteressierte zum Besuch dieser faszinierenden Flusslandschaft inspiriert und somit insbesondere die kleinen lokalen Beherbergungs- und Gastronomiebetriebe vom Schutz und Erhalt des „Amazonas Europas" profitieren.

Gabriel Schwaderer	Andrea Johanides
EuroNatur	**WWF Österreich**

5-Länder Biosphärenreservat Mur-Drau-Donau

UNGARN
Pécs
Baja
Mohács
Sombor
Apatin
SERBIEN
Drau
Donji Miholjac
Donau
Osijek
KROATIEN
Vukovar
Bačka
Palanka
© WWF

Foto: Goran Šafarek

Der Naturraum im Überblick

Flüsse als Landschaftsgestalter

In vergangenen Erdzeitaltern haben Flüsse die Gestalt unserer heutigen Landschaften geformt. An ihrem Beispiel zeigt sich die dynamische, gestaltende Kraft des Wassers. Bis heute können Flüsse und Bäche Landschaftsräume schaffen und verändern, wenn menschliche Eingriffe dies nicht verhindern.

Im Oberlauf eines Flusses, wo das Gefälle groß ist, hat das Wasser eine gewaltige Kraft. Hier bestimmt die Abtragung von Material die Gestalt der Gebirgsbäche. Durch Erosion werden große Mengen Geröll und Erde alljährlich ausgewaschen und zu Tal transportiert. In den Talniederungen verlangsamt sich dieser Prozess, und im Mittellauf kommt es allmählich zu einem Gleichgewicht zwischen Abtragung und Ablagerung. In dieser Zone scheint der Fluss in seinem Zustand zu verharren und sein Bett sich weder einzutiefen noch aufzulanden. Im Unterlauf, wenn das Gefälle nur noch wenige cm pro km beträgt, überwiegt dann die Ablagerung von meist feinem Material. Dies kann einerseits im Tiefland nahe der Mündung der Fall sein, aber auch an anderen Flussstrecken ohne großes Gefälle. Die parallel zur Drau fließende Save ist hierfür ein sehr schönes Beispiel, aber auch der Mündungsbereich der Drau in die Donau. Einige Abschnitte der mittleren Donau, z.B. ab Baja, gehören ebenfalls dazu.

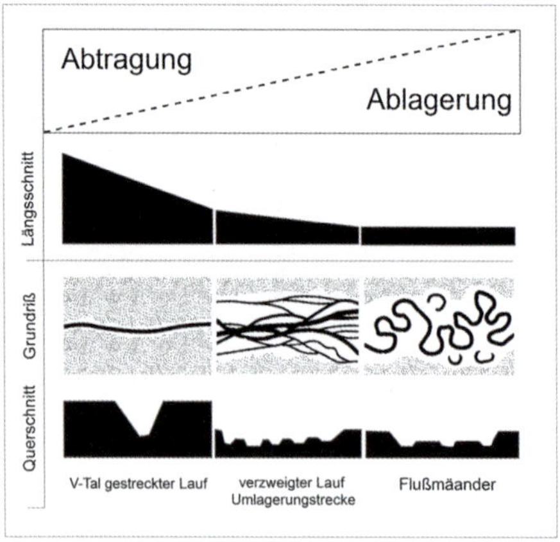

Grafik: Verändert nach Schneider-Jacoby 1996

In jedem Abschnitt eines Flusses entstehen typische Strukturen an die wiederum viele Tiere und Pflanzen angepasst sind. Im Oberlauf bilden sich gestreckte Flussverläufe, während sich im Mittellauf, beim Verlassen der Gebirge ein breites Schotterbett mit einem verzweigten Flusslauf mit vielen Seitenarmen ausbildet. Wenn das Gefälle noch geringer wird und die Ablagerungen feiner werden, beginnt der Fluss in großen Schleifen zu mäandrieren.

Sehr wichtig für das Verständnis von Flüssen ist die Beziehung zwischen Wasser und mitgeführtem Material. Feine Stoffe schwimmen als Schwebstoffe im Wasser. Gröberes Material wird auf dem Boden geschoben, daher der Name „Geschiebe". Selbst große Steine können auf dem Stromgrund wandern, da sie in den kleinen Kieseln wie in einem Kugellager bewegt werden. Die dadurch erzeugten Geräusche sind manchmal am Ufer zu hören.

Ablagerung oder Erosion hängen von Gefälle und Wassermenge ab. Werden vom Oberlauf her weniger feste Stoffe herangeführt, holt der Fluss sich diese aus dem Boden oder den Seiten des Flussbettes. Hat es zu viele, werden sie als Schotter, Kies oder Schlamm abgelagert. Wo der Fluss ein starkes Gefälle hat, verläuft er meist gerade.

Foto: Goran Šafarek

Die Kiesinseln und Sandbänke bei Botovo an der Drau sind natürliche Brutplätze für **Fluss**- und **Zwergseeschwalben** (Sterna hirundo, Sternula albifrons).

Sehr interessant und für viele Tier- und Pflanzenarten überlebensnotwendig sind die Fluss-Strukturen, die sich entlang des Laufes ausbilden. Wichtig für ihr Verständnis sind die Strömungsverhältnisse und ihr Zusammenhang mit Ablagerung und Abtragung. In der Mitte ist die Fließgeschwindigkeit am höchsten, da sich der Wasserkörper hier ungehindert abwärts bewegen kann, während sie sich durch die Reibung am Boden und den Seiten des Flussbettes stark verringert und ganz nahe am Ufer fast zum Erliegen kommen kann. Vom Flussufer aus kann man dies sehr gut beobachten. Für die im Fluss lebenden Tiere und Pflanzen haben diese Bedingungen eine große Bedeutung, da sich jede Art ihre eigene Nische entsprechend der Strömung aussuchen kann.

Foto: Goran Šafarek

Flussseeschwalben brüten auf den Kiesinseln der Drau.

Mit dem Querschnitt des Fließgewässers ändern sich auch die Strömungsverhältnisse. Da auf weiten Strecken dieselbe Wassermenge durch den Fluss hindurchfließt, steigt die Fließgeschwindigkeit an, wo der Querschnitt des Flussbetts kleiner wird. Und wo der Querschnitt sich erweitert, vermindert sich die Fließgeschwindigkeit. Dies hat weitreichende Konsequenzen, da die Fließgeschwindigkeit über die Transportkraft des Wassers entscheidet.

Bevorzugte Abtragungsstellen sind Prallhänge in Außenkurven oder aber auch die Sohle des Flussbettes. Verlangsamt sich die Fließgeschwindigkeit, setzen sich Schwebstoffe ab. Dies ist zum Beispiel im Auwald bei Hochwasser der Fall, da die Bäume und Büsche die Wassermassen bremsen. Auch am Ufer sind verschiedene Ablagerungen sehr schön zu unterscheiden: In stehenden Wasserbereichen setzen sich feinere Sande ab als in fließenden. Auch das auf dem Gewässerboden bewegte Geschiebe kommt bei abnehmender Fließgeschwindigkeit zur Ruhe.

Foto: Arno Mohl

Am Prallhang wird Material abgetragen. Hier entstehen Steilufer, die von von Uferschwalben, Bienenfressern und Eisvögeln für den Bau ihrer Bruthöhlen genutzt werden.

Sehr wichtig für die Tier- und Pflanzenwelt auf der Stromsohle sind die Totwasserbereiche, die heute in vielen begradigten Gewässern fehlen, weil hier keine Strukturen mehr bestehen. In natürlichen Gewässern liegen immer auch größere und kleinere Steine im Flussbett oder es bilden sich Kolke aus. Im Strömungsschatten von Hindernissen entstehen Wirbel und ruhige Zonen, wo viele der Fließwasserbewohner Schutz finden. So kann sich jede Art ihre eigene Nische suchen und sich so weit in die Strömung vorwagen, wie es der Körperbau, die eigene Kraft und die Größe erlauben.

In großen Flüssen wird die Strömung immer komplizierter. Die Hauptströmung mit der größten Geschwindigkeit wird als Stromstrich bezeichnet. Die Wassermassen drehen sich auf beiden Seiten in zwei großen Strömungswalzen schraubenförmig. Von Brücken aus lassen sich die Wasserbewegungen erahnen, wenn man neben der Strömung auch die Anlagerungen und Auswaschungen an den Ufern berücksichtigt. Wichtig für das ökologische Verständnis der Flüsse Mur, Drau und Donau sind die verschiedenen Ausprägungen der Flusslandschaft. Besonders Drau und Mur sind ideale Beispiele, um Flussgestalt und die zugehörige Tier- und Pflanzenwelt kennenzulernen.

Die Umlagerungszone

Der Name „Umlagerungszone" (Furkationszone) beschreibt anschaulich die Arbeit des Flusses. Wo sich die Drau bei Maribor in Slowenien den Weg aus dem Gebirge gebahnt hat, wies sie vor dem Bau der Wasserkraftwerke eine typische Umlagerungszone aus. Kennzeichnend für solche Flussabschnitte sind viel Geschiebe und ein mittleres Gefälle. Da sich der Flusslauf hier in viele Arme auflöst, wird in manchen Fachabhandlungen auch von „verwilderten Flussabschnitten" gesprochen. Die Kraft des Wassers ist groß genug, um Kieselsteine und Geröll zu bewegen; bei Hochwasser werden die Steinmassen immer wieder umgeschichtet. Das Ergebnis ist ein sich wiederholendes Bild von vielen unbewachsenen Kiesinseln und verschieden großen Wasserarmen.

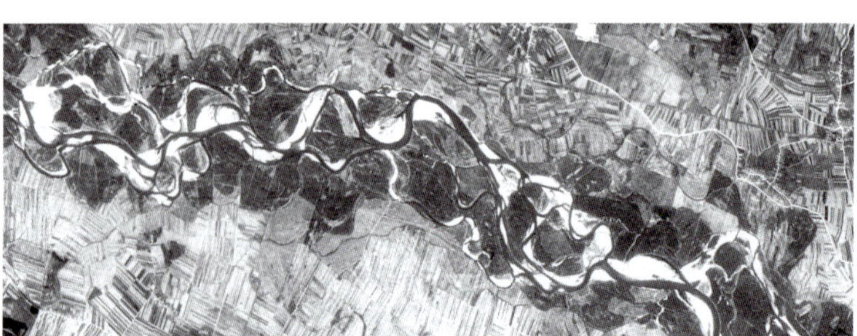

Foto: WWF

Im Jahr 1968 war die Drau zwischen Ormož und Varaždin noch intakt. Mit dem Ausbau der Wasserkraft ging die einmalige Furkationszone mit ihren ausgeprägten Kiesbänken und Seitenarmen, Lebensraum für eine artenreiche Fisch- und Vogelfauna für immer verloren.

Die wandernden Inseln bilden sich nach einem festgelegten Muster. Aus einer Geröllansammlung entsteht langsam ein Hindernis im Flussbett, dem die Wassermassen ausweichen. Beim Ablaufen des Hochwassers lässt die Kraft des Flusses allmählich nach, und zuerst bleiben große Steine liegen. Im Bereich dieser Steine verlangsamt sich die Fließgeschwindigkeit dann weiter und die Insel beginnt zu wachsen. Die typischen Formen solcher Kiesbänke im Flussbett zeigen am unteren Ende den höchsten Bereich, während sich die Insel flussaufwärts gegen die Strömung verjüngt und das Material dort feiner wird. Dies liegt daran, dass die Insel bei fallendem Wasserstand flussaufwärts wächst und sich mit nachlassender Strömung dort dann immer feineres Material ablagert.

Bei großen Hochwässern türmen sich so hohe Kiesbänke auf, dass sie später nicht mehr vom Wasser erreicht werden. Durch den lockeren Schotter fließt auch das Regenwasser schnell ab, wodurch mitten in der Aue sehr trockene Hügel entstehen, die als „Brennen" oder „Heißländen" bezeichnet werden. Die Trockeninseln erhöhen den Strukturreichtum der Auenlandschaft sehr stark, denn in unmittelbarer Nähe von Sumpf- und Wasserpflanzen können Trockenrasen wachsen.

Den Rand der Überschwemmungsfläche bildet die Hochterrasse. Sie ist besonders schön im Drau-Tal in Slowenien zu sehen. Hier liegen die historischen Orte und auch die Straße zwischen Maribor und der kroatischen Grenze direkt an einer etwa 10 m hohen Abbruchkante. Unten tritt das Grundwasser in der Aue in klaren Quellen an die Oberfläche. Die Wasserqualität ist hier sehr gut. In dem glasklaren Wasser kommen zahlreiche, gegen Verschmutzung empfindliche Arten vor.

Die Mäanderzone

Fehlt dem Fluss das nötige Gefälle, gräbt er sich nicht mehr in die Tiefe ein, sondern durch ein Pendeln des Stromstriches entstehen weite Bögen. Diese werden nach dem Namen des in der heutigen Türkei liegenden Flusses Menderes (griech. Mäandros) als Mäander bezeichnet. Das Wasser sucht sich auf diese Weise den energetisch günstigsten Weg durch die Ebene. Typische Beispiele für einen solchen Mäanderlauf boten einst die Mur unterhalb der drei Bistrica-Dörfer, die Drau unterhalb Barcs sowie die ganze Donaustrecke zwischen Baja und Novi Sad.

Auch Fluss-Schlingen bewegen sich. Durch die Abtragung am Prallhang verschieben sich die Uferstrukturen langsam flussabwärts. Große Veränderungen ergeben sich, wenn eine Schlinge durchbricht und dadurch ein ganzer Bogen vom Hauptfluss abgeschnitten wird. So entstehen die Altarme, die für die Vielfalt der Flusslandschaft sehr wichtig sind, weil auf diese Weise ein reiches Mosaik stehender oder leicht fließender Stillgewässer geschaffen wird.

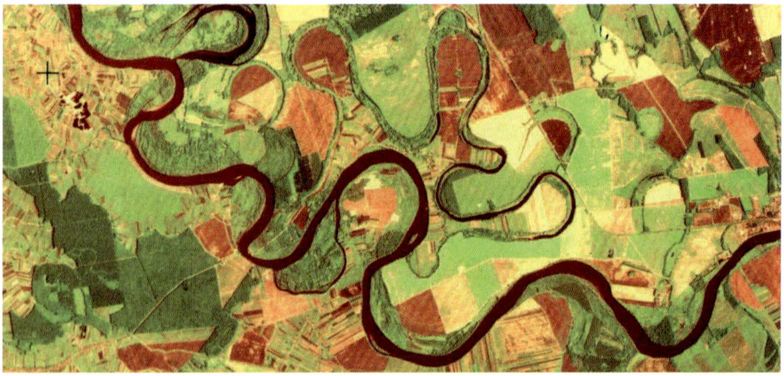

Foto: EuroNatur

Ausladende Mäander der Drau an der kroatisch-ungarischen Grenze bei Barcs. Dort wo Flussschlingen abgeschnitten werden bilden sich wertvolle Altarme, die noch über Jahrhunderte bestehen können. Gut zu erkennen ist die alten fingerförmigen Flussschlinge beim kroatischen Dorf Križnica (in der Mitte des Bildes), die heute noch die Grenze zwischen Ungarn und Kroatien beschreibt. Die Grenze ist bereits tausend Jahre alt und kulturhistorisch einmalig in Europa.

Auswertungen alter Karten durch das Slowenische Naturschutzamt in Maribor ergaben, dass die Altarme an der Mur in 100 bis 200 Jahren verschwinden und dann nur noch als kleine Gerinnsel zu erkennen sein werden. Dies liegt daran, dass vom Fluss her Material in die abgetrennten Schlingen abgelagert wird. Grund hierfür ist die geringe Fließgeschwindigkeit außerhalb des Hauptstromes. Ist der Eingang erst einmal verschlossen, setzt sich die Verlandung durch Einschwemmen von Lehm bei Hochwasser und absterbende Pflanzen fort. Alle diese Phasen haben aber eine große Bedeutung für die Tiere und Pflanzen. Fatal ist nur, wenn die Entstehung neuer Altarme unterbunden wird. Kaum einem Fluss wird heutzutage noch genügend Raum gewährt, um Schlingen bilden und abschneiden zu können. Deshalb gehören Altarme inzwischen zu den am stärksten bedrohten Lebensräumen in Mitteleuropa.

Nur der Schutz ganzer Flussniederungen und deren Dynamik ist ein langfristiger Garant für die Erhaltung der Gewässervielfalt in Auenökosystemen. Renaturierunsgmaßnahmen wie Ausbaggerungen von neuen Gewässern verschlingen riesige Geldsummen und sind in jedem Fall wesentlich teurer als ein rechtzeitiger Schutz.

Unterlauf der Drau und unterer Mittellauf der Donau

Unterhalb der Mur-Mündung stellt die Drau den Übergangbereich zwischen Umlagerungs- und Mäanderszone dar. Der Lauf verzweigt sich nicht mehr in so viele Arme, doch Kiesinseln wandern immer noch im Flussbett. Allein etwa 100 große Inseln liegen in diesem Abschnitt. Gleichzeitig beginnt der Lauf, sich in großen Windungen zu schlängeln. Immer wieder weicht der Fluss zur Seite aus und trifft auf bis zu 40 m hohe Lehmsteilwände. Durch die Verlagerungen entstehen auch Altarme. Dadurch bietet dieser Bereich eine Vielzahl typischer Auen- und Flusslebensräume.

Foto: Goran Šafarek

Die Flusslandschaft der Drau unterhalb der Mündung der Mur bei Botovo ist geprägt von sich ständig verändernden Kiesbänken und Flussinseln.

Leider sind heute die parallel zum Fluss liegenden Überschwemmungsflächen durch Dämme abgeschnitten. Mit dem abnehmenden Gefälle breitet sich das Hochwasser immer mehr aus, zumal die Nebenflüsse, ähnlich wie bei der Save, teilweise über viele km parallel zum Hauptfluss fließen. Auf der ungarischen Seite bestehen noch heute große Wiesen-Niederungen. Sie liegen in den zwar vom Hochwasser geschützten, aber grundwassernahen Niederungen der ehemaligen Flussaue.

Der Naturpark Kopawki rit ist eigentlich Teil des Überschwemmungsgebietes von Donau und Drau im südöstlichsten Winkel der Baranja. Die Naturparkfläche liegt 80 bis 86 m über dem Meeresspiegel. Ihr Hauptteil befindet sich deshalb unterhalb des Hochwasserpegels der Donau, obwohl die Mündung der Donau noch etwa 1.400 km entfernt ist.

Nicht nur die Drau, sondern auch Inn, Lech und Isar entwässern in die Donau. Durch den Zufluss der Drau, der nach der Schneeschmelze allein schon die mittlere Wasserführung der Donau mit etwa 2.400 m^3/s ausmachen kann, ist die Donau bereits stark angeschwollen, bis später auch Inn, Lech und Isar ihre großen Schmelzwassermengen herantragen. Die ohnehin nur träge dahinfließende Donau, die durch das Eiserne Tor, einem Durchbruchstal der Donau in den Südlichen Karpaten, fast kein Gefälle hat, kann solche Wassermassen nicht abtransportieren. So entsteht eine Hochwasserwelle, deren Rückstau – meist im Juli – die Drau-Mündung erreicht und sich über das natürliche Kanalsystem in den Naturpark Kopački rit ausbreitet. Im Durchschnitt steht die Hälfte des Gebietes über 99 Tage, also mehr als drei Monate, unter Wasser. An 32 Tagen ist die heute noch erhaltene Auenlandschaft komplett überschwemmt.

Foto: Mario Romulić

Die mitgeführten Schwebstoffe machten die Hochwasserwelle der Donau am 16. Juni 2009 bei der Drau-Mündung deutlich sichtbar. Das vorher stattfindende Drau-Hochwasser hatte das Kopački rit bereits aufgefüllt und seine Schwebstoffe dort abgelagert.

Foto: Mario Romulić

Die Uferwälle tragen dazu bei, dass das Donau-Hochwasser bei bereits hohem Wasserstand nicht ins Kopački rit eindringen kann.

Bild: Mario Romulić

Bei ablaufendem Wasser entstehen markante Flusslandschaftsformen wie das sogenannte „Auen-Wellblech".

Die regelmäßig überschwemmte Landschaft weitet sich dann stark aus. Hier entstehen nur noch feine Ablagerungen durch die Wassermassen, die in den Auwäldern langsam die Ufer erhöhen. Dazwischen fließen zahlreiche Wasserarme der Donau. Diese verteilen das Hochwasser und bilden ein an Tieren und Pflanzen reiches Gewässernetz, wie es in Europa sonst nirgendwo mehr erhalten ist.

Das Relief des Überschwemmungsgebietes ist wellenförmig. Die Hochwassermassen lagern am Wasserrand und an Erhebungen, an denen die Strömung nachlässt, ihre mitgeführten Feststoffe ab. Dazwischen bleiben tiefere Bereiche erhalten, die Kanäle, in denen das Wasser stark strömen kann.

Die Oberfläche der Drau-Niederung ist ein Ergebnis der Vorgänge in der Erdkruste und der Erosions- und Ablagerungsprozesse an der Oberfläche. In der Tallandschaft kam es zur Ausbildung von vier unterschiedlichen Lebensraumtypen, die zusammen ein abwechslungsreiches Relief bilden. Ihre Bedeutung wird deshalb nachfolgend kurz vorgestellt.

Die Lebensraumtypen der Drau-Niederung

Die Überschwemmungsfläche oder fruchtbare Niederung reicht von Maribor bis an die Mündung in die Donau entlang der gesamten Drau und umfasst auch das Mur-Gebiet. Entstanden ist sie im Quartär durch das Wechselspiel von Ablagerungen und Erosion durch den Fluss. Diese fast topfebene Fläche hat nur ein sehr geringes Gefälle. Der Fluss allein schafft Strukturen wie Wasserarme, Inseln und Abbruchkanten. Bei großen Hochwässern ist die fruchtbare Niederung ganz überschwemmt und wird durch die Ablagerungen des Flusses gedüngt. Dies gilt auch für die Teile der Drau-Landschaft, in denen heute Wasserkraftwerke bestehen (bei Maribor bis oberhalb der Mur-Mündung). Innerhalb der Überschwemmungsfläche können weitere kleine Stufen ausgebildet sein, die den Niedrig- oder Mittelwasserstand markieren. Die Flächen, die potentiell überschwemmt werden können, werden als „morphologische Aue" bezeichnet und bilden den Fokus dieses Natur-Reiseführers.

Der größte Teil des Tales wird heute nicht mehr vom Hochwasser erreicht, da sich der Fluss tiefer eingegraben hat. Solche Flächen werden als Terrassen bezeichnet, wobei je nach Alter des Flusslaufes höhere und niedrigere Terrassen ausgebildet sein können. Meist ist der Abbruch zur Überschwemmungsfläche gut markiert in der Landschaft. Die Kante kann fünf bis 30, in einzelnen Fällen sogar 40 m hoch sein und ist auf die Auswaschung durch den hochwasserführenden Fluss zurückzuführen. An manchen Stellen prallt auch der Flusslauf direkt gegen diese Kante zur eiszeitlichen Terrasse, was sehr interessante Steilwände entstehen ließ.

Foto: Arno Mohl

Die Abbruchkanten der Steilufer markieren die Überschwemmungsflächen der Drau-Niederung.

Foto: Martin Schneider-Jacoby

Das Drau-Hochufer bei Heresznye.

Da dieser Teil des Tales ursprünglich durch den Fluss aufgeschichtet wurde, sind in seinen Sedimenten noch immer die verschiedenen Flussschlingen und Ablagerungen zu erkennen, die sich im Laufe der Würmeiszeiten am Ende des Quartärs gebildet hatten. Die riesigen Verlagerungen von mehlfeinem Staub aus den Kältewüsten haben das eiszeitliche Flussbett der Drau an zahlreichen Stellen nachträglich stark erhöht. Solche 15 bis 20 m dicken Löss- und lössartigen Ablagerungen bilden heute einen sehr fruchtbaren Boden.

Besonders feucht sind die fluvialen Sumpfniederungen, die durch eine weitere Absenkung des Untergrundes entstanden sind. Das schönste Beispiel ist der Naturpark Kopački rit an der Mündung der Drau in die Donau. In diesem Gebiet kann das Wasser kaum abfließen, da die Flüsse höher liegen als die Senke. Auch die großen Waldgebiete zwischen den Hügeln des Papuk und der Drau mit den Fischteichen von Našice und Grundjak liegen in einer solchen Senke, die allerdings nicht mehr von der Drau überschwemmt wird. Durch diese Senke fließt der Nebenfluss Karašica, der über 50 km parallel zur Drau abgeleitet wird, da ihr Ufer mit Städten wie Donji Miholjac, Belišće und Valpovo höher liegt. Erst 10 km vor Osijek schafft die Karašica, deren slawischer Name „karas“ (Karausche) den Fischreichtum anzeigt, den Durchbruch in die Drau.

Foto: Mario Romulić

Die Sumpfniederung Kopački rit im Mündungsgebiet der Drau in die Donau zählt zu den eindrucksvollsten Feuchtgebieten Europas.

Der vierte Lebensraumtyp der Flussniederung ist ganz anders geartet. Ihn kennzeichnen sandige Ablagerungen in Form von Dünen, deren Bildung sowohl auf natürliche Vorgänge wie auch menschliche Einflüsse zurückgehen. Im Mittelalter haben Rodung, Brand und Beweidung den Bodenbewuchs an vielen Stellen zerstört. Dann baute der Wind nach und nach riesige Dünenerhebungen auf, die bis zu 30 m hoch sein können und einen Bereich des Drau-Tales bei Durdevac auf etwa 30 km Länge bedecken. Heute sind diese charakteristischen halbmondartigen Erhebungen alle bewachsen und zum größten Teil mit Kiefern aufgeforstet. Trotzdem hat die Terrasse in diesem Teil des Drau-Tales mit ihrem Wechsel aus trockenen Sanddünen und feuchten Wiesen noch immer einen ganz besonderen Reiz.

Das Flussökosystem Mur - Drau - Donau

Quelle und Oberlauf

Die Drau fließt aus den Ostalpen zur Donau. Sie entspringt in Italien im Pustertal in einer Höhe von 1.450 m und mündet bei Osijek (Kroatien) im Naturpark Kopački rit in die Donau. Mit einer Länge von 749 km und einem mittleren Abfluss von 670 m^3/s ist sie nach Theiß, Pruth und Save der viertlängste Nebenfluss der Donau. Ihr Einzugsgebiet ist mit 40,154 km^2 etwa halb so groß wie Österreich. Der Fluss gehört somit – neben Donau und Save – zu den wichtigsten Ost-West-Achsen in Europa. Deshalb hat der Schutz der Drau so große Bedeutung für die Wanderung und Verbreitung von Tieren und Pflanzen und die Erhaltung gefährdeter Arten.

Die heutige Verbreitung des **Fischotters** (Lutra lutra) an der oberen Drau in Österreich zeigt den Wert des Schutzes seiner Vorkommen an der unteren Drau zwischen Kroatien und Ungarn. In Österreich war die Art in den 1990er Jahren sehr selten und kam lediglich in isolierten Populationen im Mühl- und Waldviertel und an der Mur vor. Heute ist sie zwar nicht häufig, aber doch wieder flächendeckend verbreitet. Auch für **Schwarzstorch** (Ciconia nigra) und **Seeadler** (Haliaeetus albicilla) war die Drau-Achse wichtig für die Wiederbesiedelung geeigneter Gebiete in Österreich.

Wertvolle Fluss- und Talbiotope sind heute am Oberlauf der Drau selten. Der größte Teil des Oberlaufs wurde begradigt, damit das Wasser schnell abfließt; selbst kleine Seitentäler sind bis in große Höhen verbaut. Oberhalb von Donja Dubrava in Kroatien bis zum Drau-Ursprung in Italien haben 22 Stauseen den Fluss in eine Seentreppe verwandelt. Überschwemmungsflächen wurden dadurch vom Fluss abgetrennt und sind trockengefallen.

Foto: REVITAL

Die Obere Drau in Kärnten, die letzte freie Fliessstrecke der Drau oberhalb der Murmündung, wurde in den letzten 20 Jahren erfolgreich revitalisiert.

Die ökologisch wertvollste und einzig verbliebene Fließstrecke liegt mit rund 68 km Länge zwischen Spittal an der Drau in Kärnten und der Grenze zu Osttirol. Im letzten Jahrhundert wurde der Flusslauf zwar reguliert, aber sein frei fließender Charakter blieb erhalten und beherbergt die größten inneralpinen **Grauerlen**-Auwälder (Alnus incana) Österreichs. Doch auch dieser Bereich war lange nicht geschützt und von Wasserkraftprojekten bedroht. Mit dem EU-Beitritt und der Eingliederung des Gebietes in das europäische Natura-2000-Netzwerk gegen Ende der 1990er Jahre setzte ein Umdenken ein und Rückbaumaßnahmen des geradlinig regulierten Flusslaufs, die bis heute andauern, wurden mit Mitteln des EU-Life Programms in Angriff genommen. Neue Lebensräume für Tiere und Pflanzen entstanden wieder. Und seit 2014 ist die Obere Drau als Ramsar-Schutzgebiet anerkannt.

Die dynamischen Flussabschnitte mit ihren Kies-Sandbänken, Seitenarmen und Uferanrissen sind zusammen mit den erhaltenen Auwäldern und dem Grünland in der Talaue für die hohe ökologische Qualität verantwortlich. Ornithologische Besonderheiten des oberen Drau-Tales sind **Wanderfalke** (Falco peregrinus), **Uhu** (Bubo bubo), **Flussuferläufer** (Actitis hypoleucos), **Eisvogel** (Alcedo atthis) und **Beutelmeise** (Remiz pendulinus). Auf dem Durchzug sind **Wiesenweihe** (Circus pygargus), **Ortolan** (Emberiza hortulana) und **Raubwürger** (Lanius excubitor) anzutreffen.

In den letzten Jahren durchgeführte Flussaufweitungen haben die ökologische Qualität der Oberen Drau in Kärnten deutlich erhöht.

Ebenso wie die Greifvögel aus den Hangwäldern die die Auenlandschaft der frei fließenden Oberen Drau in Österreich zur Nahrungssuche nutzen, wechselt das Rotwild in die Niederung. Im Sommer und Herbst halten sich 30 bis 50 Tiere an diesem Abschnitt der Drau auf. Für ihre Wanderungen zwischen den Einstandsgebieten in Kärnten sind Wildfurten durch den Fluss sehr wichtig. Im ungestauten Teil der Drau ist die Überquerung des Flusses gut möglich, nicht jedoch dort, wo Stauseen und die hohen Dämme das Flusstal zerschneiden.

Die Drau oberhalb der Mur-Mündung

Das Gebiet im Nordosten Sloweniens und im angrenzenden Kroatien ist durch eine reich gegliederte Landschaft gekennzeichnet. Die Drau fließt aus über magmatische und metamorphische Gesteine in die Ebene. Die Karbonmassive der östlichen Ausläufer der Karawanken und die tertiären Hügelketten von Goričo an der Mur, von Slovenske Gorice (Windischen Bühel zwischen Mur und Drau) und Haloze südlich der Drau bereichern das interessante Bild. Zwischen ihnen liegen die großen Schotterebenen, die als Polje (Feld) bezeichnet werden: Dravsko Polje unterhalb Maribor und Ptujsko Polje zwischen Ptuj und Ormož. Danach schließt sich die weite Ebene der kroatischen Podravina an.

Von den Hügeln hat man eine sehr gute Aussicht. Besonders schön sind die Weinberge am Abhang des Haloze am Südufer der Drau. Die großen Ebenen der slowenischen Podravje und kroatischen Podravina, was beides „an der Drau" bedeutet, wurden durch die Aufschüttungen des Flusses geformt. Die Drau hat während der Eiszeiten im Pleistozän gewaltige Mengen an Kies aus dem Gletscher des Kärntner Kessels verfrachtet. Der slowenische Teil, insbesondere das Dravsko Polje bei Maribor, ist ein riesiger Schuttkegel. Flussabwärts verkleinert sich die Korngröße immer mehr, weil das feinere Material stets schneller weitergetragen wird.

Die Dicke der Schotterschicht beträgt im Dravsko Polje 30, im Ptujsko Polje 37 und an der mittleren Drau in Kroatien sogar bis zu 150 m. In den Hohlräumen zwischen den Kieselsteinen lagern große Wassermengen. Dieses Grundwasser ist einer der kostbaren Schätze der Region, da es in erhaltenen Flusstälern normalerweise gute Trinkwasserqualität aufweist. Ob diese erhalten bleibt, hängt vom natürlichen Austausch zwischen dem Fluss und seiner Umgebung ab.

In der Nacheiszeit hat sich die heutige Drau wieder in der Schotterebene ein Bett gegraben. Dadurch sind Terrassen entstanden. Der Talboden, der auch heute noch überschwemmt wird, ist bei Ptuj 2,5 und bei Ormož bereits 3,5 km breit. Auch in Kroatien ist der breite alte Drau-Lauf vor Varaždin zum Teil noch erhalten. Die neuen riesigen Wasserkraftwerke wie bei Donja Dubrava lassen aber vom alten Fluss fast nichts mehr übrig.

Foto: Goran Šafarek

Das kroatische Wasserkraftwerk bei Donja Dubrava an der Drau bildet den Abschluss einer Kette von 22 Stauseen.

Die Dörfer wurden auf der jungpleistozänen Terrasse entlang der hochwassersicheren Straßen angelegt. Hinter dem Dorf fällt das Gelände jeweils stark ab bis in die Flussaue. Ganz ähnliche Dorfbilder finden sich auch in anderen Flusstälern, wie z.B. am Oberrhein.

Foto: Borut Stumberger

Kraftwerke versprechen Hochwasserschutz. In der Realität schützen nur Überschwemmungsflächen ausreichend vor Hochwasser.

An der Drau in Slowenien und Kroatien wird das alte Bett der Drau bis heute überschwemmt, denn bei Hochwasserspitzen werden die Schleusen der Stauseen geöffnet. Die wichtige Funktion der alten Talaue als Wasserrückhaltefläche wird so immer noch deutlich. Nur hier gibt es genügend Raum, um die riesigen Wassermassen schadlos zu speichern. Die Auenlandschaft ist an diese natürliche Funktion angepasst. Nur dort, wo die Drau auf ein Hindernis trifft, ist die alte Schotterterrasse völlig weggespült. Am Nordrand des Tales ist dies durch die Hügel der Slovenske Gorice und im Süden durch die Haloze-Hügellandschaft gegeben. Zum ersten Mal prallt die Drau in Maribor auf die Slovenske Gorice. Von weitem ist der Meljski hrib zu sehen. Seine offenen Geröllhalden sind heute überwachsen, da der Fluss aufgestaut ist und ihm die Kraft fehlt, den Schutt abzuräumen. Durch die fehlende Erosion hat u.a. der **Steinrötel** (Monticola saxatilis) seinen Lebensraum verloren.

Die Umlagerungsstrecke der Drau in Slowenien und Kroatien ist oberhalb der Mur-Mündung leider zerstört. Von Maribor flussabwärts wurde seit den 1970er Jahren ein Kraftwerk nach dem anderen gebaut. Der letzte Staudamm an dieser unseligen Kette wurde 1989 bei Donja Dubrava vollendet.

Foto: Goran Šafarek

Das alte Flussbett der Drau, mit ihren typischen Kiesbänken, ist parallel zu den Stauseen teilweise noch erhalten geblieben, wie etwa hier bei Donja Dubrava.

Über weite Strecken erhalten geblieben ist der alte Lauf der Drau, der gänzlich unter Natura-2000-Schutz steht. In Slowenien sind die Stauseen noch klein, sodass nur ein Teil der Flusslandschaft zerstört wurde. Der Flusslauf ist heute ein deutliches Dokument für die Entwicklung einer Flussaue nach dem Bau von Staudämmen. Da immer noch Überschwemmungen stattfinden, reißt das Hochwasser die in diesem Bereich angelegten Ackerflächen immer wieder weg. Beim Herbsthochwasser 2012 etwa blieben von über 100 ha Ackerland nur noch Löcher übrig. Unterhalb des Stausees von Ptuj entstand ein neues Seitengerinne und eine Kiesbank von 14 ha.

Eine der schönsten erhaltenen Strecken liegt unterhalb des Stausees bei Ptuj. Der Landschaftspark Sturmaue (Sturmovci) ist die größte Insel in der Drau. Vom Hügelland aus gesehen zeigt sie sich als ein dichter Auwald an der Mündung des Dravinja-Flusses. Zwischen den Bäumen wird noch immer nach traditioneller Art gemäht. An manchen Abschnitten findet die Mahd sogar im Rahmen eines kleines Mähfestes statt. Früher diente die Insel als Sommerweide für das Vieh. Die Wiesen sind durch zahlreiche **Orchideenarten** (Orchidaceae) bekannt und stehen unter Naturschutz – leider ohne Management.

Foto: Borut Stumberger

Die offenen Auwälder mit regelmäßig gemähten Wiesen prägen den Landschaftspark Sturmovci.

Die vielen Wasserarme und der Nebenfluss schaffen hier unterhalb der Staumauer ein reiches Mosaik aus verschiedenen Lebensräumen. Allein 27 Libellenarten, 350 Pflanzenarten und 234 Vogelarten konnten in diesem kleinen Abschnitt der alten Drau gezählt werden. Von den 96 Brutvogelarten sind leider nach dem Bau der Staustufe neun charakteristische Indikatorarten verschwunden. Besonders hervorzuheben sind **Nachtreiher** (Nycticorax nycticorax), **Zwergrohrdommel** (Ixobrychus minutus), T**riel** (Burhinus oedicnoemus), Zwergseeschwalbe und **Uferschwalbe** (Riparia riparia).

Flussregenpfeifer (Charadrius dubius) und Flussuferläufer finden noch an ganz wenigen Stellen Brutplätze, da die Kiesbänke aufgrund der geringeren Flussdynamik überwachsen sind. Die hohe Qualität der Auenlandschaft wurde bei einer Zählung im Jahr 1992 u.a. durch 173 Paare des **Rotrückenwürgers** (Lanius collurio) und 37 des **Pirols** (Oriolus oriolus) belegt. An den Gießen oder Brunnenwassern brüten **Zwergtaucher**

(Tachybaptus ruficollis), und **Wasserrallen** (Rallus aquaticus). Diese klaren, schnellfließenden Bäche sind reich bedeckt mit Wasserpflanzen. Die Aufgabe der Mahd hat besonders die Population des Rotrückenwürgers betroffen. Sein Bestand schrumpfte 2003 schon auf 50 Paare; 2014 waren es nur noch 16.

Auch die anderen Strecken der alten Drau von Maribor bis an die Mündung in die Mur zeichnen sich durch großen Strukturreichtum aus. Da es sich fast ausschließlich um Naturwälder handelt, bieten sie zahlreichen Tieren und Pflanzen Lebensraum. Die Veränderungen durch den Ausbau sind dennoch klar zu erkennen. Die stark gefährdeten Arten der Flusslandschaft verschwinden, da die wandernden Kiesbänke zum Stillstand gekommen sind. Die Geschwindigkeit, mit der Pflanzendickichte die offene Flusslandschaft überwachsen konnten, ist erstaunlich und erschütternd. Innerhalb von nur zehn Jahren ist so einer der größten Lebensräume dieser Art verschwunden – und mit ihm Zwergseeschwalben und Triele.

Einen Ersatz für diese Flussabschnitte kann es nicht geben. Die Stauseen sind ein völlig anderer, künstlicher Lebensraum, der diese Funktion nie übernehmen kann. Die täglich schwankenden Wassermassen durch die Stromproduktion zur Mittagszeit verhindern die Ansiedlung von Brutvögeln. Eine kleine Verbesserung sind nur die Inseln. Auch für andere Tiere und Pflanzen ist das Überleben in der Uferzone schwer. Nur der langsame natürliche Eintrag von Kies, Sand und Schlamm in die Betonwannen schafft wieder neue Lebensräume für Wasserpflanzen. Dadurch geht aber das Stauvolumen verloren. In Slowenien saugt man deshalb die Stauseen inzwischen sehr kostenaufwändig mit Schwimmbaggern ab!

Für durchziehende Wasser- und Sumpfvögel sind Wasserflächen ein immer stärkerer Anziehungspunkt. In den zunehmend zerstörten und ausgetrockneten Landschaften Europas werden einzelne Arten an Stauseen deshalb immer häufiger, obwohl die Wasserfläche dabei oft nur die Funktion eines Ruheplatzes hat. Die Stauseen bei Ptuj und Ormož (Friedau) erfüllen aber sogar die Kriterien für internationale Schutzwürdigkeit: Sie müssen nach der Ramsar-Konvention als Ruhe- und Schlafplatz der Wasservögel geschützt werden.

Mur – der Mäanderfluss

Die Mur entspringt am östlichen Rand der Niederen Tauern in einer Höhe von 1.898 m. Sie mündet bei Legrad (Kroatien) im Naturschutzgebiet Veliki Pažut in die Drau. Das ganze Einzugsgebiet der Mur ist 14.304 m^2 groß und sehr asymmetrisch. Fast alle Nebenflüsse liegen an der linken Flussseite. 348 km ihres 445 km langen Laufes entfallen auf Österreich, wobei die Mur über 33 Flusskilometer die Grenze zwischen Österreich und Slowenien bildet.

Foto: Goran Šafarek

Die Mur in Slowenien schlängelt sich durch einen dichten Auwald.

Auf ihrem Weg von Salzburg in den äußersten Südosten Österreichs überwindet die Mur ca. 1.700 Höhenmeter. Daher ist sie in diesem Bereich eher als Gebirgsfluss zu bezeichnen. Doch wie an der Drau wurden auch entlang der steirischen Mur 29 Wasserkraftwerke gebaut. Vor allem im außeralpinen Raum wuchsen entlang der Mur ursprünglich ausgedehnte Auwälder. Der Name „Mur", der sich aus dem indogermanischen „mar" oder „mor" (stehendes Wasser, Sumpf) herleitet, zeigt, dass der versumpfte Unterlauf dem Fluss den Namen gegeben hat.

Dieses früher wilddynamische Fließgewässer war für den in die Niederungen vordringenden Menschen störend. Im Zusammenhang mit der Nutzung durch Flößerei und Schifffahrt unterlag die Mur deshalb schon seit dem Mittelalter flussbaulichen Maßnahmen. Mit dem Beginn der Technisierung setzte der Kampf gegen die Flussdynamik dann in so einschneidender Weise ein, dass die Grundlage für das vielfältige Auenökosystem und seine Stabilität mehr und mehr beeinträchtigt wurde.

Die für den heute begradigten, monotonen Verlauf bestimmende Hauptregulierung erfolgte in den Jahren 1875 bis 1894, wurde jedoch zum Glück an der slowenischen Fließstrecke nicht vollendet. So blieb der mäandernde Unterlauf im Grenzbereich zwischen Slowenien und Kroatien bzw. Kroatien und Ungarn bis heute erhalten.

An der österreichisch-slowenischen Grenze waren die Regulierungsmaßnahmen der Mur 1938 abgeschlossen worden. Die Ufer waren befestigt; der Fluss galt als „stabilisiert". Aber die durchgeführten Maßnahmen wirkten sich bald nachteilig aus. 869 ha des Flussbetts waren abgebaut, aufgelandet und zu Kulturland gemacht worden, was zum Verlust der Hälfte der Feuchtgebiete führte. Und die im Zuge der erhöhten Fließgeschwindigkeit einsetzende Erosion hatte eine starke, zum Teil mehrere m tiefe Absenkung des Grundwassers zur Folge. Dadurch gingen nach und nach 90 Prozent der Überschwemmungsflächen und Feuchtgebiete verloren. Die Flussniederung trocknete aus. Heute wird auf diesen Flächen hauptsächlich Mais angebaut.

Anfang 2000 kam dann das Umdenken. Österreich und Slowenien beschlossen der Grenzmur wieder mehr Raum für Dynamik zu geben und dadurch die Flussbetteintiefung zu stoppen. In der Folge wurden mehrere EU-Revitalisierungsprojekte erfolgreich umgesetzt, die im Jahr 2014 sogar mit dem Europäischen Flussschutzpreis ausgezeichet wurden. Neue Seitenarme, Kiesbänke und Auwälder enstanden. Die an der Grenzmur bereits ausgestorbene **Uferschwalbe** (Ripara riparia) kam durch die neu enstandenen Uferabbrüche wieder zurück.

Die erhaltenen, im Vergleich zu den flussabwärts gelegenen Gebieten kleineren Auwaldflächen sind dennoch von überregionaler Bedeutung. Sie sind die zweitgrößten Österreichs und stehen unter Natura-2000-Schutz. 15 Amphibienarten, acht Reptilienarten und 225 Vogelarten konnten hier nachgewiesen werden. Selbst Fischotter und **Biber** (Castor fiber) kommen an diesem Abschnitt der Mur wieder vor.

Die Grenzmur ab Spielfeld ist der Beginn einer einmaligen Auenlandschaft, die sich immer noch über 370 km über die Drau bis an die Donau erstreckt. Während ihres Laufes flussabwärts entgeht die Mur immer mehr dem historischen Einfluss der österreichischen Wasserbauer und gewinnt an Natürlichkeit. Je weiter man der Mur flussabwärts folgt, umso attraktiver wird sie deshalb.

Foto: Goran Šafarek

Die Auenlandschaft der Mur – zumindest dort wo die Mur noch oder wieder frei fließen darf – ist ein großer europäischer Naturschatz.

Die Pomurje („An der Mur") im Dreiländereck mit Österreich, Ungarn und Slowenien reicht am tiefsten nach Mitteleuropa hinein. Dieses Gebiet besteht aus Hügelland und Ebene und erstreckt sich an beiden Seiten des Flusses bis weit ins Land hinein. Die typischen Siedlungen liegen an den meist durch Weinbau genutzten Hängen. Nach Norden zu sind die höchsten Lagen bewaldet.

Die Ebenen von Ravensko und Dolinsko unterscheiden sich stark in ihrer Struktur. Das sehr trockene Gebiet Ravensko im Norden wird intensiv landwirtschaftlich genutzt; hier findet man nur noch spärliche Waldreste. Durch die Dolinsko-Ebene dagegen fließen die Flüsse Ledava, Črnec und Kobiljanski potok. Hinzu kommen zahlreiche Altarme der Mur, die mit den wenigen noch vorhandenen Wiesen eine sehr schöne Kulturlandschaft bilden.

Ein wertvolles Biotop stellen die 3.500 ha umfassenden, sehr feuchten Wiesenflächen zwischen dem großen **Erlen**wald (Alnus spec.) Črni log westlich von Lendava und den drei Bistrica-Dörfern an der Mur dar. Zahlreiche **Weißstörche** (Ciconia ciconia) suchen in diesem Sammelgebiet für die steirische Population vor ihrem Abflug in den Süden nach Nahrung. Leider schreitet aber die Verbuschung fort, weil die traditionelle Wiesen- und Weidennutzung aufgegeben wurde.

Im Bereich des Murska šuma (Mur-Wald) ist die Überschwemmungslandschaft in all ihrer Dynamik erhalten geblieben. Charakteristisch sind Auwälder und zahlreiche Altarme. Der Flusslauf weist noch seine Kiesbänke und Inseln auf, und in den Steilwänden brüten Uferschwalben, **Bienenfresser** (Merops apiaster) und Eisvögel.

Dort, wo der Fluss bis 1990 auf 49 Flusskilometern die Grenze zwischen Ungarn und dem ehemaligen Jugoslawien bildete, sind – wie auch an der Drau – im Schatten des Eisernen Vorhanges die wertvollsten Auenbereiche erhalten geblieben. Leider sind durch die wenigen Eingriffe viele Prallufer der Mäanderbogen inzwischen doch verbaut. Aber hier hat die Mur noch immer die Kraft, sich von den zur Uferbefestigung angebrachten Steinpackungen selbst zu befreien.

Über die ökologische Bedeutung dieses Flussabschnitts war lange Zeit wenig bekannt, weil im Niemandsland zwischen den Ländern keine Bestandsaufnahmen gemacht werden konnten. Erst im Juni 2005 erbrachten die Daten einer von WWF und EuroNatur durchgeführten Kartierung den Beleg: Am Fluss wurden 16 Flussuferläufer-, 23 Flussregenpfeifer-, 15 Eisvogel-, 486 Uferschwalben- (in 15 Kolonien) und 3 Bienenfresserpaare ermittelt. Dazu kommen noch 3 Seeadler, ein Schwarzstorch, 55 **Graureiher** (Ardea cinerea) und 25 **Waldwasserläufer** (Tringa ochropus), die über der Flusslandschaft kreisten oder auf Nahrungssuche am Fluss zu finden waren.

Foto: Goran Safarek

Im Mündungsbereich der Mur in die Drau liegt das Vogelreservat Veliki Pažut, um das der Naturschutz lange kämpfen musste, weil der Fluss hier begradigt werden sollte. Auf der Kiesbank im Vordergrund, die zu Kroatien gehört, hat 2014 erneut ein Paar Zwergseeschwalben gebrütet. Im Hintergrund ist der Auen-Urwald, bereits in Ungarn liegend, und in der Mitte die parallel fließende Mur (braun) und die Drau (klar) zu sehen. Hier beginnt heute die inselreiche Umlagerungszone der Drau zwischen Ungarn und Kroatien.

Foto: Otto Samwald

Flussuferläufer lassen sich an ihrem wippenden Schwanz gut erkennen. Besonders eindrucksvoll sind ihre Sammelrufe, wenn sie an Sommerabenden in Gruppen am Fluss entlang fliegen und auf Kiesinseln Schlafgesellschaften bilden.

Die kroatisch-ungarische Grenzzone

Bis heute ist die Dynamik der Drau nicht zum Stillstand gekommen. Der Vergleich der Karte Mitteleuropas von 1892 mit der heutigen Situation zeigt gewaltige Veränderungen in der Tallandschaft. Südlich des Repaš-Waldes (dem kroatischen Gebiet auf der Nordseite der Drau unterhalb der Mur-Mündung) sind mehrere Flussschlingen vollständig umgelagert, und wo sich vor hundert Jahren der Lauf der Drau befand, gibt es nur noch Restwasserflächen und Altarme.

Foto: Arno Mohl

Der Lauf der Drau windet sich in zahlreichen Flussschlingen und Seitenarmen wie hier nahe des Repaš-Waldes in Kroatien.

Vom Hügelland auf der ungarischen Seite bei Örtilos aus ist sowohl die Mündung der Mur als auch die weite Ebene der Podravina in Kroatien zu sehen. Auf ungarischer Seite, entlang dem ehemaligen Verlauf der Drau, schließen sich weite Wiesen- und Hutweidenflächen sowie Wälder an, die heute im Rahmen des Donau-Drau-Nationalparks geschützt sind.

Bei großen Hochwassern verlagert sich der Flusslauf stellenweise und lässt so neue Inseln entstehen. Die Staatsgrenze zwischen Ungarn und Kroatien dokumentiert in einmaliger Weise die Verlagerungen der Drau in den vergangenen tausend Jahren. Während heute die Strommitte als Grenze definiert wird, wurde früher der Stromverlauf als Basis genommen. 1704 verlagerte sich die Drau z.B. auf die Nordseite des Dorfes Legrad, und wahrscheinlich in den folgenden Jahren brach die Drau dann unterhalb des Dorfes auf die Südseite des Repaš-Waldes in ihr heutiges Bett durch. Noch in den alten Karten aus dem 17. Jahrhundert fallen die Drau und die Staatsgrenze zusammen. Den ursprünglichen Flusslauf kann man heute noch an einem kleinen Wiesengraben erkennen.

Wohl das interessanteste Beispiel für die Flussverlagerungen in der Gegenwart ist eine Flussschlinge bei Ferdinandovec (Kroatien) und Bolho (Ungarn). Die Insel, neu entstanden durch den Durchbruch der Drau auf die kroatische Seite des Flusses, ist nun circa 50 Jahre alt und mit ihrem Weiden-Wald bis heute nicht im Grundbuch der Gemeinde erfasst – also Niemandsland!

In den letzten zwei Jahrzehnten wurden in Kroatien immer wieder Naturufer mit Steinpackungen befestigt. Aber ein natürlicher Fluss schafft sich immer wieder Raum. Was am Gleithang abgelagert wird, graben die Wassermassen am Prallhang wieder ab. Im ungarischen Teil des Prallhanges reißt der Fluss nun ganze Bäume aus der Böschung. Die Staatsgrenze ist somit sehr gut am Ufer zu erkennen. Eine Steilwand am linken Ufer beherbergt eine Uferschwalben-Kolonie mit 1.000 Paaren.

Foto: Goran Šafarek

Kiesbänke der Grenzdrau vor dem ungarischen Zákány, die aber auf kroatischem Territorium liegen.

Die Drau-Wälder

Zwischen Donji Miholjac und Osijek schlängelt sich die Drau durch eine 2 bis 4 km breite Auwald-Landschaft. Die Drau-Wälder zählen zu den größten Auwaldgebieten Europas und sind als Brutgebiete besonders gefährdeter Vogelarten wie Schwarzstorch (Ciconia nigra) und **Würgfalke** (Falco cherrug) von internationaler Bedeutung (siehe hierzu auch S. 138). Zwar wurde vor gut 150 Jahren der Versuch unternommen, die Drau zu begradigen, aber im Gegensatz zum Rhein hat sich der begradigte Fluss wieder auf natürliche Weise zu einer typischen Mänderstrecke rückgebildet. Diese Beispiel ist einzigartig in Europa und gilt als Vorbild für Revitalisierungsmaßnahmen an anderen Flüssen. Leider hat die kroatische Wasserwirtschaft auch hier damit begonnen, unschöne Steinpackungen an die Prallhänge zu kippen sowie Sand aus dem Fluss zu baggern. Diese Maßnahmen sind aber nicht geeignet, den Fluss zu stabilisieren, da dadurch die Erosion an anderen Stellen eher verstärkt wird. Zur Vermeidung zerstörerischer Überschwemmungen wäre es sinnvoller, die Verbindung zwischen den Drau-Wäldern und dem Naturpark Kopački rit wiederherzustellen, statt mit Uferdämmen das Zufließen des Hochwassers ins Naturschutzgebiet von Westen her zu verhindern. Sowohl aus ökonomischer wie ökologischer Sicht wäre dies die weitaus bessere Lösung.

Von Donji Miholjac flussaufwärts wurde die Drau entsprechend der Tullaschen-Rheinregulierung[1] stärker begradigt und befestigt und ist heute bis Barcs schiffbar. Insgesamt wurden 62 Mäander durchschnitten und der Lauf auf 60 Prozent seiner vorherigen Länge verkürzt. Trotzdem weist die Drau in diesem Abschnitt noch alle Kennzeichen eines Naturflusses auf, sodass der Fluss selbst die menschlichen Eingriffe wieder teilweise heilen konnte. Zahlreiche Sandinseln wandern im Fluss. In den Steilufern brüten zahlreiche Eisvögel, Bienenfresser und Uferschwalben.

[1] Mit der sog. Tullaschen Rheinregulierung (benannt nach dem Ingenieur Johann Gottfried Tulla) wurde der ehemals mäandrierende Rhein in Deutschland zwischen 1817 und 1876 begradigt und verkürzt. Dies war eine Voraussetzung für die Schiffbarmachung des Rheins hinauf bis Basel, die 1907 begonnen wurde.

Foto: Darco Grlica

Baggerung von Sand aus dem natürlichen Fluss führt zu massiver Flusseintiefung und Austrocknung der Auwälder.

Die Nordseite der Drau in der Baranja bot früher dem Hochwasser freien Lauf, und weite Teile der Niederung zwischen Drau und Donau wurden regelmäßig überschwemmt. Hier ist der Hochwasserdamm heute die künstliche Grenze der Flussaue, die sich erst unterhalb Osijek wieder ausbreiten kann. Auf der Südseite dagegen gibt es eine natürliche Terrasse, die hochwassersicher ist. Auf ihr liegen Städte wie Osijek, Valpovo, Belišće und Donji Miholjac.

Foto: Darko Glica

Die Wälder entlang der unteren Drau gehören zu den wichtigsten Auengebieten Europas, doch ein ausgereiftes Schutz- und Entwicklungskonzept liegt bisher nicht vor.

An vielen Stellen am Südufer sind noch die alten Dörfer und die kleinparzellierte Kulturlandschaft erhalten geblieben. Unterhalb der Hochterrasse liegen Wiesen und Weiden. Leider hat diese ökologisch wertvolle Landschaft lange Zeit in Kroatien wenig Beachtung gefunden, obwohl sie zu den wichtigsten Auengebieten Europas gehört und durchaus mit dem Donau-Nationalpark in Österreich verglichen werden kann.

Wahrscheinlich lenkt das berühmte Naturgebiet Kopački rit von den nicht ganz so spektakulären Drau-Wäldern ab. Erst 2011 wurden sie Teil des Regionalparks „Drau-Mur" und mit dem EU-Beitritt Kroatiens 2012 als Natura-2000-Gebiet ausgewiesen. Doch gerade in diesem Abschnitt der Drau, in der Nähe der großen Ortschaften, wäre ein Schutz- und Entwicklungskonzept für den natürlichen Reichtum besonders wichtig. Stattdessen gibt es leider erneut Pläne für einen Stausee für die Energiegewinnung.

Der Mündungsbereich in die Donau

Im Mündungsbereich der Drau kann sich das Hochwasser durch den Rückstau der Donau noch heute bis in den kroatischen Naturpark Kopački rit ausbreiten. Trotz Dammbauten und Entwässerungsmaßnahmen sind hier großräumige Überschwemmungsflächen zwischen den Hochwasserdämmen erhalten geblieben, obwohl die Übergangszonen wie Feuchtwiesen und Hutweiden wegen der Dämme großteils zerstört sind.

Die offene Auenlandschaft des Naturparks Kopački rit – heute einzigartig in Europa – kann uns einen Eindruck von der europäischen Urlandschaft vermitteln, in der es auch ohne menschliche Nutzung große Feuchtwiesen gab, die durch den Hochwassereinfluss und nicht durch die Mahd stabil gehalten wurden.

Zum Kopački rit gehört auch der einer Lagune ähnelnde Kopačko-See, der einen sehr seltenen Gewässertyp darstellt. Er befindet sich an der tiefsten, ganzjährig mit Wasser gefüllten Stelle der Aue. 1944 beschrieb der Botaniker Hortobagy sogar eine Phytoplanktonart (Rhabdoderma bellyeen) für diese besonderen Gewässer.

Foto: Mario Romulić

Der natürliche Auensee Kopačko jezero am 16. Juni 2009 (oben) und sein Ausschnitt auf einer Luftaufnahme von 7. September 2006 (unten).

Foto: Mario Romulić

Auf der Luftaufnahme sind 67 **Löffler** (Platalea leucorodia) (fliegend), 39 **Silber**- und 7 **Seidenreiher** (Ardea alba, Egretta garzetta), 27 Graureiher, 1 Seeadler, 7 Schwarzstörche, 327 **Dunkle Wasserläufer** (Tringa erythropus), 20 **Grünschenkel** (Tringa nebularia), 5 **Höckerschwäne** (Cygnus olor), 16 **Haubentaucher** (Podiceps cristatus), 1 **Mittelmeermöwe** (Larus michahellis) sowie 28 weitere, nicht identifizierbare Wasservogelarten sichtbar. Als Teil einer Serie zeigt diese Luftaufnahme, dass Hunderte, wahrscheinlich sogar einige Tausend Dunkle Wasserläufer hier rasten.

Flache Auenseen waren vor Regulierung und Trockenlegung der Sümpfe besonders an dem unteren Abschnitt der mittleren Donau charakteristisch. Sehr schöne Beispiele findet man unterhalb Apatin mit Veliki rit (Kövercse rét) oder vor Mohács mit einer ganzen Reihe von Auenseen, sowie beim unweit von Davód gelegenen Földvári tó. Zusammen mit den umliegenden Feuchtwiesen formten sie einst die wichtigsten Laichgebiete für Fische und Amphibien im Pannonischen Becken.

Die periodischen Überschwemmungen und das Relief beeinflussen die Entwicklung und Verbreitung der Pflanzen. Die Oberfläche der tieferen Wasserarme sind mit **Seerosen** (Nymphaea alba), **Gelben Teichrosen** (Nuphar lutea) oder mit **Seekanne** (Nymphoides peltata) bedeckt. In kleineren Schlenken[2] breiten sich Teppiche aus **Wasserlinsen** (Lemna spec.) aus. Die weiten, lange überschwemmten Senken sind mit **Schilfröhricht** (Phragmites australis) und **Rohrkolben** (Typha spec.) bewachsen. Mehrere tausend Hektar sind überwachsen mit **Teichkresse** (Rorippa amphibia) und verschiedenen **Seggenarten** (Carex spec.). Durch die gelben Blüten der Kresse färbt sich das Ried bei ablaufendem Wasser gelb.

Foto: Gabriel Schwaderer

Sogar die **Sibirische oder Blaue Schwertlilie** (Iris sibirica) überdeckt weite Flächen der Niederungen, die in Niedrigwasserjahren oder im Spätsommer einer weiten, offenen Flussniederung in der Kulturlandschaft gleicht, und über der zahlreiche Reiher, Störche und Greifvögel kreisen.

[2] Kleine offene Wasserflächen in Mooren.

Diese weiten Überschwemmungsgebiete sind heute die wichtigsten Laichgebiete für Fische direkt an der Donau. Vergleichbar große Flächen gibt es nur noch in den Save-Auen bei Sisak im Lonjsko Polje, Mokro Polje und Turopolje. 40 Fischarten wurden allein in Kopački rit bis heute festgestellt.

Der größte Teil der Überschwemmungslandschaft wird vom **Silberweidenwald** (Salicetum albae) bedeckt. In einzelnen Abschnitten handelt es sich um alte Bestände von bis zu hundert Jahren, auf frischen Auenböden dagegen um junge, hochgeschossene Bestände. Die langen Wurzelbärte, die an den Stämmen während des Hochwassers sprießen, weisen eindrucksvoll auf die jährlichen Veränderungen in der Aue hin.

Eine besondere Attraktion sind die gewaltigen **Schwarz-** und **Weißpappeln** (Populus nigra und alba), die auf den etwas höheren Standorten stehen. Durch den jahrzehntelangen Schutz konnten sich hier Bäume entwickeln, die an anderen Stellen schon längst der Axt zum Opfer gefallen wären.

Der Waldreichtum wird durch große Eichenbestände in den trockeneren Teilen noch erhöht. Dadurch bestehen auch die notwendigen Ausweichgebiete für Großsäuger, die vor dem Hochwasser zurückweichen müssen. Trotzdem ist die Aue auch für sie ein sehr guter Lebensraum, denn die natürlichen Wiesen in den Schlenken bieten reiche Nahrungsplätze für das Rotwild.

Sehr gut erforscht ist die Vogelwelt im Kopački rit. Mit über 275 Arten, darunter auch viele gefährdete, wurden bis heute drei Viertel der Vögel des Balkans an diesem Ort festgestellt. Ausführliche Angaben hierzu im Kapitel Vögel (S.116 ff.).

Foto: Mario Romulić

Löffler nutzen den seichten Kopačko-See als Nahrungs- und Sammelplatz.

Die Donau – ein Steckbrief

Die Donau ist mit einer mittleren Wasserführung von rund 6.855 m^3/s und einer Gesamtlänge von 2.857 km nach der Wolga der zweitgrößte und zweitlängste Fluss in Europa. Der Strom entwässert weite Teile Mittel- und Südosteuropas. Er durchfließt dabei zehn Länder (Deutschland, Österreich, Slowakei, Ungarn, Kroatien, Serbien, Bulgarien, Rumänien, Moldawien und die Ukraine) – so viele wie kein anderer Fluss auf der Erde. Die Donau führt ihren Namen ab der Vereinigung zweier Quellflüsse, der Brigach und der größeren Breg, die beide im Mittleren Schwarzwald entspringen. Der Strom mündet über das ausgedehnte Donaudelta ins Schwarze Meer.

Das Einzugsgebiet der Donau umfasst die Alpen, das Mittelgebirge und das Tiefland und beträgt rund 817.000 km^3. Sie befördert alljährlich rund 200 Millionen m^3 Wasser ins Schwarze Meer. Der Abfluss der Drau und Mur beträgt dabei 15 Millionen m^3.

Zwischen Baja (Ungarn) und Novi Sad (Serbien) an der Mittleren Donau, in dem auch das Biosphärenreservat „Mur-Drau-Donau" liegt, weist die Donau auf einer Länge von 223 km ein Gefälle nur von 15 m und dabei Wasserspiegelschwankungen bis zu 9 m auf. Bei Novi Sad ergeben sich Abflussmengen von rund 3.000 m^3/s und bei extremem Hochwasser sogar 10.000 m^3/s.

Die Schneeschmelze in den Alpen bedingt im Sommer einen erhöhten Abfluss, der bei der Überlagerung mit sommerlichen Niederschlägen zu ausgeprägten Hochwässern führt. Da Drau und Mur die Wassermassen aus den Alpen schneller bis in die Donau befördert, tritt die Hochwasserwelle dieser beiden Flüsse früher als bei der Donau auf. Diese zeitliche Abfolge der Hochwässer ist entscheidend für die Dauer der Überflutungen und des späteren Trockenfallens des Kopački rit. Einst war der überflutete Auenbereich in dem Donauabschnitt des Biosphärenreservats bis zu 10 km breit. Eckdaten zu Mur, Drau und Donau sind zudem in der Tabelle „Drei Flüsse im Querschnitt" ist auf Seite 56 bis 57 zu finden.

Naturraum

Drei Flüsse im Querschnitt.

	Mur
Länge (km)	445
Einzugsgebiet (km²)	14.304
Quelle	Schmalzgrube Marchkarek (Niedere Tauern, Österreich)
Gefälle (m)	1898–130
Mündung	bei Legrad (Kroatien) in die Drau
Größte Städte (Einwohnerzahl)	Leoben 24.000, Graz 270.000 (AT), Bad Radkersburg / Radgona 5.000 (AT/SI), Mursko Središće (HR)
Flussregime	Schneeregime (fluvioglazial) höchste Abflußwerte im Mai (Schneeschmelze in Alpen) und kleinste Abflußwerte im Januar
Zubringer	Taurach, Liesing, Mürz, Kainach, Sulm (Österreich), Ščavnica (Slowenien)
Durchschnittliches Abfluss (m^3/s)	170 m^3/s (in Österreich 154 m^3/s)
Kraftwerke (Stand 2014)	29 (Österreich)

Drau	Donau
719	2.857
40.490	817.000
Neunerkofel (Haunoldgruppe), Toblacher Feld, Innichen/San Candido (Südtirol, Italien)	Breg (Hauptflussquelle) bei Furtwangen (Schwarzwald, Deutschland)
1450–80	1078–0
bei Aljmaš unterhalb Osijek (Kroatien) in die Donau	über Donaudelta (Rumänien, Ukraine und Moldova) ins Schwarze Meer
Villach 60.000 (AT), Maribor 95.000 (SI), Osijek 114.000 (HR)	Ulm 118.000, Ingolstadt 129.000, Regensburg 140.000 (D), Linz 194.000, Wien 1.781.000 (AT), Bratislava 417.000 (SK), Budapest 1.736.00 (HU), Novi Sad 232.000, Belgrad 1.233.000 (SR), Russe 164.000 (BG), Brăila 180.000, Galaţi 249.00 (RO)
Schneeregime (fluvioglazial), höchste Abflußwerte im Juni (Schneeschmelze in Alpen) und November (Herbstregenfälle in Alpen) und kleinste Abflußwerte im Januar und Februar	Schneeregime Obere Donau (glazial) und Mittlere Donau komplex-fluvioglazial. Bei Novi Sad: höchste Abflußwerte in Mai bis Juli, kleinste Abflußwerte zwischen Dezember und Februar
Gurk, Gail (AT), Meža, Dravinja, Pesnica (SI), Bednja (HR), Mura (HR/HU)	Inn, Drau, Save und Theiß (>500 m^3/s)
541 m^3/s (in Slowenien 297 m^3/s)	6700 m^3/s (in Novi Sad in Serbien 3000 m^3/s)
22 (11 Österreich, 8 Slowenien, 3 Kroatien)	29 (16 Deutschland 10 Österreich, 1 Slowakei, 2 Serbien/Rumänien)

Foto: Goran Šafarek

Kultur/Historie

Kultur/Historie

Ausflug in die Geschichte

Schon immer war die Mur-Drau-Donau-Region ein Schmelztiegel der Völker. In vorrömischer Zeit siedelten dort keltisch-illyrische Stämme. Nach langen Zeiten kriegerischer Auseinandersetzungen mit eindringenden Reiterhorden sowie widerständigen sesshaften Bevölkerungsgruppen kam die gesamte Mur-Drau-Region bis zum 9. Jahrhundert v. Chr. nach und nach unter römische Militärverwaltung und wurde in die Provinzen Noricum und Pannonien eingegliedert. Solange die Macht der römischen Kaiser noch ungebrochen war und die römischen Truppen den Frieden an den Grenzen sichern konnten, entwickelten sich mit dem Aufbau der in römischen Provinzen üblichen Infrastruktur Landwirtschaft, Handel und Gewerbe.

Doch ab den ersten Jahrhunderten n. Christus drangen wieder vermehrt neue Barbarenvölker ins Herrschaftsgebiet der Römer ein. In wechselnden Bündnissen untereinander und mit den römischen Kaisern traten sie teils als Angreifer, teils als Foederaten und Siedler oder auch als Söldnerheere Roms auf. Dies setzte sich auch fort nach der Teilung des Römischen Reiches, in deren Zuge die Mur-Drau-Donau-Region Ostrom zugeschlagen worden war. Im Lauf der Jahrhunderte wurden die Grenzregionen immer instabiler. Byzanz verlor zunehmend die Kontrolle und die Bevölkerung konnte immer weniger mit dem Schutz römischer Armeen rechnen. Als die Awaren im 6. Jahrhundert n. Chr. schließlich die Donau-Theiß-Niederung eroberten, gelang es ihnen, sich dort festzusetzen und sich weiter auszubreiten.

Aus dem Raum nördlich der Karpaten zuwandernde Kroaten waren Kaiser Heraklius sehr willkommen. Um 630 n. Chr. förderte er deren Ansiedelung, um die Grenzen des Reiches gegen die anrennenden Steppenvölker zu schützen, so wie dies später auch Karl der Große tat. Früh wurden die Kroaten also schon zu Verteidigern des Landes und gründeten 840 n. Chr. einen eigenen Staat, der nicht nur das Save-Drau-Zwischenstromland umfasste, sondern sich südlich bis ans Mittelmeer und nördlich bis an den Plattensee ausdehnte.

Ende des 8. Jahrhunderts beherrschten die Awaren den gesamten Donauraum von den Alpen bis zum Schwarzen Meer. Karl der Große besiegte die Awaren zwischen 791 und 803 n. Chr. in mehreren Feldzügen. Danach errichtete er die Awaren-Mark (auch Pannonische Grenzmark genannt). Zur Verwaltung der halbautonomen Stammesverbände in den eroberten Gebieten der Grenzmark setzte er Markgrafen ein. Doch nach den lang andauernden Kriegswirren und weil immer noch Angriffe von außen den Wiederaufbau hemmten, blieben die fruchtbaren Niederungen zwischen Donau und Theiß, den Römern einst als Kornkammern dienend, noch lange wüst.

900 n. Chr. gewannen magyarische Reiterarmeen die Oberhand in der Awaren-Mark. Nach der Schlacht auf dem Lechfeld (955 n. Chr.) und im Zuge der Christianisierung wurden sie im heutigen Westungarn sesshaft und gründeten das ungarische Königreich. Der erste, 1001 offiziell vom Papst anerkannte ungarische König war Stephan der Heilige.

Tomislav, der erste König Kroatiens, erlangte 924 die Königswürde. Seit dieser Zeit gehören Slawonien und Dalmatien zu Kroatien. Die Drau wurde schon damals als die Grenze zwischen Kroatien und Ungarn festgelegt. Durch dynastische Heiraten entstanden enge Beziehungen zum ungarischen Königshaus. So kam es, als die kroatische Dynastie 1090 ausstarb, 1102 zum ersten Mal zu einem Vertrag zwischen den beiden Nachbarländern, nach dem Kroatien und Ungarn zwar selbständige Königreiche blieben, sich aber auf einen gemeinsamen König, den Ungarn Kálman, einigten.

Schon bald nach der ungarischen Landnahme wurde eine militärische Befestigungslinie eingerichtet und ständig weiter ausgebaut. Zahlreiche Sumpfburgen (das ungarische Wort „vár" für „Burg" findet sich noch heute in vielen Ortsnamen) schützten das Land in den großen Sumpf- und Waldgebieten. Größte Festung war Baranyavár, deren Doppelname auf die gemeinsame Namensgebung durch Kroaten und Ungarn hinweist. Im Hinterland konnten sich einzelne Ortschaften langsam entwickeln. Die wichtigsten Marktflecken waren Kálmancsa, Sedösd, Nagykanizsa und Legrad, das damals noch am Nordufer der Drau lag.

Ab 1400 begann der Handel zu blühen, wobei die Flößerei und die Schifffahrt auf der Drau, die als wichtige Ost-West-Achse diente, diese Entwicklung sehr begünstigte. Die ursprünglichen Festungen wurden zu Märkten. Allein im Komitat Somogy gab es 30 Marktflecken. Trotzdem entstanden wegen der Osmaneneinfälle keine größeren Städte im Komitat Somogy, denn das ganze Mittelalter hindurch blieb die Drau-Niederung bis zur Save Grenz- und Kriegsgebiet zwischen Mitteleuropa und dem Osmanischen Reich.

Besonders nach 1490 und dem Tod von König Matthias von Ungarn nahm die Bedrohung aus Südosten weiter zu. Eilig wurden die Marktflecken wieder zu Grenzbefestigungen umgewandelt, und die Händler verschwanden. Die Militärgrenze wurde wieder in die Drau-Niederung zurückverlegt. Die Eroberung durch die Osmanen konnten aber schließlich weder die Kroaten noch die Ungarn aufhalten.

Nach der verheerenden Niederlage in der Schlacht von Mohács (1526), bei der der ungarische König Ludwig II. und zahlreiche ungarische Adelige ums Leben kamen, verlor Ungarn seine Selbständigkeit. Kroatien (mit Ausnahme des Westens mit Städten wie Zagreb und Varaždin) und knapp ein Drittel Ungarns fielen in die Hand der Osmanen. Lediglich die großen Festungen bei Nagykanizsa und Szigetvár konnten noch eine Zeitlang Widerstand leisten. Die eroberten Gebiete wurden zu Verwaltungseinheiten (Sandschaks) des Osmanischen Reiches. Das restliche Ungarn, bestehend aus einem schmalen Streifen im Westen, Oberungarn und dem Westen Kroatiens, fiel als Erbe an die Habsburger.

100 Jahre später besang der kroatische Fürst und Dichter Nikola Zrinski (Miklós Zrinyi) die Schlachten der Ungarn und Kroaten in ungarischer Sprache – ein weiteres Beispiel der engen Verbindung der beiden Völker.

Während der 150 Jahre andauernden Osmanen-Herrschaft veränderten sich die Drau-Niederung und weite Teile Südungarns in einen Zustand wie vor der ungarischen Landnahme. Die Straßenverbindungen waren wieder zerstört. 50 Prozent der Ortschaften verödeten. Äcker und Grünlandflächen wurden zu Wald. Nur die Brücken und Mühlen als wichtigste

Infrastruktur wurden durch die Besatzungsmacht und die verbliebenen Einwohner gemeinsam weiter gepflegt.

Aber durch die Verödung entstanden auch gleichzeitig die Grundlagen für die Naturinseln, die heute für den Naturschutz in Europa so wichtig sind.

Der Kampf gegen die Osmanen ging weiter, lange jedoch nur mit halber Kraft, weil die führenden europäischen Länder nicht an einem Strang zogen. Keiner gönnte dem anderen den Führungsanspruch. Entsprechend hin- und hergerissen waren die Fürsten in den umkämpften Gebieten. Dies erklärt wohl teilweise deren manchmal prinzipienlosen Parteiwechsel und ihre Doppelzüngigkeit auf der Suche nach einem Heilmittel für den Zustand des Landes.

Bis zum Ende der Osmanenkriege (1739 Friede von Belgrad) war das gesamte historische ungarische Königreich zur Gänze zurückerobert. Die Drau wurde zwischen Barcs und Legrad wieder zur Militärgrenze, die bis 1881 bestehen blieb.

1745 wurde das „Dreieinige Königreich Dalmatien, Kroatien und Slawonien" mit den Teilen Kroatiens, die nie unter osmanische Herrschaft gekommen waren, wiedererrichtet. Allerdings fiel es dann 1818 als Kronland wieder an die ungarische Krone. Und 1848 wurde das Kronland „Serbische Vojvodina" zwischen Ungarn und Kroatien-Slawonien aufgeteilt.

Im Rahmen der Siedlungspolitik verfolgte der habsburgische Kaiser Anfang des 18. Jahrhunderts auch das Ziel, katholische Adlige stärker an die Monarchie anzubinden, um damit den Gefahren der Reformation zu begegnen. Denn über die Partnerschaft zwischen den Universitäten Debrecen und Heidelberg, Leiden und Utrecht war Bildung, aber auch die Reformation und der Protestantismus an die Drau gekommen. Fast 70 Prozent der verödeten Flächen verschenkte er an ihm nahestehende Adelsfamilien. Die ins Land geholten Siedler, zu einem großen Teil verarmte Bauern aus katholischen Ländern, dienten den neuen adeligen Großgrundbesitzern als Arbeitskräfte.

In der einheimischen Bevölkerung auf beiden Seiten der Drau behielten die Kroaten ihren katholischen Glauben, während die Ungarn fast alle protestantisch wurden.

Mitte des 19. Jahrhunderts wollte ein Teil des ungarischen Adels aus der Habsburgerherrschaft ausbrechen. Nach Jahren der Revolution und des passiven Widerstands musste der österreichische Kaiser, geschwächt durch außenpolitische Probleme, nachgeben. Die Doppelmonarchie Österreich-Ungarn (K.u.K. Monarchie) wurde eingerichtet und Ungarn gelangte so zu voller innerer Selbständigkeit.

Der Handel und die Flößerei an der Drau waren nach Ende der Osmanenzeit bald wieder in Schwung gekommen; die einsetzende Industrialisierung förderte den weiteren Aufschwung. Besonders Barcs, welches schon seit den Römerzeiten als Fährenort gedient hatte, gewann an Bedeutung. Als Brückenstadt zu Kroatien mit Hafen und Eisenbahnanschluss bot der Ort die idealen Voraussetzungen als Handelsmetropole. Der Bau der Eisenbahn von Pecs nach Nagykanizsa wurde durch die dort ansässigen Banken und jüdischen Familien gefördert. Mit 5.000 Mitgliedern war die jüdische Gemeinde in Barcs eine der größten des Karpatenbeckens.

Die zwei Weltkriege und die Bildung des Eisernen Vorhanges zwischen Ungarn und Jugoslawien stoppten die Entwicklung an der Drau, die wiederum zum Grenzbereich wurde.

1918 erklärten das kroatische Parlament und das sogenannte Südslawische Komitee das Ende der Union mit der Doppelmonarchie und einen neuen gemeinsamen Staat der Slowenen, Serben und Kroaten (später in Königreich Jugoslawien umbenannt).

Nach der Niederlage der Doppelmonarchie im Ersten Weltkrieg verlor Ungarn (1920 Frieden von Trianon) über 70 Prozent seines Staatsgebiets (darunter auch die Slowakei, Kroatien und Slawonien), und damit über 3,5 Millionen seiner Staatsbürger. Führende Kräfte in Ungarn erhofften sich von einer engen Bindung an Deutschland eine Revision des

Friedensvertrags. Die Rechnung schien zunächst auch aufzugehen: Bis 1940 waren Ungarns Gebietsansprüche mit militärischer Unterstützung des Deutschen Reichs teilweise befriedigt. Aber als Ungarn aufgrund des starken Drucks seitens seines übermächtigen Partners dem Dreimächtepakt beitrat, den Deutschland mit Italien und Japan geschlossen hatte, ging damit die Verpflichtung zum militärischen Beistand einher.

Als 1941 deutsche Truppen in Jugoslawien einfielen, waren auch ungarische Verbände dabei. Ebenso nahmen ungarische Truppen – mit verheerenden Verlusten – am Krieg gegen die Sowjetunion teil. Nun wäre Ungarn gerne umgeschwenkt und nahm Kontakt zu den Alliierten auf. Dies führte 1944 zum Einmarsch deutscher Truppen und der Einrichtung eines Okkupations-Apparates, der die ungarische Politik bestimmte.

Doch schon stand die Rote Armee mit einem Fuß in Ungarn. Im Januar 1945 schloss eine provisorische Regierung der Ungarischen Nationalen Unabhängigkeitsfront einen Waffenstillstand mit den Alliierten. Das Land hatte furchtbar unter Krieg und Besetzung gelitten. Die mit deutscher Hilfe wiedergewonnenen Territorien musste Ungarn erneut abtreten.

Kroatien wurde nach Kriegsende Teilrepublik der Volksrepublik Jugoslawien. Ein rigoroser Sozialismus wurde eingeführt, dessen Auswüchse – wenigstens im wirtschaftlichen Bereich – mit einer neuen Verfassung ab 1974 etwas gemildert werden konnten.

Der Fall des Eisernen Vorhangs und der Zerfall Jugoslawiens mit Bildung der Nationalstaaten zog jedoch einen weiteren Krieg an der Drau nach sich. 1991 stießen serbisch-jugoslawische Truppen über die Donau vor und besetzten die Baranja und Teile Slawoniens und Syrmiens, mussten sich nach dem Abkommen von Dayton 1995 aber wieder von dort zurückziehen.

Heute gehören 63 Prozent des Drau-Einzugsgebietes zum österreichischen Territorium, 20 Prozent entfallen auf die Republiken Slowenien und Kroatien, 16 Prozent auf Ungarn, und 1 Prozent (das Gebiet der Drau-Quelle) ist italienisches Territorium.

Bis 1997 war der Zugang zu einem Schlüsselgebiet des europäischen Naturschutzes, dem Naturpark „Kopački rit" durch den jugoslawischen Zerfallskrieg verhindert. Seither hat sich der Naturpark zu einem internationalen Aushängeschild der Region mit hoher touristischer Anziehungskraft entwickelt.

Erstaunlich schnell waren Mur, Drau und Donau ins Visier der Planer für den Ausbau der Flüsse gerückt, deren Vorhaben verheerende Zerstörungen der Kultur- und Naturflächen im weiten Umkreis mit sich gebracht hätten. Doch glücklicherweise führte der Beitrittsprozess zur Europäischen Union mit Übernahme und Harmonisierung deren Naturschutzstandards durch die Staaten Österreich, Slowenien, Ungarn und Kroatien dann schnell zum Schutz der Flusslandschaften als Natura-2000-Gebiete. Somit haben diese Länder endlich einen gemeinsamen Entwicklungsrahmen bekommen mit den Flüssen als Kommunikationsachsen. Als Beitrittskandidat der EU und als aktiver Unterstützer des Fünf-Länder-Biosphärenparks „Mur-Drau-Donau" rundet derzeit auch Serbien diesen Rahmen vorbildlich ab.

Leben und Wirtschaften am Fluss

Der Kulturraum in der Pannonischen Tiefebene wird seit Jahrhunderten durch die Flüsse geprägt. „Sava suje, Drava druje" – wurde über die beiden Hauptnebenflüsse der Donau in Kroatien gesagt. Was heißt: Die Save baut, die Drau zerstört. Dies bezog sich auf die Erosionskraft der beiden Gewässer: während die Save mit ihrem geringen Gefälle riesige Ebenen mit Schwemmland aufbaute, verlagerte die unberechenbare Drau ihren Lauf immer wieder.

Landwirtschaft

Im Land zwischen Drau und Donau lebten früher zahlreiche, meist adelige Großgrundbesitzer. Aber auch viele deutsche Kleinbauern (sogenannte Ungarndeutsche) hatten sich angesiedelt, zum Beispiel in den Orten Bóly, Szederkény, Himesháza, Udvar und Villány. Besonders bekannt ist ihr guter Wein und die an den Berghängen gebauten sogenannten „Weinkellerstädte" mit teilweise über 500 Kellern.

Foto: Goran Šafarek

Vor allem die Hänge im Hügelland zwischen Mur, Drau und Donau sind ein wichtiges Weinanbaugebiet.

Meist bauten die Bauern aber Kartoffeln und Tabak an. Die Ärmeren unter den fleißigen Zugereisten wanderten während der Erntezeit in Richtung Balaton und die Region Zala, wo sie sich als „Dresch-Banden" verdingten. Es gab die Rede, diese Bauern hätten halb Transdanubien „durchgedroschen".

Das 11. und 12. Jahrhundert war die Zeit der königlich ungarischen Schweinehirten: 40 solcher Hirtengemeinden gab es allein im Komitat Somogy.

Mit wachsender Bevölkerung begann die Waldrodung in immer größerem Maßstab. Es ging nicht nur um das wertvolle Edelholz, sondern auch um die Gewinnung von mehr und großen Flächen für Getreideanbau und Weidewirtschaft. Schafzucht und Viehhaltung gewannen an Bedeutung, aber auch die Pferdezucht. 1802 fanden die ersten ungarischen Pferderennen in Hetes, Sárd, Berzence und Keszthely statt. Der Getreideumsatz wurde immer wichtiger und erreichte bereits vor der Wende des 19. Jahrhunderts eine Million Tonnen.

Im Gegensatz zu den durch Hochufer geschützten Drau-Gegenden ist das Gebiet zwischen Barcs und Szigetvár ein Flachland, das regelmäßig von den Hochwässern überschwemmt wurde. Vierzig Gemeinden liegen hier auf kleinen, hochwassersicheren Hügeln, die im ungarischen als „ormán" bezeichnet werden. Bis zur Regulierung der Drau war die Gegend Ormanság eine reiche, fruchtbare Kulturlandschaft. Nach der Eindeichung der Überschwemmungsflächen blieb Mitte des 19. Jahrhunderts jedoch die Düngewirkung der alljährlichen Hochwässer aus; die Maßnahmen, die der Landgewinnung und Verbesserung der Erträge hätten dienen sollen, bewirkten das Gegenteil. Die vorher so fruchtbaren Böden im Gebiet der Ormanság fielen trocken, und plötzlich brachte die Landwirtschaft zu geringe Erträge, um die bäuerlichen Familien zu ernähren. Innerhalb von 100 Jahren verödete fast die Hälfte der Gemeinden. Eine einzigartige Regionalkultur verschwand.

Weite Teile der Mur-Drau-Donau-Niederung sind noch immer landwirtschaftlich genutzt. Während in Ungarn nach der politischen Wende 1990 fast keine private bäuerliche Landwirtschaft mehr bestand, waren in Slowenien und Kroatien noch zahlreiche kleine Felder und Wiesen zu finden. Andererseits hatte die staatliche Landwirtschaft auch große zusammenhängende Wiesen- und Weideflächen in Ungarn erhalten. Entlang der Flüsse Drau und Mur ist die Landschaft fast überall mit vielen Hecken durchsetzt, und auch der Wiesenanteil ist recht hoch. Diese Wiesen werden zum Teil immer noch traditionell zum Heumachen genutzt und relativ wenig gedüngt. Sie werden vielerorts auch noch von mächtigen Kopfweiden geprägt, die einen wertvollen Lebensraum für Wiedehopf und Steinkauz darstellen.

Foto: Arno Mohl

Die traditionelle Nutzung der Auenlandschaft an Drau und Mur ist sehr abwechslungsreich. Kopfweiden werden noch immer für die Herstellung von Körben beschnitten.

Foto: Jenő Purger

In der Mur-Drau-Donau-Niederung gibt es noch ausgedehnte und extensiv genutzte Weiden.

Auffallend sind Feldfrüchte, die sonst in Mitteleuropa nicht so oft angebaut werden. Durch die Gunst des Klimas ist Tabakanbau möglich. Eine Spezialität sind die Kürbisfelder, die durch die großen gelb-grünen Früchte malerische Farbtupfer erhalten. Oft werden nur die Kerne entnommen (Kürbiskerne ergeben ein leckeres Öl), während der Rest der Frucht auf dem Felde verfault. Eine andere ölige Frucht ist der Buchweizen, dessen Blüten weite Flächen rosa färben. In den Dörfern (besonders in Kroatien) weisen die Maisspeicher auf die lange Tradition des Anbaus hin.

Foto: Martin Schneider-Jacoby

Kürbisanbau.

Foto: Goran Šafarek

Die traditionelle Maisernte wird häufig mit einem Fest begangen.

In vielen Dörfern entlang der Drau, und stärker noch am linken Donau-Ufer (z.B. in Bačka), überwiegt bis heute der malerische österreichisch-ungarische Dorfbarock mit schon fast städtischer Anmutung. Die schön verzierten Bauernhäuser sind von blumenreichen Gärten umgeben. Gerade bei den privaten Landwirten gibt es oft eine Vielzahl Geflügel, das auf dem Hof oder am nächsten Graben nach Nahrung sucht.

Alte Nutztierrassen – ein vergessenes Natur- und Kulturgut

Schon im Pleistozän, also schon vor rund 2,5 Millionen Jahren, hielten Weidetiere wie Mammuts und Waldelefanten die Landschaft durch Verbiss und Tritt offen und sorgten damit für die Vielfalt der Arten in den Flussniederungen Mitteleuropas. Nach dem Aussterben der großen Pflanzenfresser füllten Nutztierherden wenigstens zu einem gewissen Teil die wichtige ökologische Lücke. Aber der Wandel in der Landwirtschaft hat die auch an Feuchtgebiete angepassten, sehr robusten alten Nutztierrassen verdrängt. Heute findet man nur noch klägliche Reste der früher so großen Bestände. Umso wichtiger ist nun deren Erhaltung.

Naturschützer suchen inzwischen verzweifelt nach Lösungsmöglichkeiten für die Bewahrung der wenigen großflächig intakten Feuchtwiesen, wie man sie z.B. in der Mur-Drau-Donau-Region noch findet. Neben dem Stopp weiterer Flussverbauungen bedarf es hierzu geeigneter Weidetiere, denn sie halten die Auen offen. Moderne Rinderrassen, die mit dem Blick auf möglichst hohe Milch- und Fleischproduktion gezüchtet wurden, eignen sich hierfür aber nur noch sehr eingeschränkt. Die Preise für Schafwolle und Schaffleisch sind auf einem so niedrigen Niveau, dass Schafhaltung sich kaum mehr lohnt. Und Arbeitspferde sind längst von landwirtschaftlichen Maschinen ersetzt worden. Der Naturschutz steht also vor einem Dilemma.

Aber die Haltung der Tiere muss auch ökonomisch wieder Sinn machen, wenn sie nicht nur von Hilfsprogrammen abhängig bleiben soll. Ein Mix der alten Nutztierrassen für eine extensive und möglichst ganzjährige Beweidung, an der Tragkraft der einzelnen Auenstandorte orientiert, verringert den Aufwand der Landwirte. Wenn nun noch eine gesteigerte Wertschätzung für Lebensmittelqualität und neue Wege der Vermarktung von Erzeugnissen aus naturverträglicher Landwirtschaft – auch in Verbindung mit Naturtourismus – hinzukommen, dann könnten sich bessere Chancen eröffnen.

Die alten Nutztierrassen werden dringend gebraucht und sie sind ein über Jahrhunderte oder gar Jahrtausende gepflegtes europäisches Kultur- und Naturgut, mit einer großen kulturhistorischen Bedeutung für die Mur-Drau-Donau-Flusslandschaft.

Pferde

Pferde waren jahrhundertelang unverzichtbare Helfer bei der Feldarbeit. Im Übergang vom 18. zum 19. Jahrhundert war zwischen Drau und Mur und weiter bis zum Plattensee vor allem eine Kaltblutrasse mit dem bezeichnenden Namen **Mur-Insulaner** verbreitet. Ab dem II. Weltkrieg verlor diese Rasse immer mehr an Bedeutung. Heute weiden die letzten 60 Mur-Insulaner im kroatischen Teil der Mur-Auen; der Bestand gilt als kritisch gefährdet. Das ist sehr bedauerlich, denn die für Kaltblüter relativ leichten Pferde eignen sich bestens für die Offenhaltung der Aue. Die für das Gebiet wichtigste Pferderasse ist aber der **Nonius**. Der Stammvater der Rasse war ein in der Normandie (Calvados) gezüchteter Hengst namens Nonius, den österreichische Kavallerietruppen 1815 im Zweibrücken-Gestüt als Junghengst erbeutet hatten. Die Rasse wurde dann in dem ungarischen Gestüt Mezöhegyes nahe der Vojvodina in Warmblutzucht entwickelt. Von der Vojvodina und Slawonien aus wurde der Nonius in der Zeit der Donaumonarchie weit verbreitet. Inzwischen ist das Überleben der vielseitig verwendbaren, hitzeresistenten und sozusagen „unverwüstlichen" Pferderasse in Gefahr. Nach dem Fall des Eisernen Vorhangs schickte man die letzten Tiere in die ungarische Hortobagy-Puszta, um sie zusammen mit Steppenrindern und Zackelschafen (s.u.) vor dem Aussterben zu bewahren; die Nonius-Herde dort besteht heute aus 400 Pferden im reinen Typus. Und im serbischen Gestüt Karađorđevo lebten in den letzten Jahren um die 60 Tiere der Rasse. In Privatbesitz ist kaum noch ein Nonius zu finden. Es ist jammerschade, dass diese schönen, imposanten Pferde nicht mehr in ihrer angestammten Weideheimat zu bewundern sind.

Foto: Borut Stumberger

Der **Mur-Insulaner** ist für seine Zuneigung zum Menschen bekannt. Seine Zukunft könnte auch durch die extensive Beweidung der Mur-Auen gesichert werden.
Frei weidende Tiere an der Mur bei Podturen im Sommer 1997. Die Mähne des Pferdes im Vordergrund, welches als Arbeitstier auf dem Bauernhof diente, wurde kurz geschnitten.

Eine andere, vor allem durch die Dressur-Vorführungen der Spanischen Hofreitschule in Wien weltbekannte Pferderasse, nämlich die Lipizzaner, würde man unter den widerstandsfähigen Pferden der Mur-Drau-DonauLandschaft nicht vermuten. Und doch hatten sich die Lipizzaner, die um 1700 erstmals ins Drau-Tal kamen, besonders in Slawonien über lange Zeit als Arbeits- und Gebrauchspferde bewährt. Damals nannte man sie noch Karster nach der Lage ihres von der Habsburger Monarchie eingerichteten Stammgestüts bei Lipica im slowenischen Karstgebiet; erst 1786 tauchte erstmals der Name „Lipizzaner" auf. In Ungarn begann die Zucht 1809, als die Truppen Napoleons Lipica eingenommen hatten und er die wertvollen Pferde in das Gestüt Mezöhegyes evakuieren ließ, eben das Gestüt, wo wenige Jahre später der Nonius erzüchtet wurde. Heute ist vor allem das Pferdegestüt Piber in der Steiermark bekannt für seine Lipizzanerzucht. Von jeher wurden die eleganten Tiere mit der meist reinweißen Fellfarbe aber auch als Statussymbole gehalten und gerne bei Schauveranstaltungen vorgeführt – so zur Zeit etwa im Staatsgestüt Đakovo.

Foto: Mario Romulić

Lipizzaner im Gespann im Baranja.

Rinder
Das **Blondvieh** gelangte vermutlich mit der Völkerwanderung nach Mitteleuropa und wurde später mit dem gelben Frankenvieh gekreuzt. Die Rasse ist in Kärnten heimisch, und heute gibt es davon nur noch ca. 600 Tiere. Das Blondvieh stellt einen Übergang von Steppen- zu Gebirgsrassen dar. Es ist arbeitstüchtig, langlebig, robust und zeichnet sich durch hervorragende Fleischqualität aus. Das **Murbodner Rind** kann man bis in die keltische Zeit der Mischkühe zurückverfolgen; später wurde es durch vielerlei Kreuzungen, u.a. mit **Graurind** und Blondvieh, weiterentwickelt. Schließlich war es besonders gut an die Bedingungen im Talkessel der Mur angepasst, der ihm auch seinen Namen gab, als es 1869 als eigene Rasse anerkannt wurde. Das Murbodner Rind war weit verbreitet, weil es ausdauernd, widerstands- und anpassungsfähig ist und sich durch schmackhaftes Fleisch auszeichnet. Leider kann man heute nur noch von ca. 1.000 Tieren dieser Rasse ausgehen.

Foto: Joseph Leitner

Das Blondvieh ist am Oberlauf der Drau in Kärnten heimisch, und spiegelt als alte Nutztierrasse die Natur- und Kulturgeschichte der Mur-Drau-Donau wieder.

Über die Herkunft der Gruppe der **Podolischen Rinder** (auch Podolaner genannt) gehen die Meinungen stark auseinander. Sie sind von Südrussland über den Balkan bis in Teile Italiens verbreitet; die ungarische Population wird heute als **Steppenrind** bezeichnet. In der Baranja wie in Syrmien, Slawonien und der Podravina war der slawonisch-syrmische Typus des Podolischen Rindes als wichtiger Fleischlieferant und Arbeitstier bis ins 20. Jahrhundert das wirtschaftliche Rückgrat der Bauern. 90 Prozent aller dort gehaltenen Rinder gehörten zu diesem Typus. Doch in der kommunistischen Ära wurden sie durch das sture Denken der staatlichen

Landwirtschaftsplaner fast ausgelöscht. Heute leben in Kroatien wieder 250 Tiere, in Ungarn mehr als 1.300 Kühe und in Serbien in der Vojvodina (z.B. Bačka Topola) um die 250 Kühe. Die Podolischen Rinder sind resistent gegen unspezifische Krankheitserreger, z.B. auch gegen Tuberkulose, sind hervorragende Arbeitstiere und dabei völlig anspruchslos. Da sie sich außerdem besonders gut für extensive Beweidungssysteme eignen und sowohl in periodisch überschwemmten wie auch in trockenen Gebieten für die Ganzjahresbeweidung einsetzbar sind, kann man sie mit Fug und Recht als das Zukunftsrind des Naturschutzes in der Mur-Drau-Donau-Niederung bezeichnen. Nur für die permanenten Sümpfe braucht man Wasserbüffel.

Foto: Mario Romulić

Ein Ziel des Biosphärenreservates Mur-Drau-Donau sollte es sein, mit den Herden der **Steppenrinder** die alte Weidelandschaft wieder zu gestalten. Abgebildet ist das Rind im slawonisch-syrmischen Typus.

Schafe

Seit der Landnahme der Magyaren in der Pannonischen Tiefebene im 9. Jahrhundert findet man **Zackelschafe** als Begleiter der Menschen in der Drau-Mur-Donau-Niederung. Die Rasse geht auf die in Südwestasien domestizierten **Urials** zurück, eine Wildschafgruppe, auch Steppenschafe genannt. Die angezüchteten V-förmigen, in Spiralen auslaufenden Hörner machen die Zackelschafe unverwechselbar. Während des Mittelalters war das Zackelschaf die häufigste Nutztierrasse in Pannonien. Doch nach dem Zweiten Weltkrieg wurden kaum noch solche Tiere gehalten; nur wenige überlebten in Hortobagy (s.o.). Derzeit besteht der Bestand in Ungarn aus ca. 5.000 Zackelschafen, die als Markenzeichen der ungarischen Nationalparks gerne zur Schau gestellt werden. Ihre Widerstandskraft gegenüber Sonne, Hitze, Regen, Sand- und Schneestürmen ist einmalig und macht sie allmählich auch bei privaten Schafhaltern wieder beliebt, zumal eine gute Milchleistung hinzukommt. In den Nachbarländern Ungarns findet man zwar ebenfalls wieder Zackelschafe, aber nur in sehr geringer Zahl, und aus den Flusslandschaften von Drau, Mur und Donau sind sie so gut wie verschwunden.

Foto: Otto Samwald

Die Beweidung lockt Zugvögel an: ein Zugtrupp der in Mitteleuropa brütenden **Wiesenschafstelzen** (Motacilla flava flava) auf Nahrungssuche mit Schafen.

Nennenswert ist außerdem das hornlose **Cigaja**-Schaf, dessen Ursprünge in Kleinasien zu suchen sind. Die Rasse gehört zu den weltweit ältesten Schafrassen. Von ihr gibt es zahlreiche Zuchtlinien; die urtümliche Form, der sogenannte „Čokanjski"-Schlag, ist jedoch mit nur noch 550 Tieren hochgradig bedroht. In Kroatien behauptet sich das Cigaja-Schaf nur noch in Slawonien und der Baranja. Der bekannte leckere Käse „beli sir" aus der Bačka wird aus der Milch dieser Schafe gemacht.

Foto: Dejan Đapi

Der weiße Käse **„beli sir"** aus Sombor ist heute eine begehrte und exquisite Delikatesse.

Foto: Dejan Đapi

Das Cigaja Schaf ist eine alte bedrohte Haustierrasse, die noch auf den weiten Grasflächen der Baranja weidet.

Foto: Miklos Töldi

Mangalitzas (s. Abb.) und das schwarze slawonische Schwein „fajferica" waren die eindrucksvollsten Landschaftsgestalter, die einst große Bereiche in der Drau-Donau-Niederung umgewühlt haben. Heute sind die Schweinehutweiden zu einer der seltensten, wenn nicht zum seltensten Lebensraum in der Flusslandschaft geworden.

Schweine

Seit dem 19. Jahrhundert wurde durch die Kreuzung verschiedener Rassen das **Mangalitza**-Schwein entwickelt, ein Wollschwein mit langem lockigem Fell, das hervorragenden Speck liefert und sich sehr gut für ganzjährige Weidehaltung eignet. Die besonders an die Verhältnisse in den Flussniederungen angepassten Mangalitzas sind gegen fast alle Krankheiten resistent und lassen sich nicht so leicht aus der Ruhe bringen. Vor dem Ersten Weltkrieg wurden in Pannonien über fünf Millionen dieser Schweine gehalten, und auch in Slawonien und der Drau-Niederung bis Donji Miholjac waren sie verbreitet. Ihr Leben wich nicht sehr von dem der Wildschweine ab; sie lebten im Auwald und sogar im Sumpf, wo sie sich an Eicheln, Wassernüssen, verschiedenen Pflanzenknollen und sogar an toten Fischen mästeten. Wenn nötig, wurden die großen Schweineherden mit Leckerbissen geschickt gelenkt. Sie waren hiermit an den Menschen gebunden. Durch diese natürlich-extensive Haltungsform und durch ihre Wühltätigkeit waren sie wichtige Landschaftsgestalter. Heute gibt es aber leider insgesamt nur noch etwa 1.200 Tiere der blonden, 600 der schwalbenbäuchigen (mit heller Unterseite) und 200 der roten Zuchttiere.

Im Gebiet zwischen Drau, Donau und Save ist außerdem das **schwarze slawonische Schwein** zu erwähnen, das zwar keine archaische Rasse darstellt, sich aber gut für die Weidewirtschaft in Auwiesen eignet und bei extensiver Haltung Fleisch von hoher Qualität liefert. Es erfolgte auch Waldmast in Eichenwäldern und die Tiere wurden vor der Schlachtung mit Mais gefüttert. „Kulen", eine begehrte Trockenwurst, hat diese Schweinerasse in den letzten zehn Jahren vor dem Erlöschen gerettet. Heute umfasst der Bestand wieder rund 1.000 Tiere.

Nach jahrelanger Benachteiligung stoßen die alten Nutztierrassen endlich wieder auf größeres Interesse. Wichtige Grundlagen-Untersuchungen wurden publiziert und erste Rettungsprojekte durchgeführt. In Kroatien hat sich z.B. eine Gruppe von Forschern um Roman Ozimec versammelt und das schöne „Grüne Buch" (2011) herausgegeben. Der Einsatz der Tiere wird hier auch im Zusammenhang mit Naturschutz besprochen, und hoffentlich gibt es bald weitere größere Projekte wie das in Vorbereitung befindliche in Kopački rit mit Podolischen Rindern des syrmisch-slawonischen Typs. In Slowenien hat sich die Universität in Ljubljana des Themas angenommen, und die slowenische Vogelschutzorganisation DOPPS lässt an der Grenzdrau zu Kroatien Wasserbüffel weiden. Srđan Stojanović und Suzana Đorđević fassten die Lage in Serbien zusammen (2003) und schafften so das nötige Bewusstsein und Wissen für den Einsatz von Nutztieren.

Einzelne private Züchter setzen in der Vojvodina bewusst auf die alten Rassen (Cigaja, Podolische Rinder), und in Ungarn zeigt sich besonders der Donau-Drau-Nationalpark als ein Vorreiter: Die große Hutweide bei Drávaszentes mit Steppenrindern, Zackelschafen, Mangalitza-Schweinen und **Huzulen** (altösterreichische Pony-Rasse) ist zur wichtigsten Rettungsstation für die bedrohten alten Rassen in der gesamten Drau-Niederung geworden.

Plädoyer für den Einsatz von Nutztieren

Schafe nutzen nicht selten Grenzertragsböden, die sich für Rinder nicht eignen. Sie nutzen ein Nahrungsspektrum, das sich von dem der Großtiere unterscheidet. Schafe erfassen die Nahrung mit den Zähnen und beißen das Gras kurz über dem Boden ab. Die Rinder dagegen rupfen das Gras meist mit der Zunge in drei bis sechs cm Höhe ab und verzehren mehr Kräuter und Gehölze als Pferde. Bei Nahrungsengpässen im Winter schälen sie die Rinde vor allem junger Bäume ab. Pferde wiederum haben Schneidezähne, mit denen sie Gras auf einer Höhe von zwei bis drei cm abbeißen können. Das Schwein, ein Allesfresser, sucht seine Nahrung auch unter der Bodenoberfläche, wobei es den Boden durchwühlt. Bei Hitze suhlen sich Schweine sehr gerne und halten so die Böden offen. Bei ablaufendem Wasser brechen sie den Boden auf, so dass sich einjährige Gräser für die anderen Grasfresser entwickeln können. Solche Weiden werden von Löffler, Limikolen, Stelzen und Störchen als bevorzugte Nahrungsgebiete aufgesucht und sind wichtig für den Erhalt einer Reihe spezialisierter Pflanzenarten wie **Gottesgnadenkraut** (Gratiola officinalis), **Kleefarn** (Marsilea quadrifolia) oder **Polei-Minze** (Mentha pulegium). Zudem kommen noch die verschiedenen Vorlieben der Huftiere für verschiedene Pflanzenarten, abhängig von der Jahreszeit. Dies alles ergibt, verbunden mit der Flussdynamik, eine fast unvorstellbare Palette an Möglichkeiten, wie ein Auwald-Offenland-Mosaik gestaltet werden kann – eine Diversität der Auen von Wildnis bis hin zur Kulturlandschaft.

Die Umweltverträglichkeit, die auf Dauer in einem Biosphärenreservat angestrebt wird, erfordert z.B. einen kombinierten Einsatz der Weidetiere, um

- Neophyten und die Verbuschung zu unterdrücken;
- die Stauwirkung der Hochwasserwelle zu verringern (bei zu starkem Bewuchs weist die Auenoberfläche zu viele Widerstände auf);
- die Produktion der landwirtschaftlich nur sehr eingeschränkt nutzbaren Auen zu erhöhen (z.B. durch Fleisch- und Milchprodukte sowie Wolle);
- bedrohte Lebensräume wie Orchideenstandorte zu erhalten;
- die Landschaft auch für naturinteressierte Menschen attraktiv zu machen.

Foto: Martin Schneider-Jacoby

Kleefarn und andere spezialisierte Pflanzenarten entwickeln sich sehr gut auf den von Schweinen aufgebrochenen Hutweideflächen der Aue.

Verkehrsweg Fluss – Holzwirtschaft und Industrie

Seit jeher stellten Flüsse wichtige Verkehrsadern dar. Auch an Mur, Drau und Donau waren die Flößerei und später Schiffstransporte stets von großer Bedeutung für Wirtschaft und Landesentwicklung. Schon für die Römische Flotte in Pannonien war Ptuj (ehem. Pettau) ein wichtiger Ausgangspunkt.

Laut einem Dokument aus dem Jahr 1280 genehmigte ein Ritter namens Otto vom Völkermarkt den Transport von Fässern und Holz flussabwärts von Völkermarkt bis Maribor. Der Wein aus der Gegend um Maribor wurde dann in den Fässern zurückgeliefert. Und im Ort Vuzenica wurden im 16. Jahrhundert die typischen Flusskähne „schajka" gebaut. Diese Boote wurden über mehrere Jahrhunderte in speziellen Häfen, die als „Lentstat" bezeichnet wurden, gebaut und bis in die Vojvodina an der Donau gefahren und verkauft. Schon diese beiden Beispiele zeigen, wie eng der Handel mit Holz und Holzprodukten im Mittelalter mit den Transporten auf den Flüssen verbunden war.

Mit Beginn der Industrialisierung wuchs das Transportaufkommen auf den Flüssen sprunghaft an. An manchen Stellen waren bereits Sümpfe entwässert und die weitere Schiffbarmachung der Drau vorangetrieben worden. Doch für die Vollendung der wirklich großen Pläne dieser Art fehlten lange Zeit noch die Mittel.

1880 wurden 1.500 Waggons mit Holz verladen. Es entstanden Dampfsägewerke und in Osijek 1858 eine der ersten und größten Streichholzfabriken Mitteleuropas. Die Herstellung von Pottasche (Kaliumkarbonat), die aus Holz ausgelaugt und in Pötten eingedampft wurde, verschlang riesige Waldflächen. Fassdauben aus den Eichenstämmen wurden nach Deutschland und Frankreich exportiert. Auch Tannin, ein Gerbstoff, wurde industriell aus dem Eichenholz gewonnen.

Ende des 19. und Anfang des 20. Jahrhunderts vergrößerte sich die Nachfrage nach Holz weiter. Im Jahre 1938 wurden 1.144 Flöße mit 100.000 km^3 Holz flussabwärts transportiert. Dies entsprach einer Ladung von 10.000 Waggons. Auch der Handel mit anderen Gütern, so etwa Eisenwaren und Textilien, war stark angestiegen. 1900 überstieg der gesamte Güterverkehr auf der Drau 400.000 t. Die Hafenstadt Barcs stieg – hinter Wien und Triest – zum drittgrößten Handelsplatz in diesem Teil Europas auf.

Mit Flößen kostete der Transport von Holz fast nur die Hälfte einer entsprechenden Bahnfracht. 1918 wurde deshalb beim Bau des ersten Kraftwerks an der Drau noch ein Durchlass für die Flößer eingerichtet. Die weiteren Kraftwerke an der Drau machten aber den Transport von Holz auf dem Fluss unmöglich.

Neue Städte entstanden entlang der Drau und Donau. Immer größere Flöße wurden konstruiert. Verwaltungsdokumente zeigen deutlich die Bedeutung dieser Verkehrsachse, die Städte in Slowenien und Österreich mit Kroatien, Ungarn, der Vojvodina, Serbien und Rumänien verband. Zu Beginn des 20. Jahrhunderts gab es an der ungarischen Seite der Drau eine Reihe von Städten, in denen vier Sprachen gesprochen wurden, wie z.B. Pécs (Fünfkirchen), Mohacs an der Donau, Siklós, Barcs, Csurgo, Nagytád, Kaposvár und – die größte Stadt – Nagykanizsa.

Bis zum Zweiten Weltkrieg wurde der gesamte Verkehr über die Mur zwischen Bad Radkersburg (Gornja Radgona) und Mursko Središče mit Fähren abgewickelt. Die erste Brücke bei Veržej wurde 1922 erbaut, dann 1940 eine bei Petanjci und eine weitere bei Razkrižje. Trotzdem verkehren noch immer zahlreiche traditionelle Fähren über die Mur. Sie hängen an einem Seil und werden durch die Strömung bewegt – ein System, welches ohne Motor auskommt. Zwischen Selnica ob Muri (Papierfabrik Sladki vrh) und Weitersfeld sowie Murska šuma und Podturen verbinden diese Fähren sogar zwei Länder. Manche sind aber zum Teil nur für den kleinen Grenzverkehr und für Fahrradfahrer und Fußgänger offen. Gerade für Urlauber und Ausflügler ist es jedoch ein besonderes Erlebnis, auf diese althergebrachte Weise über den Fluss geschoben zu werden. Nach 1995 hat Kroatien zusätzliche Fähren eingerichtet, um die Verbindung über die mäandernden Flussschlingen hinweg zum linken Mur-Ufer nach Slowenien herzustellen. Von den vielen alten Wassermühlen dagegen ist aber leider nur noch eine einzige erhalten geblieben.

Wald und Jagd

Die Wälder an Mur, Drau und Donau hatten stets ein überreichliches Angebot an Holz für den Bedarf der Menschen geboten. Doch im Laufe des wirtschaftlichen Aufschwungs setzte ein zunehmend zerstörerisches Ausmaß der Ausbeutung ein. In Slawonien sank der Waldanteil schnell, und bereits 1914 lag er nur noch bei 35 Prozent – alle Urwälder waren geschlagen. Erst der Erste Weltkrieg setzte dieser Epoche ein Ende.

An manchen Abschnitten von Mur, Drau und Donau finden sich aber immer noch ökologisch intakte Auwälder. Die im österreichischen Gebiet der Mur gelegenen sind sogar die zweitgrößten in Österreich und deshalb als Natura-2000-Gebiete geschützt.

Sehr viel weitflächiger sind jedoch die berühmten Drau-Wälder, die zu den größten Auwaldgebieten Europas zählen und sich auf 2 bis 4 km Breite im Gebiet der kroatischen Baranja zwischen Donji Miholjac und Osijek hinziehen. Hier befindet sich der Naturpark Kopački rit. Sein ausgedehntes Feuchtgebietsbiotop umfasst auch Flussarme und Seen in Donau-Nähe und reicht bis in ungarisches und serbisches Gebiet hinein. Weichholzwälder im Mündungsbereich der Drau bilden das Kerngebiet des Reservats, während sich weiter nordwärts wertvolle Eichenbestände hinziehen. In Richtung Donau prägen Silberweiden die Landschaft.

Foto: Mario Romulić

Die einzigartigen Feuchtgebietskomplexe des Kopački rit sind inzwischen als Naturpark ziemlich gut geschützt.

Die Erhaltung seiner schönen Wälder verdankt Kopački rit dem Interesse der Herrscher an der Jagd. In Segösd gingen bis 1301 die ungarischen Königinnen zur Jagd, bevor die erste Dynastie ausstarb. Von 1301 bis 1526 weilten die königlichen Jagdgesellschaften in Aranyopusta auf dem ehemaligen Römerweg zwischen der Donau und Szigetvár. Gegen Ende des 19. Jahrhunderts wurde Kopački rit kaiserliches Jagdgebiet. Auch der jugoslawische Staatschef Josip Broz Tito behielt diese Tradition bis zu seinem Tod (1980) bei.

Über 6.000 Rothirsche leben in den Wäldern von Kopački rit. Ihre Geweihe sind weltberühmt und wurden schon oft mit Goldmedaillen ausgezeichnet. Für ausländische Jagdgäste reichte einst die Preisliste für einen Schuss bis an die 70.000 DM. Bis 1991 erwirtschaftete das Kombinat Belje mit der Jagd etwa 4 Millionen DM pro Jahr.

Donau: Die Fischer von Apatin

Die Entwicklung der organisierten Fischerei im unteren Abschnitt der mittleren Donau steht in engster Verbindung mit der Feudalherrschaft in der Baranja, die Prinz Eugen von Savoyen nach seinem Sieg über die Osmanen ab 1789 ausübte. Er erwarb damit auch die Fischrechte am linken Donauufer. Dadurch entstand an der Donau ein gewaltiger Fischgrund, der sich über 250 damalige Flusskilometer ausdehnte und eine durchschnittliche Fluss- und Auenbreite von 10 bis 20 km aufwies – bei Apatin mit Kopački und Veliki rit waren die Auen sogar bis zu 30 km breit! Ähnliches gab es sonst kaum irgendwo im binnenländischen Mitteleuropa.

Prinz Eugen gründete in Apatin (Abthausen) eine erste Fischstation und siedelte eine größere Anzahl erfahrener Fischer von der oberen Donau und vom Rhein an. Bald entwickelte sich eine starke Fischergilde, die im Jahre 1773 durch einen Erlass von Maria Theresia die Selbstständigkeit zugestanden erhielt. In der florierenden Hafen- und Gewerbestadt Apatin arbeiteten Ende des 18. und in der ersten Hälfte des 19. Jahrhunderts 200 Berufsfischer. Mit Lehrlingen und Aushilfen konnten somit bis zu 400 Familien vom Fischfang leben.

Neue Fischfangtechniken, besonders der Einsatz der großen Fischernetze, steigerten die Fangquoten enorm. So wurde Apatin bald zu einer der größten Handelszentren des Donauraumes, von wo aus die Städte und Militäreinheiten mit Frisch- und Salzfischen verpflegt wurden. Nach einer großen Überschwemmung im Jahr 1795 entschied man sich, den Fang in den bis zu 20 m langen Booten zu lagern und je nach Bedarf weiterzubefördern. Auch große Mengen Fisch konnten auf diese Weise in Käfigen, mit gutem Donauwasser umspült, lebend gehalten und weiterverkauft werden. Es wurden aber auch Fische getrocknet und in Eis konserviert.

Wie wichtig die Fischerei an der Donau war, verdeutlicht auch ein Erlass des Kaisers Franz I. von Habsburg-Lothringen aus dem Jahr 1830. Damit erteilte er der Fischergilde von Apatin, der die Fischer aus der Baranja und Bačka angehörten, die Rechte und Privilegien für den Fischfang zwischen Mohács und Oršava am Eisernen Tor auf einer Länge von über 450 Flusskilometern. Mitglieder der Fischergilde waren übrigens, neben Menschen aus der Region (Ungarn, Serben, Kroaten und Slowaken), auch Siedler aus Deutschland und Rumänien.

Nach Berechnungen von Professor Plančić haben die jährlichen Fangquoten an dem 290 km langen Abschnitt der Donau zwischen der heutigen serbisch-ungarischen Grenze und der Mündung der Theiß noch im 19. Jahrhundert bis zu 22.000 t Fisch erreicht. Ein Drittel des Fangs entfiel auf die Gebiete um Apatin, wo sich die besten Fischgründe befanden und auch die größte Anzahl an Berufsfischern tätig war.

Zwischen 1850 bis 1900 wurden Dämme gebaut, die die riesigen Auen um Apatin auf einer Fläche von 120 km² durch Dämme von der Donau abschnitten. Damit sind die produktivsten Laichgebiete und Fischereigründe des pannonischen Raumes verlorengegangen.

Mit einer neuen, 1911 gebauten Fischzentrale in Apatin versuchte man die Situation auf andere Weise wieder zu verbessern. Zwischen den beiden Weltkriegen betrug der in Apatin registrierte Fischfang bis zu 1.500 t. Eine Besonderheit waren in dieser Zeit die sogenannten Apatiner Carden, auf der Donau postierte Boote, in denen Läden zum Verkauf von Fischspezialitäten untergebracht waren. Im Jahr 1960 wurde eine weitere Fischereizentrale erbaut: Diese Fabrik produzierte z.B. in der Zeit von 1965 bis 1968 zwischen 0,6 bis 1 Million Fischkonserven, wobei die jährliche Fangmenge vom Donaupegel abhing (je größer die Überschwemmungsfläche, desto mehr Fische).

In den nachfolgenden Jahren verlagerte sich der berufsmäßige Fischfang auf der Donau aber zur Fischzucht in Fischteichen. An der Donau gibt es inzwischen fast nur noch Angler, aber wenige Berufsfischer: Am kroatischen Abschnitt der Donau sind es aktuell um die 30 und an der Donau in Serbien lediglich 187. Und in Ungarn sind es zwischen Gemenc und der Grenze zu Serbien auch nur noch etwa zehn Berufsfischer.

Am 29. Juli, nach dem Gebet und der Eröffnung der Fischerfestlichkeiten, wurde jeweils der Gilde-Sarg mit dem Goldenen Fisch (ein altes Symbol für reichen Fischfang in Form eines Karpfens) geöffnet, um ihn in einer großen Fischer-Prozession durch Apatin zu tragen. Mit ansteigendem Donaupegel im Mai waren die überschwemmten Wiesen samt der temporären Auenseen um Apatin der wichtigste Laichgrund des Wildkarpfens im ganzen Pannonischen Becken.

Die Teichgüter

Fischteiche haben eine alte Tradition in der europäischen Kulturlandschaft. Schon im Mittelalter begannen die Mönche künstliche Seen anzulegen, die sie ablassen konnten, um an die begehrte Fastenspeise zu kommen. In Slowenien sind an der Drau bei Rače (Kranichsfeld) noch Teiche in Betrieb, die bereits vor 500 Jahren angelegt wurden.

Im Bereich der unteren Drau lassen sich vor allem zwei Typen von Teichgütern unterscheiden: die großen, neu angelegten in Kroatien und die Ketten kleiner, vor etwa hundert Jahren eingerichteter Waldteiche in Ungarn (allein im Komitat Somogy sollen es rund tausend sein mit einer Gesamtfläche von 1.300 ha). Beide Typen sind von großer Bedeutung für viele Tier- und Pflanzenarten und bieten sehr gute Vogelbeobachtungsmöglichkeiten. Sie sind heute ein Ersatz für die großen Sumpfgebiete, die bis Ende des 19. Jahrhunderts weite Teile der Landschaft bedeckten.

In Kroatien begann das Anlegen der großen Teichgebiete Anfang des 20. Jahrhunderts. An der unteren Drau liegen vier davon mit gewaltiger Ausdehnung: Našice mit 13,45 km^2, Grudnjak mit 10,2 km^2, Donji Miholjac mit 9,75 km^2 und Podunavlje mit 5,52 km^2. Insgesamt ist hier eine Fläche von circa 40 km^2 überstaut mit einer jährlichen Fischproduktion von 4.000 t. Nach dem Kriegstief 1991 bis 1995 hat sich die Produktion in Kroatien erholt. Landesweit werden wieder über 6.500 t – meistens mit halbintensiven Methoden und einem durchschnittlichen Ertrag von etwa 1.000 kg/ha – erwirtschaftet. Vor dem Krieg waren es 10.000 t.

Auch für die Bewohner der Region und den Tourismus ist der Wert der Fischteiche und Teichgüter nicht zu unterschätzen. Die schöne Landschaft, die guten Vogelbeobachtungsmöglichkeiten und die schmackhaften Fischspezialitäten können durchaus zur Attraktivität eines Urlaubsaufenthalts an der Drau beitragen.

Vojvodina – Land der Fischteiche

Die Fischteiche in der Vojvodina spielen ökonomisch wie ökologisch eine große Rolle. Doch vor allem das Ausmaß des Netzwerkes dieser Fischteiche, die entlang der Donau in Bačka wie Bač, Svilojevo, Srpski Miletić und Kolut liegen, ist einmalig. In Kolonien brütende Vogelarten können somit fast immer Ausweichplätze zum Brüten und zur Nahrungssuche finden.

Fast alle Fischteiche sind bewirtschaftet. 35 davon umfassen mehr als 50 ha, der größte Fischteichkomplex sogar 21,5 km^2. Die gesamte Teichfläche umfasst sogar mehr als 120 km^2. Leider werden inzwischen beinahe 20 Prozent der Teichfläche intensiv bewirtschaftet – mit steigender Tendenz.

Die Schlick- und Schlammflächen können zwischen Herbst und Frühling bis zu zwei Dritteln der Größe der Fischteiche ausmachen. Sie sind von internationaler Bedeutung für Tausende von Limikolen und viele andere ziehende Wasservögel.

Foto: Jürgen Schneider

Fischteiche bieten im Herbst wichtige Nahrungsplätze für durchziehende Vogelarten wie dem **Schwarzstorch.**

Ein gravierendes Problem seit Ende des letzten Krieges stellt aber die Jagd dar. Ganze Fischteichkomplexe werden von italienischen Jagdgästen gepachtet, die gnadenlos Jagd auf alles machen, was fliegt. Erschwerend kommt noch hinzu, dass auf Staatsebene (außer in Jegrička) kein Fischteichgut unter Schutz steht und die Jagdsaison auf Wasservögel ein halbes Jahr dauert (1. September bis 29. Februar). Die Zustände sind alarmierend. Die Bodenvergiftung der Teiche durch Bleischrot kann sich sehr bald als hemmend für die Fischproduktion auswirken.

Inzwischen sind immerhin 16 Fischteichgüter auf einer Fläche von 79 km^2 als International Bird Areas gemeldet worden (Puzović et al. 2009), was bedeutet, dass die ungezügelte Jagd einem Management nach internationalen Standards weichen muss. Damit dies tatsächlich geschieht, ist allerdings internationaler Druck nötig. Als erster Schritt wäre ein Jagdverbot für den Bereich der Fischteiche Kapetanski rit, Vršački ritovi, Ečka, Baranda, Sutjeska, Bečej, Bač, Svilojevo, Banatska Dubica, Jazovo, Ostrovo und Susek dringend erforderlich.

Fischerei heute

Nach wie vor ist die Drau ein überaus beliebtes Angelgewässer. Der Zugang zur Drau war allerdings zu Zeiten des Eisernen Vorhangs stark erschwert bzw. teils gar nicht möglich. In Kroatien ist in der oberen und unteren Zone an der Drau nur das Fischen mit der Angel erlaubt. In Slowenien nutzten Mitte der 1990er Jahre 7.400 Sportfischer die Drau, und in Kroatien waren es sogar 27.900 – das sind rund 40 Prozent der Angler des Landes. Auch in Ungarn finden sich, insbesondere an einigen Altarmen, sehr viele Sportfischer ein.

Um 1995 betrug der Fischfang aus der Drau in Slowenien durchschnittlich 111 t und in Kroatien 128 t. Der Gesamtfang der Sportfischer an Mur, Drau und Donau in Kroatien erreichte 2013 246 t. Als Mittelwert der Jahre 2000 bis 2009 wurden für Slowenien 88 t für die Mur und die Drau gemeldet.

Häufigste Fangfische sind **Karpfen** (Cyprinus carpio), **Karausche** (Carassius carassius), **Brachsen** (Abramis brama) und **Hecht** (Esox lucius). Aber auch **Wels** (Silurus glanis), **Zander** (Stizostedion lucioperca) und **Schleie** (Tinca tinca) werden häufig gefangen. Allerdings wird ein bedeutender Teil der Fische bei der Meldung an die Fischereiverbände nicht nach Arten bestimmt, was für Natur- und Artenschützer von besonderem Interesse wäre.

Der Gesamtfang der 35.000 Sportfischer an den drei Flüssen im geplanten Biosphärenreservat dürfte nach aktueller Schätzung rund 600 t in etwa 0,7 Millionen Fischtagen pro Jahr betragen. Dies verdeutlicht den produktiven Wert dieser Gewässer. Der ideelle Wert, nämlich wie diese Menschen die Mur-Drau-Donau-Flusslandschaft an so vielen Tagen genießen und sich dabei erholen können, wird von Landschaftsplanern leider kaum in Betracht gezogen. Eine Übersicht der Fischteiche in Vojvodina im Jahr 2013 ist ist auf Seite 91 zu finden.

Übersicht der Fischteiche in Vojvodina im Jahr 2013 die größer als 50 ha sind (Ružić & Tucakov in litt, Puzović 2009). Fett gekennzeichnet sind die Teiche im Biosphärenreservat Mur-Drau-Donau.

Name	Fläche (ha)	Wasservogelkolonien	IBA
Ečka	2.157	+	+
Vršački Ritovi	642	+	-
Sutjeska	897	+	+
Baranda	918	+	+
Bečej	680	+	+
Bač	642	+	-
Orom	100	-	-
Kapetanski Rit	463	+	+
Veljko Simin/Sombor	52	-	-
Svilojevo	390	+	+
Prvi maj/Ruski Krstur	97	-	-
Jegrička/Žabalj	412	-	+
Despotovo	230	-	-
Srpski Miletić	310	-	-
Deronje	68	-	-
Kolut	200	+	+
Futog	202	-	-
Mošorin	60	-	-
Ribar/Novi Kneževac	280	-	-
Iđoš	220	-	-
Agrograđevinar/Sajan	100	-	+
Banatska Dubica	360	-	-
Uzdin	410	-	+
Čenta	120	-	+
Mika Alas/Borča	250	+	+
Sv. Nikola/Neuzina	300	-	+
Susek	130	-	-
Morović	50	?	+
Ostrovo/Melenci	180	+	+
Sečanj	400	-	-
Jazovo-Zlatica	379	+	+
Karika/Padej	67	-	-
Alaštovo/Sečanj	50	-	-
Srpski Itebej	260	+	-
Banatski Dvor	43	-	-

Foto: Goran Šafarek

Die Tierwelt

Säugetiere

Die Flussläufe von Mur, Drau und der angrenzenden Donau mit ihren begleitenden Auwäldern und Altarmen schlängeln sich als grünes Band durch die Landschaft und stehen mit dieser in enger Wechselwirkung. Neben den Vögeln sind es vor allem die Säugetiere, die zwischen Wasser und Land hin- und herwandern. Sie sind Bindeglieder zwischen Kulturlandschaft und naturbelassener Landschaft und zeigen, dass beides nicht isoliert voneinander gesehen werden kann.

In den feuchten Bereichen der Talniederung lebt eine Vielzahl an Säugetieren. Für Großsäuger wie **Rothirsch** (Cervus elaphus), **Reh** (Capreolus capreolus) und **Wildschwein** (Sus scrofa) stellen weder die kalte, schnellfließende Drau noch die gemächlichere Donau ein Hindernis dar. Besonders wichtig für diese Tiere sind die Inseln in der Drau, die ihnen, mit Weichholz-Auenwäldern bewachsen, bis heute ruhige Zufluchtsorte bieten. Auch die Wälder entlang der Flussufer stellen einen schmalen, doch wertvollen Naturgürtel zwischen den riesigen landwirtschaftlich genutzten Flächen dar.

Foto: Mario Romulic

Hirschkühe finden in den Überschwemmungsflächen ein attraktives Nahrungsangebot.

Foto: Goran Šafarek

Wildschweine bevorzugen Böden, die sie mit ihrer Schnauze „beackern" können und die ihnen das Suhlen ermöglichen.

Foto: Goran Šafarek

Der **Fuchs** (Vulpes vulpes), wie hier an der Drau bei Botovo, sucht regelmäßig die Kiesbänke nach toten Fischen oder Gelegen der Bodenbrüter ab. Die Kiesinseln im Flusslauf sind für ihn aber unerreichbar.

Foto: Joachim Flachs

An den Ufern von Altarmen, in den Teichgütern und auch entlang der gesamten Mur, Drau und Donau findet man die Spuren des Fischotters. Doch die Regulierung und Verschmutzung der Nebenflüsse, wie z.B. der Bednja unterhalb Varaždin, engen den Lebensraum ein.

Neue Fischarten in Mur, Drau und Donau, wie der **Tolstolob** (Hypophtalmichthys militrix) und der **Amur-Graskarpfen** (Ctenopharyngodon idella), die ein Gewicht bis über fünf Kilogramm erreichen können, sind eine willkommene Beute für die Fischotter geworden. Diese Arten halten sich das ganze Jahr über im seichten, die Sandbänke umspülenden Wasser auf, wo sie für die Otter leicht zu fangen sind.

Außer dem Fischotter leben entlang der drei Flüsse weitere Marderarten. Die größte Marderart ist der **Dachs** (Meles meles). Aufgrund seiner nächtlichen Lebensweise ist er nur selten und allenfalls in der Dämmerung zu beobachten. Seine Spuren hingegen findet man – etwa im frischen Schlamm – häufig. Charakteristisch ist die Ähnlichkeit der Marderspuren mit den Tatzenabdrücken von Bären. In der Nähe von Altarmen oder anderen guten Nahrungsgebieten legt der Dachs Höhlen an, die er mit Kot füllt. Sie werden als Latrinen bezeichnet und geben Aufschluss über seinen vielseitigen Speisezettel. Erstaunlich ist, dass ein so großes Tier hauptsächlich Regenwürmer und Früchte frisst. In den trockengefallenen Wasserarmen oder Teichen teilt sich der Dachs aber auch die Teichmuscheln mit Füchsen und Wildschweinen.

Das **Mauswiesel** (Mustela nivalis) jagt, wie sein Name sagt, Mäuse. Dem größeren Männchen fällt es schwerer als den weiblichen Tieren, in die Höhlen einzudringen, sodass Letzteren mehr Beute bleibt. Weitverbreitet sind **Waldiltis** (Mustela putorius) und **Steinmarder** (Martes foina), die besonders häufig in den Weiden- oder Eichenwäldern und Feuchtgebieten entlang des Flusses vorkommen. Der **Baummarder** (Martes martes) benutzt sogar die Horste des Seeadlers als hochwassersicheres Nest. Auf schrägen Baumstämmen hinterlassen die Marder ihren Kot, an dem man ihren Speisezettel ablesen kann; außer Mäusen sind es oft Vögel und Wildfrüchte. Der Iltis lebt nahe bei menschlichen Siedlungen und zieht Frösche als Nahrung vor.

Foto: Jürgen Schneider

Foto: Heinz Lehmann

Hermelin und Dachs sind nur zwei der Marderarten, die noch recht häufig einen Lebensraum an Mur, Drau und Donau finden.

Dank der weiten Schotterebenen der Flüsse Drau und Mur konnten sich interessante Steppenbewohner bis weit zwischen das Hügelland ausbreiten. Begünstigt werden diese Arten durch die großen offenen Flächen, die Landwirtschaft und extensive Viehweiden geschaffen haben. Leider werden Trockenrasen mit niedriger Grasvegetation immer seltener in der Region. So sind etwa bei Đurdevac in Kroatien in den vergangenen Jahrzehnten große Sanddünen völlig überwachsen oder aufgeforstet worden. Auch die riesigen, als „unbrauchbarer Treibsand" betrachteten Sanddünen im Donau-Theiß-Zwischenstromland hinter Baja in Ungarn sind inzwischen flächendeckend mit **Robinien** (Robinia pseudoacacia) und **Kiefern** (Pinus spec.) bewachsen.

Mit dieser Entwicklung verschwinden die typischen Steppenbewohner. Neben dem **Ziesel** (Spermophilus), das dem seltenen **Würgfalken** (Falco cherrug) eine wichtige Nahrungsgrundlage bietet, sind es vor allem die **Steppenbirkenmaus** (Sicista subtilis) und der sehr seltene **Steppeniltis** (Mustela eversmanni). Bei Pécs (Fünfkirchen) gibt es allerdings noch bedeutende Steppeniltis-Vorkommen.

Foto: Günter Bachmeier

Ohne die kurzrasigen Wiesen und Weiden verlieren Arten wie der Ziesel ihren Lebensraum.

In Röhrichten, Getreidefeldern und hohem Gras, z.B. der **Winkelsegge** (Carex remota), bauen **Zwergmäuse** (Micromys minutus) ihr kunstvolles Nest. Ihnen lauern **Wiesel** (Mustela spec.) und **Hermelin** (Mustela erminea) auf, zu deren Beutetieren auch **Gelbhalsmaus** (Apodemus flavicollis) und **Rötelmaus** (Certhrionomys glareolus) gehören. Die **Brandmaus** (Apodemus agrarius) kann man im Herbst sogar am Tage beobachten, wenn sie um die Bauernhöfe oder am Ufer die Samen der Ruderalpflanzen, häufig die des **Knöterichs** (Polygonum spec.), einträgt.

Bemerkenswert ist der **Feldhamster** (Cricetus cricetus) (s. Abb.), der sich durch große Löcher in den Feldern verrät. In Jahren, in denen sich die Hamster sehr stark vermehren, wandern sie manchmal bis an die Save. Das einzige regelmäßige Hamstervorkommen in Slowenien befindet sich beim Dorf Obrež (Uferdorf) in der Nähe von Središče ob Dravi.

Foto: Alfred Limbrunner

Ruhige Weidenwälder sind der Lebensraum der **Wildkatze** (Felis silvestris). Die anmutigen Wildtiere nutzen die Baumhöhlen großer Silberweiden zur Jungenaufzucht. In den hohen Weiß- und Schwarzpappeln, die die Auwälder der Drau-Niederung charakterisieren, finden Fledermäuse passende Verstecke. Die häufigste Art ist der **Gemeine Abendsegler** (Nyctalus noctula). Riesige Insektenschwärme, die sich immer über dem Wasser tummeln, bieten **Weißrand**- und **Zwergfledermäusen** (Pipistrellus kuhli, P. pipistrellus) ein gutes Nahrungsangebot. Wer in der Dämmerung am Waldrand steht, kann oft ganze Züge der nächtlichen Jäger zum Wasser fliegen sehen.

Foto: Joachim Flachs

In den Wäldern der Drau-Niederung finden Wildkatzen in Baumhöhlen Ruhe und Schutz für die Aufzucht ihrer Jungen.

Vorbei sind die Zeiten, in denen **Wölfe** (Canis lupus) an der Drau entlangzogen; in den großen Wäldern im Komitat Somogy wurde der letzte 1922 erlegt. Zwar beginnt sich der Wolf heute aufgrund von Schutzmaßnahmen wieder auszubreiten, doch ob die verbliebenen Naturräume in der Mur-Drau-Donau-Niederung für ihn noch ausreichen, und vor allem ob der Mensch den großen Beutegreifer gewähren lässt, ist ungewiss.

Im Gegensatz dazu ist die Geschichte des **Goldschakals** (Canis aureus) erfolgreich. Schon in früheren Zeiten war es Goldschakalen immer wieder gelungen, vom südlichen Balkan her nach Norden hin vorzudringen. In manchen Gebieten der Mur-Drau-Donau-Region und vor allem in Ungarn konnte er auch längerfristig Fuß fassen. In der Pannonischen Tiefebene ist er erst mit der Trockenlegung der letzten großen Auen und Sümpfe im Laufe der zweiten Hälfte des 19. Jahrhunderts ausgestorben.

Seit Mitte des 20. Jahrhunderts waren erneut Zuwanderungswellen zu verzeichnen. In den 1990er Jahren erreichte der Goldschakal Ostserbien und besiedelte dann Syrmien und danach den ganzen Donaustreifen mit Slawonien und der Baranja bis nach Ungarn hinein. Besonders schnell drang er entlang der Save vor, und an der Drau kam er schon bis Virovitica (Selanec & Lauš 2011). In Slowenien hat der Goldschakal in Murska šuma an der Mur offenbar festen Fuß gefasst. Die Jagdstatistik in Kroatien zeigt in 2009 695 abgeschossene oder tot aufgefundene Goldschakale, wobei 44 Tiere auf Gebiete um Osijek und Baranja entfallen (Selanec & Lauš 2011). Ähnliche Zahlen werden für Serbien berichtet.

Goldschakal (Canis aureus)

Foto: Predrag Kostin

Goldschakale sind Opportunisten, die sich sowohl von pflanzlicher als auch tierischer Kost ernähren und geschickt die Abfälle von Haus- und Landwirtschaft nutzen. Die Tiere sind in der Regel nicht leicht zu beobachten. Erste Hinweise können Trittsiegel in feuchten Schlick- und frisch abgelagerten Sandflächen am Fluss bieten, wobei die Spuren von Wolf und Schakal allerdings von denen der Hunde schwer zu unterscheiden sind. Auch eine Nachfrage bei Dorfbewohnern ist manchmal hilfreich. Wo sich Schakale sicher fühlen, kann man sie mit etwas Glück aber sogar während des Tages beobachten, z.B. wie sie in Grashaufen springen, um Kleinsäuger wie Mäuse aufzustöbern. Gute Beobachtungsplätze sind

Müllhaufen in der freien Landschaft oder große Ansammlungen angeschwemmter Fische in der Aue. Das typische Heulen der Schakale in der Abenddämmerung ist nicht zu überhören. Besonders eindrucksvoll ist es, wenn ein Rudel mit scharfem, aber doch melodischem Heulen ein vielstimmiges Konzert veranstaltet.

In vielen Bildern und Schriften ist das frühere Vorkommen des Bibers in der Mur-Drau-Donau-Niederung überliefert. So hängt etwa in der Burg von Ptuj ein großes Ölgemälde mit dem Bild eines Bibers mit einer interessanten Inschrift: „Des 1643 Jahr ist zum Wurmberg dieser Piber Gefangen Wordten Weliher. Gewogen 86 Pfund". Ortsnamen an der Mur wie der slowenische Ort Hodoš („hod" ist das ungarische Wort für Biber) erinnern noch heute an das wegen seinem Fleisch so begehrte Säugetier. Das Recht auf Biberjagd war ein besonderes Privileg und oft heiß umstritten. Die starke Bejagung brachte die Population des fleißigen Nagers nach und nach zum Erlöschen. Der letzte Nachweis für Kroatien stammt von 1857 an der Donau, und Anfang des letzten Jahrhunderts verschwand der Biber vollends in der gesamten Region.

Heute ist der Biber mancherorts wieder zugewandert, tatkräftig unterstützt durch Hilfsprojekte wie das der Fakultät für Forstwissenschaften in Zagreb, in dessen Rahmen zwischen 1996 und 1998 85 Biber aus Bayern in den Save-Auen und im Mündungsbereich der Mur an der Drau ausgesetzt wurden. Gleichzeitig wurden auch im Gemenc-Auwald im ungarischen Donau-Drau-Nationalpark rund 33 Biber ausgesetzt, und schon im März 1999 hat es ein dort mit Chip gekennzeichneter Biber nach einer Wanderung von rund 100 km bis nach Sivec in der Vojvodina geschafft! In wenigen Jahren entstanden auf diese Weise wieder Biber-Populationen an der slowenisch-kroatischen Grenz-Drau; bis 2010 waren die Tiere schon bis zur alten Drau zwischen Ptuj und Ormož vorgedrungen, und ein isoliertes Vorkommen existiert seit 2007 bei Dravograd an der Grenze zu Österreich. Inzwischen hat sich die Population auch an der Mur ausgebreitet.

Geeignete Biber-Lebensräume gibt es noch immer an Mur und Drau mit ihrem reichen System an Nebenarmen und dem dichten Auwaldgürtel. Ihre Erhaltung sowie die Unterschutzstellung der Biber sind die Voraussetzungen für eine dauerhafte Wiederansiedelung.

Foto: Borut Stumberger

Biber fällen Bäume und bauen Dämme. Sie sorgen für die Offenhaltung der Auenlandschaften und für das Anstauen des Wasserspiegels. Wie hier am alten Lauf der Drau bei Donja Dubrava sind gefällte Baume ein unverkennbares Zeichen ihrer Anwesenheit.

Neuzuwanderer

Neue Arten von Pelztieren in der Region sind von Osten her zugewandert oder aus Zuchten entkommen. Der **Marderhund** (Nyctereutes procinoides) wandert von Russland her zu und hat 2012 auf seinem Vormarsch nach Süd- und Westeuropa das Dravsko polje vor Maribor erreicht. Den aus Südamerika stammenden **Nutria** (Myocastor coipus) – auch Sumpfbiber genannt – stellte man in vereinzelten Gruppen an Mur, Drau und Donau fest. Weit zahlreicher sind jedoch die Kolonien der **Bisamratte** (Ondatra zibethicus); dieses nordamerikanische Nagetier besiedelt heute in großer Zahl die Drau und ihre Nebengewässer. Wie der Nutria ernährt sich die Bisamratte von saftigen Pflanzen am Ufer und im Wasser. Zur Aufzucht der Jungen baut sie große Burgen im Röhricht, während sie sonst in Erdhöhlen lebt.

Amphibien und Reptilien

Mit fünfzehn Amphibien-, einer Schildkröten-, fünf Eidechsen- und sechs Schlangenarten ist die Drau-Niederung ein sehr interessantes Beobachtungsgebiet. Neben der Aue stehen den wärmeliebenden Arten eine Reihe verschiedener Trockenbiotope zur Verfügung, die aber leider alle stark im Rückgang begriffen sind. Ein Beispiel sind die heute fast vollständig überwachsenen Binnendünen bei Đurđevac. Auf der linksufrigen Seite der Drau bei Barcs liegt ebenfalls ein Trockengebiet mit Sandflächen und riesigen Wacholderbüschen, das Teil des Nationalparks Donau-Drau ist. Hier leben bevorzugt **Smaragdeidechse** (Lacerta viridis), **Zauneidechse** (L. agilis), **Äskulapnatter** (Elaphe longissima) und **Hornnatter** (Vipera ammodytes). Letztere ist wohl die gefährlichste Giftschlange und sollte nicht aufgeschreckt werden. Die Männchen sind hellgrau und die Weibchen bräunlich oder rötlich mit einem grauen Anflug. Auf dem Rücken haben sie ein kräftiges dunkles Zickzackband.

Foto: Christof Wermter

Die Smaragdeidechse lebt bevorzugt in Trockenbiotopen mit Sandflächen, doch durch die zunehmende Verbuschung werden diese immer seltener.

Die Verbuschung der Trockenrasen und Dünengebiete engt nicht nur den Lebensraum der Reptilien ein, sondern auch den des **Schlangenadlers** (Circaetus gallicus), der heute nur noch mit wenigen Paaren in der Drau-Donau-Niederung lebt und kurz vor dem Aussterben steht.

Weitere schöne Trockenbiotope findet man in den Weinbergen, die Drau und Mur entlang der Flussläufe begleiten. Hier gab es noch keine Rebflurbereinigung. Zahlreiche Mauern und Steinriegel, wo **Mauereidechsen** (Podarcis muralis) und **Schlingnattern** (Coronela austrica) Schutz und warme Plätze finden, durchziehen die kleinen Parzellen der Privatbauern. Schöne Trockenbiotope mit Weinbergen kann man auch bei Batina mit dem Hügelrücken Banska kosa nördlich Mochács oder bei Fruška gora nahe Novi Sad finden. Diese Kleinbiotope ersetzen in Slowenien heute teilweise die natürlichen Abbrüche, die früher der Fluss ausgewaschen hat. Im Grenzgebiet zwischen Kroatien und Ungarn gibt es dagegen heute noch riesige Abbruchkanten, die den Bedürfnissen der Reptilien entgegenkommen. Abbruchkanten sind auch an der Donau in Ungarn und Kroatien vorhanden.

Die **Wiesenotter** (Vipera ursinii) lebt, wie ihr Name schon sagt, eher in unbewaldeten Landschaftsteilen. Sie kommt sowohl in feuchten als auch in nassen Wiesen vor. Ihre Beute sind Heuschrecken, Eidechsen, aber auch kleine Wirbeltiere. Die **Kreuzotter** (Vipera berus) lebt dagegen in den Eichenwäldern mit ihrem etwas kühleren Klima. Hier sonnen sich die Tiere im Frühjahr auf Lichtungen und am Waldrand.

Foto: Kerstin Sauer

Die ungiftige Schlingnatter ist für den Menschen völlig harmlos, wird aber häufig mit der Kreuzotter verwechselt. Beide Arten stehen unter Naturschutz.

Die Vielzahl der unterschiedlichsten Feuchtgebiete wird den speziellen Ansprüchen zahlreicher Tiere an den Lebensraum gerecht. In stehenden Gewässern wie zum Beispiel Altarmen oder Fischteichen kann man oft zahlreiche **Europäische Sumpfschildkröten** (Emys orbicolaris) beobachten, die in kleinen Gruppen auf angeschwemmten oder ins Wasser gefallenen Baumstämmen ruhen. Dabei muss man sich allerdings sehr vorsichtig dem Ufer nähern, denn sonst lassen sich die scheuen Tiere sofort ins Wasser fallen. Die Eier werden am Ufer, am liebsten in natürlichen Sandablagerungen, eingegraben.

Foto: Mario Romulic

Altarme und Fischteiche bieten Sumpfschildkröten gute Lebensräume.

Foto: Goran Šafarek

Die wohl am häufigsten vorkommende Schlange in der Mur-Drau-Donau-Flusslandschaft ist die **Ringelnatter** (Natrix natrix), die übrigens ein exzellenter Fischer ist.

Foto: Martin Schneider-Jacoby

In Gebäuden in der Landschaft findet man manchmal ganze Ansammlungen von Wechselkröten. Während des Tages oder in Dürrezeiten verstecken sich die Tiere auch unter angeschwemmtem Totholz oder Brettern, die ihnen Schatten und Feuchtigkeit spenden.

Foto: Matjaz Bedjanic

Moorfrosch.

Eine typische Froschart für die Auengewässer ist die **Knoblauchkröte** (Pelobates fuscus) mit ihrer markant senkrechten Pupille. Sie laicht in tiefen stehenden Gewässern und findet in nicht mehr durchflossenen Altarmen günstige Lebensräume. Der **Moorfrosch** (Rana arvalis) erreicht in Kroatien an der Save die Südgrenze seiner Verbreitung in Europa. Auch in der Drau-Niederung lebt er in den Auen- und Bruchwäldern. Seine auffällige blaue Färbung ist aber nur kurze Zeit im März zu bewundern.

Die **Wechselkröte** (Bufo viridis) laicht in kleinen Tümpeln zwischen Kies- und Sandflächen, wie sie für die intakte Flussaue typisch sind. Aber auch aus vegetationsfreien Sandgruben oder Viehdriften in der Nähe der Dörfer ertönt ihr trillernder Ruf in der Dämmerung. Ebenso bevorzugen **Teich-** und **Kammmolche** (Triturus vulgaris, T. cristatus) kleine Gewässer.

Sehr interessant ist das Vorkommen der drei verwandten Grünfroscharten. Der **große Seefrosch** (Rana ridibunda) bewohnt die tiefen stehenden Gewässer und lässt dort seine lauten keckernden Rufe erschallen. Die **Kleinen Teichfrösche** (Rana lessonae) laichen dagegen in den Auentümpeln oder flachen periodischen Gewässern, in denen sie nicht so sehr durch große Fische gefährdet sind. Ihr Rumpf wird goldgelb während der Balz. Der **Wasserfrosch** (Rana esculenta), der als eine Kreuzung zwischen den beiden o.a. Arten gilt, bewohnt eine Vielzahl kleiner stehender Gewässer.

In den Wiesen und Hutweiden lebt ebenfalls eine große Anzahl an Amphibien. Typisch für die Tiefebenen ist die **Rotbauchunke** (Bombina bombina), die kleine, durch Überschwemmung oder Viehtritt offen gebliebene Tümpel besiedelt. Auch **Gras-** und **Springfrosch** (Rana temporaria, R. dalmatina) suchen oft die Wiesen auf, um hier auf Nahrungssuche zu gehen.

Foto: Goran Šafarek

In den Tümpeln der Flussauen ist die Rotbauchunke häufig zu finden.

Fische – Leben im Wasser

Drau und Mur bilden, zusammen mit der Save, das größte, zusammenhängend erhaltene Fließgewässersystem im Einzugsgebiet der Donau. Von den 103 Fischarten der Donau wurden bisher 64 auch in Drau und Mur nachgewiesen. Die Mur ist sogar der fischartenreichste Fluss in Slowenien überhaupt. Grundlage für den enormen Fischreichtum der beiden Flüsse ist die Länge der noch nicht mit Dämmen verbauten Flussstrecken, die Abfolge von verzweigten und gewundenen Flussabschnitten und die reiche Struktur des Flussbettes mit Kies-Sandbänken, tiefen und flachen Wasserzonen, Seitenarmen, Altarmen und Überschwemmungsflächen. Nur so ist auch erklärbar, dass trotz der einstigen extremen Belastung mit Wasserqualität 3 bis 4 derart viele Arten überleben konnten.

Allein im Kopački rit wurden 40 Fischarten festgestellt. Die ausgedehnten vom Frühling bis in den Sommer überschwemmten Flächen sind günstig für den Fischlaich. Das niedrig stehende Wasser erwärmt sich rasch, und für die Jungfische stehen große Nahrungsmengen zur Verfügung. So zählt das Kopački rit heute zu den bedeutendsten natürlichen Fischlaichgebieten an der gesamten Donau.

Aber der Oberlauf des Hauptflusses ab der slowakisch-ungarischen Grenze und der Unterlauf ab dem „Eisernen Tor" sind heute durch Wasserkraftwerke abgeschnitten – eine gravierende Einschränkung der Wandermöglichkeiten der Fische. Daneben hat auch die Wassertemperatur Einfluss auf die Eignung der Fischlebensräume. Natürlicherweise weist die Drau eine durchschnittliche Temperatur von 10 Grad auf und kühlt sich im Winter auf 0 Grad ab. Vor dem Bau der Wasserkraftwerke bis vor die Mur-Mündung stieg die Wassertemperatur auch in heißen Sommern dort nicht über 25 Grad. Das hat sich geändert.

Da sich Fische nur schwer beobachten lassen, wissen sogar die meisten Naturliebhaber recht wenig über ihr Verhalten und ihre Bedürfnisse. Nur so ist es erklärbar, dass das Verschwinden so vieler schöner und interessanter Fischarten nicht stärker von der Öffentlichkeit kritisiert wird, wie dies zum Beispiel bei den Vögeln der Fall ist.

Das Interesse der Menschen an den Fischen als Nahrungsmittel wird meist schon mit wenigen Arten gedeckt. Ein gutes Beispiel hierfür ist die nordamerikanische **Regenbogenforelle** (Oncorhynchus mykiss), die heute in vielen Gewässern ausgesetzt wird, während die europäischen Arten verschwinden. Das Naturschutzgesetz in Slowenien, das sogar 32 Fischarten unter Naturschutz stellt, ist eine große Besonderheit in Europa und zeigt, dass hier die Fischkunde sehr weit entwickelt ist.

Durch ihre Lebensweise lassen sich bei den Fischen an der Drau drei Hauptgruppen unterscheiden: 1) die typischen Flussbewohner, 2) die Bewohner der stehenden Gewässer und 3) die Arten, die zwischen den Lebensräumen wandern.

Typische Flussbewohner

Im schnellfließenden Flusslauf leben Arten, die warmes Wasser meiden und viel Sauerstoff benötigen. Neben dem **Sterlet** (Acipenser ruthenus) sind es die **Bachforelle** (Salmo trutta), die **Barbe** (Barbus barbus), der **Zingel** (Zingel zingel), der **Streber** (Zingel streber) und die **Schmerle** (Barbatula barbatula). Die beiden Zingelarten sind so stark an das Leben am kiesigen Untergrund der Flüsse angepasst, dass sie sogar auf eine Schwimmblase verzichten können.

Foto: Lubomir Hlasek

Der Sterlet gehört zur Familie der Störe.

Fast alle diese Arten ernähren sich von typischen Fließgewässerinsekten wie **Eintagsfliegenlarven** (Ephemeroptera) und **Köcherfliegen** (Trichoptera). Der Laich wird über steinigem Untergrund abgesetzt, wobei teilweise sogar Gruben ausgehoben werden. Sauberes, sauerstoffreiches Wasser, das auch zwischen die Steine fließt, ist Voraussetzung für eine gute Entwicklung der Fischlarven. Beim **Donaubachneunauge** (Eudontomyzon vladykovi) leben die Larven sogar im Gewässerboden versteckt. Während Neunaugen oft im seichten Wasser laichen, verbringen sie den Winter in tiefen Gumpen und Kolken im Flusslauf. Alle Arten sind stark bedroht durch Flussverbauungen.

Wie stark auch einzelne Fischarten miteinander verbunden sein können, zeigt das Beispiel des **Huchen** (Hucho hucho), der zu den Forellenartigen (Salmonidae) gehört und auch Donaulachs genannt wird. Normalerweise erreicht dieser Fisch ein Gewicht um 10 kg, aber einzelne Tiere können bis zu 50 kg und bis zu 2 m Länge aufweisen. Ausgewachsene Huchen benötigen Verstecke direkt an der Strömung des Flusses, wie sie durch das Ausspülen von Wurzeln gebildet werden. Die Nahrung besteht fast überwiegend aus anderen Fischen wie etwa der **Nase** (Chondrostoma nasus). Bei der Nase, einem Schwarmfisch, handelt es sich um einen typischen Fisch des oberen Donaueinzugsgebietes. Seine Bestände sind aber stark zurückgegangen, weil diese Fische auch Wanderungen durchführen und über Kies laichen. Heute ist die Art nur noch an wenigen Gewässern anzutreffen. Das Schwinden der Nahrungsgrundlagen des Huchen, der einst im gesamten Donaubecken zu finden war, erklärt sein heute massiv reduziertes Verbreitungsgebiet. Nennenswerte Vorkommen findet man nur noch an sechs längeren Flussabschnitten der Save und ihren Nebenflüssen.

Foto: Clemens Ratschan

Unter Fischern ist sein Ruf legendär: selten, riesig und schwer zu angeln – der Huchen.

Fische der Stillgewässer

Bei den Fischarten in den stehenden Gewässern gibt es eine Reihe von Arten, die nicht gefährdet sind, da sie auch in Seen, Stauseen und Fischteichen leben können. Zu ihnen gehört beispielweise die Schleie und das **Rotauge** (Rutilus rutilus). Fast alle **Weißfische** (Cyprinidae) der Donau kommen auch in der Drau vor. Doch gibt es auch unter den Arten der Stillgewässer Spezialisten. Der **Europäische Schlammpeitzger** (Misgurnus fossilis) kann im feuchten Schlamm überleben; er benötigt die Überschwemmungsfläche mit Restwasserflächen als Lebensraum. Die Karausche, die auf Wasserpflanzen laicht, hält ebenfalls extreme Bedingungen, wie etwa das langsame Austrocknen, sehr lange aus.

Eine große Rarität ist der **Hundsfisch** (Umbra krameri). Er wird meist nicht größer als 10 cm und lebt ausschließlich in Klein- und Kleinstgewässern, wo er nicht in Konkurrenz zu den großen Fischarten steht. Der Hundsfisch ist erstaunlich überlebensfähig und übersteht lange Zeiten in kleinen Resttümpeln. Ohne Überschwemmungen und die Bildung neuer Wasserflächen geht sein Lebensraum jedoch schnell verloren.

Alt- und Nebenarme bieten Schutz vor den reißenden Hochwasserwellen. In sie können sich die Fische und insbesondere die Fischbrut zurückziehen, um nicht von der Strömung weggerissen zu werden. Die Biomasse an Fischen ist in den Altarmen etwa dreimal so groß wie im Hauptfluss!

Für andere Arten sind Feuchtgebiete und unter Wasser stehende Wiesen lebensnotwendige Laichplätze. Der Wildkarpfen beispielweise braucht hohe Wassertemperaturen von 17 bis 23 Grad und seichtes Wasser mit Pflanzen, damit seine Brut erfolgreich schlüpft. Solche Ansprüche stellen auch **Aland** (Leuciscus idus), **Güster** (Blicca bjoerkna), **Giebe**l (Carassius auratus gibelio), Brachsen und **Blei** (Abramis ballerus). Auch die riesigen Welse wandern zur Laichzeit aus den tiefen Flüssen in das Sumpfland. Diese Arten müssen heute oft sehr lange Wanderungen unternehmen, um noch geeignete Überschwemmungsgebiete zu finden.

Nicht nur die Fischarten, sondern auch ausgewachsene und junge Fische haben unterschiedliche Ansprüche an den Lebensraum. Jungfischschwärme halten sich an seichten Uferstellen auf, wo sie im warmen Wasser zahlreiche Nahrungstiere finden, während ausgewachsene Fische tiefere Bereiche vorziehen. Im natürlichen Flusslauf mit seinen Kies- und Sandbänken gibt es sehr gute Einstände für große Fischschwärme. Oft kann man deshalb Schwarzstörche oder Reiher entlang dem Ufer jagen sehen.

Foto: Goran Šafarek

Der Hecht lauert seiner Beute aus dem Wurzel- oder Pflanzengeflecht auf, um dann bei Gelegenheit blitzartig zuzuschlagen.

Foto: Goran Šafarek

Wie der Hecht ist auch der **Flussbarsch** (Perca fluviatilis) mit seiner typischen geteilten Rückenflosse ein Raubfisch.

Wanderer in den Flüssen

Zahlreiche Fischarten sind also darauf angewiesen, dass sie zwischen verschiedenen Lebensräumen hin- und herwechseln können. Viele davon verlassen den Hauptstrom zeitweise, um in anderen Teilen des Fluss-Systems zu laichen. Neben den oben schon genannten Arten sind dies **Zope** (Ballerus ballerus) und **Rapfen** (Aspius aspius). Auch die Nasen schwimmen beispielsweise massiv in die Alt- und Nebenarme ein. Weitere typische Arten, die zwischen Flüssen und Stillgewässern wechseln, sind Hecht und Zander. Sie nutzen umgestürzte Bäume und ausladende Wurzeln im Uferbereich als Unterstand oder lauern ihrer Beute im Röhricht der Flachwasserzonen auf. Einschränkungen der Bewegungsfreiheit gefährden die Bestände all dieser Arten. Ganz besonders trifft dies für **Störe** (Acipenseridae) zu.

Der Sterlet, mit 40 bis 100 cm einer der kleineren Vertreter der Familie der Störe, und der **Glattdick** (Acipenser nudiventris) unternehmen ihre Laichwanderungen innerhalb des Flusssystems, wogegen die fünf weiteren Störarten, die in der Donau vorkommen, zum Laichen vom Meer in die Flüsse wandern. Zwar kommt der Sterlet noch in Drau und Donau und vermutlich auch der Mur vor, doch jeder weitere Eingriff in seinen schrumpfenden Lebensraum kann die Population dort endgültig zum Erlöschen bringen.

Der Glattdick ist weltweit vom Aussterben bedroht. Von ihm haben in Drau und Donau wahrscheinlich weniger als 10 Exemplare überlebt. Aus den letzten 25 Jahren gibt es nur vier Nachweise: Ein Glattdick wurde 1989 in der Drau bei Heresznye (Ungarn) gefangen, ein weiterer 2003 in der Donau bei Apatin (Serbien) nahe Kopački rit (Gesner et al. 2010), der dritte 2005 an der kroatisch-ungarischen Grenzstrecke der Mur. Der bisher letzte Glattdick in der Donau ist von einem Fischer am 3. Dezember 2009 an der ungarischen Donau nahe Paks bei Szeremle gefangen worden. Er wurde ins Forschungszentrum für Fische (HAKI) in Szarvas gebracht. Trotz sorgfältigster Überwachung und Pflege nahm er keine Nahrung auf, verlor an Gewicht (von 24 auf 17 kg) und wurde dann in eine Fischereistation in Szigetköz gebracht, wo er zwei Jahre nach seinem Fang starb. Seit Jahrzehnten findet man keinen Hinweis mehr auf eine Fortpflanzung der bis zu 2 m langen und 120 kg schweren Fische. Auch alle Versuche einer künstlichen Reproduktion sind gescheitert.

Im Winter 2014/15 startete der WWF eine Suchaktion mit Fischern und Wissenschaftlern an der serbischen Donau. Ziel war es, die letzten Vorkommen des Glattdicks nachzuweisen und ein Schutzprogramm zu entwickeln, um sein Überleben vielleicht doch noch zu sichern.

Foto: C. Wiesner

Der Glattdick ist vom Aussterben bedroht. Das Bild zeigt eines der seltenen Exemplare, das 2003 in der Donau bei Apatin (Serbien) gefangen wurde.

Der Goliath unter den Stören ist der **Hausen** (Huso huso) mit seinen bis 8 m Länge und einem Gewicht von bis zu 1,4 t. Wie der Glattdick steht auch der Hausen weltweit kurz vor dem Aussterben. Seine überaus intensive Bejagung, bei der die Tiere in der Donau sogar mit Kanonen gescheucht wurden, sowie die Flussverbauungen ab dem 19. Jahrhundert führten zur Ausrottung der Population in der oberen Donau und etwas später auch in Drau und Mur.

Als in der Donau bei Paks, nördlich von Baja, 1987 seit langem doch wieder einmal ein Hausen gefangen wurde, war dies eine Sensation. Im Jahr 1967 fand man einen 2 m langen toten Stör, vermutlich ebenfalls einen Hausen, bei Schloss Borl an der Drau in Slowenien. In der kroatisch-ungarischen Grenzmur fing man sogar 2004 noch einen 1,6 Meter langen Hausen. Diese Nachweise der letzten Hausen belegen einmal mehr den Wert des Flussökosystems.

Foto: Lubomir Hlasek

Der Europäische Hausen oder der Beluga-Stör ist die größte Art in der Familie der Störe. Aufgrund von Überfischung und Zerstörung der Laichgewässer ist er akut vom Aussterben bedroht.

Mit weit mehr als 2.000 km freier Fließtrecke bilden die Drau-Mur, Save, Theiß, Drina und Velika Morava mit dem Mittellauf der Donau als Verbindungsachse ein einmaliges Flussnetzwerk Europas, deren Kernstück der im Entstehen befindliche Biosphärenpark „Mur-Drau-Donau" ist. Die Hälfte der erwähnten Flüsse, so z.B. die Drau, bieten sogar noch heute gute Laichmöglichkeiten für Störe. So besteht immerhin eine kleine Chance, letzte Überlebende der Stör-Population – und eventuell sogar der Hausen – zu finden. Neue Funde in der Donau bei Šarengrad (Vinkovci) 2013 und unlängst der Fang eines in Ungarn ausgesetzten und markierten Hausen vor dem Donaudelta in der Ukraine deuten darauf hin, dass Störe die Wanderungen flussabwärts (wahrscheinlich bei Hochwasser) schaffen können, während der umgekehrte Weg wegen der Đerdap-Staudämme aber nicht mehr möglich ist.

So ist das eindrucksvolle Schauspiel der alljährlichen Wanderung der Störe, bei der auch die riesigen Hausen in großen Schwärmen aus dem Schwarzen Meer über die Donau bis zur Drau und Mur zogen, ein für allemal verloren.

Neue Fischarten

Durch die natürliche Verbreitung, meistens aber durch menschliche Hilfe, sind 17 Fischarten neu in die Drau gelangt. Besonders auffällig sind die großen pflanzenfressenden Weißfischarten wie der aus Asien stammende **Amur-Graskarpfen** (Ctenopharyngodon idella), auch Graskarpfen genannt. Ursprünglich wurde er eingeführt, um Wasserpflanzen in den Fischteichen zu dezimieren. Die spezialisierten Fische weiden die Pflanzenbestände ab und setzen so die Nährstoffe wieder frei. Inzwischen vermehren sich die neuen Arten auch wild, denn das sommerwarme Klima im Pannonischen Raum und die Überschwemmungen lassen auch in Europa eine Vermehrung in freier Natur zu. Allerdings verschwindet durch das Abgrasen der Wasserpflanzen ein wichtiger Unterwasserlebensraum, und die Gewässer werden im Sommer durch die vielen freigesetzten Nährstoffe unnötig belastet.

Drei kleinere, aus Nordamerika eingeführte Fischarten konnten sich bereits erfolgreich festsetzen: Der **Schwarze** und **Braune Zwergwels** (Ameiurus melas, A. nebulosus) und der **Sonnenbarsch** (Lepomis gibbosus) betreiben Brutpflege. Während bei den Barschen beide Partner das Nest und die Jungen bewachen, kümmert sich bei dem Zwergwels nur das Männchen um den Nachwuchs. Insbesondere die sehr bunt gefärbten Sonnenbarsche lassen sich gut zwischen den Wasserpflanzen im klaren Wasser der Altarme oder auch Kiesgruben beobachten. Ein besonders anpassungsfähiger Zuwanderer aus dem asiatischen Raum ist ein nur wenige cm großer, zur Familie der Karpfen gehörende Blaubandbärbling (Pseudorasbora parva).

Vögel

Foto: Jürgen Schneider

Rotfußfalke.

Durch die Lage am Südrand der Alpen hat die Drau-Mur-Niederung eine große Bedeutung als Durchzugsgebiet für Vögel. Insbesondere aus Slowenien gibt es Zugbeobachtungen aus den vergangenen Jahren, die den enormen Wert der Rastgebiete aufzeigen. Mehr als 100 **Fischadler** (Pandion haliaetus) ziehen durch das Dravsko polje auf ihrem Weg von der Sahelzone über das Mittelmeer nach Nordosten. **Wespenbussarde** (Pernis apivorus) erreichen sogar Tagesmaxima von 167 Vögeln. Besonders interessant ist der **Rotfußfalke**nzug (Falco vespertinus) vom Winterquartier in die Pannonische Tiefebene: Eine Wanderoute führt offensichtlich von der Mittelmeerküste und den Karstpoljen (etwa dem Cerknicer See) in die Drau-Niederung. An Frühjahrstagen kann man dort bis zu 500 Rotfußfalken beobachten.

Der Vogelreichtum der Landschaft entlang der Drau und Mur ist kaum in einem Überblick zu beschreiben. Allein in Kopački rit wurden über 286 Vogelarten gesehen. Die slowenischen Ornithologen registrierten entlang der Drau und Mur 265 Arten und die Österreicher allein an der Grenzstrecke der Mur zur Slowenien 225. Die Dynamik des Flusses und die Auwälder sind für viele dieser Arten von ausschlaggebender Bedeutung. So hat sich in den letzten fünfzehn Jahren in Slowenien gezeigt, dass nach wasserbaulichen Eingriffen spezialisierte Vogelarten verschwinden. Für diese ist der noch nicht zerstörte Lauf von Drau und Mur eine der letzten Zufluchtsstätten in Europa.

Foto: Jürgen Schneider

Fischadler finden an Drau und Mur hervorragende Rastgebiete auf ihrem Flug in den Norden.

Lebensraum Kiesinsel

Eine Charakterart des dynamischen Flusses ist der Flussregenpfeifer. Jede der über 100 Kiesbänke an der Drau bietet einem oder mehreren Paaren Lebensraum. Das Hochwasser sorgt für vegetationsfreie Flächen und das reiche Insektenangebot für Nahrung. Vom Ufer aus ist der Gaukelflug der Altvögel über den Inseln zu sehen, die sich mit ihren pfeifenden Rufen oder Trillerreihen verraten. 322 Brutpaare des Flussregenpfeifers nutzten im Jahr 2005 Kies- und Sandinseln der Drau und Mur unterhalb Maribor bzw. Spielfeld bis in die Donau als Brutplatz. Ebenso nutzt der Flussuferläufer diese Brutplätze, baut sein Nest aber nicht wie der Flussregenpfeifer auf blankem Kies, sondern im Schutz von Ufergras, Weidengebüschen oder Schwemmgut. Seine wippende Schwanzbewegung am Ufer fällt schon von Weitem auf.

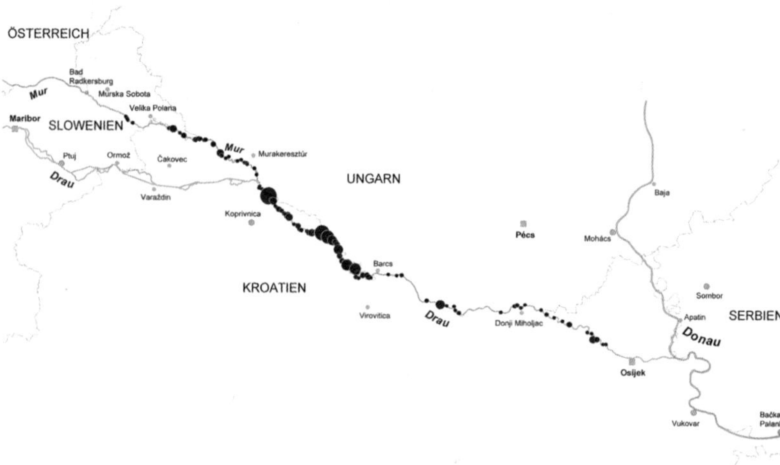

Im Jahr 2005 führten WWF und EuroNatur die erste Felduntersuchung der Kiesbrüter an der Drau und Mur durch. Der Bestand des Flussregenpfeifers wurde zwischen Spielfeld an der Mur und Donau lückenlos kartiert: am dichtesten, mit bis zu 10 Brutpaaren auf einer großen Kiesbank, siedeln die Vögel in dem unteren Abschnitt der Mur und dem natürlichen Rest der Umlagerungszone der Drau unterhalb der Mur-Mündung. (Legende: kleinster Kreis = 1, und größter Kreis = 10 Brutpaare)

Foto: Goran Šafarek

Der Flussregenpfeifer ist ein Laufkünstler, der sich schnell zwischen Steinen bewegt.

Flussseeschwalben sind häufig über dem Wasser zu sehen. Sie brüten auf den wenigen Kiesinseln, die nicht vom Hochwasser erreicht werden. An der Drau unterhalb der Mur-Mündung gab es in den 1990er Jahren noch über fünf Kolonien, d.h. nur jede zwanzigste Insel ist hoch genug, um sich als Brutplatz zu eignen. Heute bestehen noch zwei bis drei Kolonien. Künstliche Inseln, wie am Stausee bei Ptuj, müssen mit viel Aufwand alljährlich vom Bewuchs befreit werden. Ohne solche ständige Hilfe der Menschen können die Flussseeschwalben hier nicht mehr überleben. Auch die Brutinseln selbst müssen künstlich hergestellt werden. Die Kosten für eine kleine Insel – ohne Pflege und ohne jährliche Herstellung der Bodenschicht für die Kiesbrüter – bewegen sich um 100.000 Euro.

Foto: Goran Šafarek

In Mitteleuropa gibt es nur noch sehr wenige Flüsse mit Kiesbänken, die der Flussseeschwalbe als natürliche Brutplätze dienen.

Von der sehr seltenen Zwergseeschwalbe brüten nur noch vereinzelte Paare – meist in Kolonien vergesellschaftet mit den größeren Flussseeschwalben – auf den Kiesbänken der Drau, wobei sie Stellen mit feinerem Kies oder Sand bevorzugen. Früher brüteten Zwergseeschwalben in der Umlagerungszone der kroatischen Drau, und auch von der Donau sind im 19. Jahrhundert ihre Brutplätze auf Sandinseln beschrieben worden. Doch seit ihr wichtigstes Brutgebiet oberhalb von Legrad bis Ptuj mit mehr als 230 Kiesbänken und Flussinseln den Stauseen zum Opfer gefallen sind, findet man sie nur noch zwischen der Mur-Mündung und Barcs. Dasselbe trifft auch auf den Triel zu, der an der Drau als ausgestorben gilt. Er war auf große vegetationsarme Schotterflächen zur Nahrungssuche angewiesen. Seine nächtlichen klagenden Rufe sind in den Flusslandschaften Mitteleuropas inzwischen ein leider sehr seltenes Erlebnis.

Foto: Goran Šafarek

Auf den Kiesinseln der Drau brütet die Zwergseeschwalbe noch mit einigen wenigen Paaren.

Zahl der Brutpaare und Kolonien (in Klammer) der Fluss- und Zwergseeschwalbe an der Drau in Kroatien und Slowenien. In Kroatien handelt es sich um natürliche Brutkolonien, in Slowenien um Kolonien an durch Menschen geschaffenen und gepflegten Plätzen. Nullwerte entstehen durch Hochwasser oder Ausbleiben des Hochwassers, verbunden mit Zuwachsen von Kiesinseln (unveröffentlichte Daten von Darko Grlica / WWF und DOPPS-BirdLife Slovenia).

	Kroatien		Slowenien
Jahr	**Flussseeschwalbe**	**Zwergseeschwalbe**	**Flussseeschwalbe**
2005	80 (2) / 96 (4)	5 (2) / 8 (4)	109 (2)
2006	60 (2)	5 (2)	79 (2)
2007	70 (3)	7 (4)	95 (3)
2008	0 (0)	0 (0)	94 (2)
2009	0 (0)	0 (0)	108 (3)
2010	35 (1)	7 (2)	128 (3)
2011	69 (3)	6 (1)	115 (3)
2012	0 (0)	0 (0)	77 (2)
2013	0 (0)	1 (1)	87 (2)
2014	6 (2)	5 (4)	102 (2)
2015	10 (1)	4 (2)	107 (2)
2016	25 (1)	11 (1)	167 (2)
2017	10 (1)	4 (1)	176 (2)
2018	36 (2)	10 (1)	218 (1)
2019	0 (0)	0 (0)	147 (2)
2020	0 (0)	7 (2)	148 (1)

Foto: Goran Šafarek

Die offenen Kiesflächen der Umlagerungszone sind die natürlichen Brutplätze von Flussregenpfeifer, Flussseeschwalbe und Zwergseeschwalbe, wobei die Zwergseeschwalbe die höchsten Ansprüche an ihren Lebensraum stellt. Heute wählen die Brutvögel an der Drau weite und seicht durchströmte Kiesablagerungen für den Fischfang (wie bei Komatnica).

Bis 1991 machte die kroatisch-ungarische Grenze die meisten Kiesinseln völlig unzugänglich, was sie vor Störungen schützte. Doch seither gefährden menschliche Aktivitäten das Überleben der Brutvögel wie mancher anderer Tier- und Pflanzenarten, die auf solche Lebensräume angewiesen sind. Kaum ein Badegast oder Sportangler erwartet auf den öden Steinflächen vom Aussterben bedrohte Arten. Stundenlang wird dort gelagert, Sport getrieben oder sogar mit dem Auto bis auf die Flächen gefahren. Wenn die Nester verlassen werden, kühlen die Eier schnell ab und die Embryonen sterben. Effektive Schutzmaßnahmen wären dringend nötig!

Im Jahr 2015 startete deshalb der WWF gemeinsam mit Partnern im Rahmen eines von der EU geförderten LIFE-Projekts erste Schutzmaßnahmen für diese bedrohten Vogelarten an der kroatischen Drau. In Zusammenarbeit mit Fischerei- und Kanusportvereinen sollen die Kies- und Sandbänke während der Brutperiode von Störungen freigehalten werden. Darüber hinaus wurde ein umfassender Aktionsplan erstellt.

Prallufer für die Röhrenbauer

Eine besondere Attraktion an Drau und Mur sind die oft kilometerlangen natürlichen Prallufer mit ihren Steilwänden, in denen mehrere Vogelarten brüten. Man findet hier Uferschwalben in Kolonien mit meist mehreren hundert Paaren. In Sandadern zwischen den abgelagerten Flussschotterschichten bauen sie ihre Brutröhren. Nur in diesem weichen Material gelingt es ihnen, sich weit genug in die Böschung zu graben. Zur Nahrungssuche fliegen die Uferschwalben mit „schr-schr" Rufen über den Fluss, um hier die zahlreichen Insekten einzusammeln.

Foto: Goran Šafarek

Bei Libanovec am natürlichen Prallufer mit seinen sandigen Steilwänden der kroatischen Drau gibt es noch eine eindrucksvolle Uferschwalben-Brutkolonie mit über 1.000 Brutpaaren.

Ebenso sind Bienenfresser in Mitteleuropa auf Abbruchkanten an Flüssen angewiesen. Sie kratzen sich ihre Höhlen in den festeren Molassewänden. Manchmal nutzen **Wiedehopfe** (Upupa epos) oder sogar **Blauracken** (Coracias garrulus) die von anderen Vögeln gegrabenen Brutröhren. Der Eisvogel legt seine Nester weiter unten in den Prallhängen, oft nur 1 bis 2 m über dem Wasser, an. Er ist an Drau und Mur häufig zu beobachten. Seine hellen „zied-zied"-Rufe verraten ihn, wenn er wie ein blau leuchtendes Juwel über das Wasser flitzt.

Foto: Predrag Kostin

Noch weisen Gefieder und Beine dieses unlängst flügge gewordenen Eisvogels nicht die perfekte Färbung der Altvögel auf.

An dem 370 km langen und frei fließenden Flusslauf der Drau mit seinem Nebenfluss Mur zwischen Österreich und der Donau erfolgte im Jahr 2000 die erste komplette Zählung der Brutvögel der natürlichen Prallufer: 14.283 Uferschwalben-Paare (79 Kolonien) und 1.196 Bienenfresser-Paare (36 Kolonien) wurden gezählt, wobei die größten Kolonien der ersteren bis zu 1.500 Paare und die der zweiten Art bis zu 150 Paare umfassten. Diese bahnbrechende, von dem 2012 verunglückten slowenischen Naturschützer Boris Kočevar initiierten und von WWF und EuroNatur durchgeführte Zählung stellte sich als ein Messwert für die Zukunft heraus. Unter anderem erwies sich, dass die Größe der Kolonien in natürlichen Flussabschnitten dreimal höher ist als die an den befestigten Abschnitten. Letztere werden von Bienenfressern, die beim Bau von Brutröhren besondere Ansprüche stellen, sogar vollkommen gemieden. Eine weitere Zählung im Jahr 2005 im gleichen Abschnitt beider Flüsse ergab beinahe dieselbe Zahl an Uferschwalben (14.229 Paare in 66 Kolonien), wegen der inzwischen erfolgten Verbauung einiger langer Lösswände und dadurch gehemmter Flussdynamik aber schon viel weniger Bienenfresser (267 Paare in 21 Kolonien). Ab 2005 hat der kroatische Biologe Darko Grlica mit Unterstützung des WWF die Entwicklung der Drau-Mur-Population der Uferschwalbe jährlich weiter verfolgt: die Zahlen gingen seither stark nach unten und bewegen sich derzeit um 4.000 Paare (Tabelle).

Foto: Darko Grlica

Die größte Uferschwalbenkolonie an der Drau mit bis zu 1.500 Brutpaaren wurde 2014 durch Verbauung eines Steilufers mit Steinpackungen zerstört.

Die Uferschwalbe ist ein Sorgenkind des Naturschutzes. Ihre gesamte Population an Drau und Mur in Slowenien (in 2014 genau 678 Brutpaare in 7 Kolonien) ist seit 1996 nur noch mit menschlicher Hilfe zu halten, weil natürliche, vom Fluss geschaffene Brutplätze hier nicht mehr vorhanden sind. Eine Feldstudie aus dem Jahr 2005 weist für die gesamte Drau und Mur nur noch 21 Prozent der Prallufer in natürlichem Zustand und 79 Prozent in verbautem Zustand aus. Seither hat sich die Lage noch weiter dramatisch verschlechtert. Vor allem in Kroatien wurden viele Prallufer der Drau mit Steinpackungen buchstäblich versiegelt und dadurch viele Brutplätze zerstört (Abb. oben). Auch an der Donau im Bereich des geplanten Biosphärengebiets Mur-Drau-Donau in Serbien gibt es wegen der befestigten Ufer nur noch wenige Brutplätze der Uferschwalbe. So konnten am linken Donau-Ufer in 2014 nur noch rund 2.000 Paare nachgewiesen werden.

Entwicklung der Population der in natürlichen Prallufern brütenden Uferschwalben entlang der Drau (Križovljan – Kopački rit), Mur (Martin na Muri – Mur-Mündung) und Donau (Kopački rit – Vukovar). Dargestellt ist die Zahl der Paare und in Klammer die Zahl der Kolonien. Quelle: Darko Grlica / WWF (2005-2020) und Boris Kočevar & Borut Stumberger/EuroNatur (1980–2005)

Jahr	**Drau**	**Mur**	**Donau**
1980	30.000 (>100)	12.000 (>25)	–
2000	14.283 (79)	–	–
2005	12.684 (57)	1.599 (21)	–
2006	6.367 (21)	–	–
2007	10.848 (39)	–	–
2008	7.760 (35)	199 (5)	989 (5)
2009	4.016 (17)	–	–
2010	3.172 (22)	–	–
2011	2.964 (15)	295 (3)	160 (4)
2012	6.156 (30)	178 (4)	512 (5)
2013	4.928 (33)	205 (2)	695 (4)
2014	3.657 (21)	450 (2)	800 (1)
2015	3.939 (25)	190 (4)	800 (1)
2016	7.455 (28)	281 (7)	300 (5)
2017	5.841 (40)	625 (7)	240 (6)
2018	4.278 (16)	148 (7)	970 (4)
2019	3.948 (23)	215 (4)	410 (2)
2020	7.519 (23)	301 (10)	1.280 (7)

Foto: Goran Šafarek

Uferschwalben und natürliche Prallufer mit sandigen Steilwänden gehören zusammen. Jedoch gibt es wegen der befestigten Ufer nur noch wenige natürliche Brutplätze für die Uferschwalben.

Besser steht es um den Bienenfresser; er brütet mit 180 bis 200 Paaren in Serbien und mit etwa 100 Paaren in Ungarn (z.B. am Hochufer der Donau oberhalb Mohács). Der Eisvogel lebt nicht in Kolonien und kann deshalb auch ganz kleine Abbrüche nutzen. Zudem ist er weniger auf natürliche Prallufer angewiesen, d.h. man findet brütende Paare auch entfernt vom Fluss. Seine gesamte Flusspopulation variierte in den Jahren 2005 bis 2014 zwischen 70 und 210 Brutpaaren (an der Drau zwischen 51 bis 127 Paaren). Dies ergibt einen errechneten maximalen Bestand im Gebiet des 5-Länder Biosphärenreservats Mur-Drau-Donau von 300 Brutpaaren.

Die Brutvögel der Uferabbrüche und Kiesbänke sind gute Indikatoren des morphologischen Zustandes der Flüsse. An ihrer Präsenz ist der Rückgang von Vogelarten und -gruppen durch Lebensraumverlust besser abzulesen als es die vorgeschriebenen qualitativen Elemente in der Wasserschutzrichtlinie der EU ermöglichen – besonders bei vergleichender Betrachtung über einen längeren Zeitraum (Schwarz et al. 2012).

Foto: Goran Šafarek

Bienenfresser stellen höchste Ansprüche an die Steilwände, in die sie ihre Brutröhren graben.

Es ist zu hoffen, dass die entlang der Drau, wie auf einer Perlenkette aufgefädelten Uferschwalben- und Bienenfresser-Kolonien – ebenso wie die Brutpaare des Eisvogels – erhalten bleiben und sich in Zukunft noch vergrößern werden. Hierzu beizutragen ist eine wichtige Aufgabe des Wasserbaus; seine Auswirkungen sind – im Guten wie im Bösen – eindrucksvoll ablesbar an den Arten- und Bestandzahlen der Brutvögel der Prallufer. Nicht zu vergessen die bei einer Rekonstruktion der alten ornithologischen Daten in Kombination mit früheren Luftbildern errechneten Zahlen, wonach 1980 an der Drau 30.000 und an der Mur 12.000 Brutpaare der Uferschwalbe gebrütet haben! Damit ist also ein leicht messbares Ziel, das im Rahmen der Wasserschutzrichtlinie der EU durch den Wasserbau erreicht werden soll, klar gegeben.

Foto: Arno Mohl

Mittlerweile ein seltener Anblick an der Drau: ein natürliches Prallufer mit einer Uferschwalbenkolonie.

Nahrungsplatz Fluss

Die Flüsse und ihre Altwässer sind unersetzliche Nahrungsplätze für viele Vogelarten. Mit etwas Glück kann man von einer Brücke oder einem Hochufer aus einen Schwarzstorch beim Fischfang beobachten. Am Rand des Flusses läuft er den Jungfischschwärmen nach, die im warmen Flachwasser zwischen den Steinen nach Nahrung suchen. Auf diese Weise kann der Storch seine Jagd bis zu 4 km weit fortsetzen, wobei er immer wieder durch kurze Flugstrecken einen neuen, günstigeren Jagdplatz aufsucht. Doch nur wenn keine Boote auf dem Fluss fahren, wagt es der Schwarzstorch, hier auf Nahrungssuche zu gehen.

Foto: Predrag Kostin

Schwarzstörche nutzen ein Altwasser gemeinsam mit Silber- und Seidenreihern.

Weitere typische Nahrungsgäste sind die Reiher. Neben dem Graureiher, der in zahlreichen Kolonien entlang der Drau brütet, sieht man immer wieder auch den Nachtreiher, der sich allerdings in Weidengebüsch versteckt. Vielen Vogelarten, besonders Wasservögeln wie Enten, Reihern, Wasserläufern und Möwen, bieten die vegetationsfreien Ränder der Kiesbänke auch Ruheplätze.

Foto: Mario Romulic

Fischender Graureiher.

Sehr viel Ruhe benötigen Seeadler für erfolgreiche Jagd. Fahren Boote auf dem Fluss, können sie nicht in Ruhe auf einem Baum am Ufer sitzen und auf ein günstiges Beutetier oder ein treibendes Stück Aas warten. In die weitgehend störungsfreien Flächen des Naturparks Kopački rit ziehen vor allem die jungen Adler. Aber auch die Drau bietet mit ihrem Fischreichtum Seeadlern und **Kormoranen** (Phalacrocorax carbo) gute Jagdmöglichkeiten. Wenn sie vom Fluss vertrieben werden, bleiben ihnen nur noch die Teichgüter zur Nahrungssuche.

Foto: Herbert Bachmaier

Rohrdommeln (Botaurus stellaris) sind Versteckkünstler und lassen sich im Röhricht oder sogar in einer Brache nur nur mit viel Geduld entdecken.

Eine große Besonderheit war der um 1985 noch große Bestand von 1.500 bis 3.500 **Schellenten** (Bucephala clangula) in Slowenien. Diese hochspezialisierte Tauchente fängt im fließenden Wasser Köcherfliegenlarven und andere Wasserinsekten, die sie mit ihrem spitzen Schnabel wie mit einer Pinzette zwischen den Steinen hervorzieht. Da sie hierfür ihre Beutetiere sehen muss und deshalb Tageslicht bei der Nahrungssuche braucht, können Störungen an den kurzen Wintertagen tödliche Folgen haben. Abends fliegen die Schellenten in kleinen Trupps an weniger strömungsstarke Bereiche zum Schlafen.

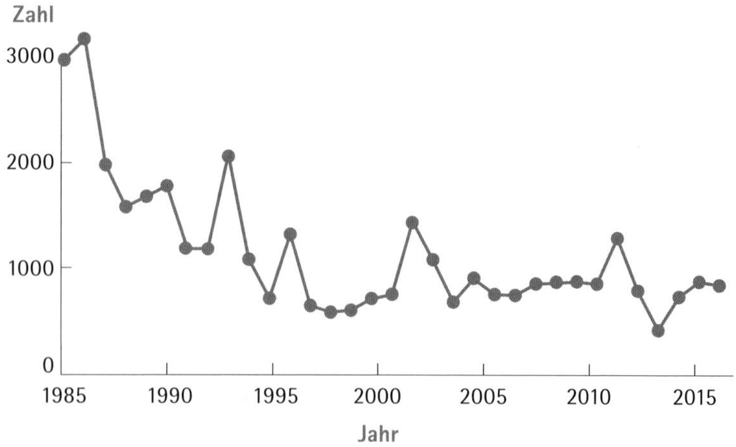

Abb. In einer Zeitskala von 30 Jahren zeigen die Zahlen der Schellente an der Drau in Slowenien im Januar (Internationale Wasservogelzählung – IWC) eine deutlich negative Entwicklung. Nach dem Ausbau der Drau-Umlagerungszone Ende der 70er Jahre des letzten Jahrhunderts bedeckten das Leben erstickende Faulsedimente nach und nach weite Teile der Stauseen und des alten Flusslaufs. Damit ging die Nahrungsbasis der Schellente verloren; ein international bedeutender Lebensraum der Art in Mitteleuropa verschwand. Nach 15 Jahren spielte sich dasselbe Szenario an der Drau in Kroatien ab, wo die riesigen Stauseen später gebaut wurden.

Foto: Dejan Bordan

Die Schellente hat einen auffällig bulligen Kopf und die Männchen (oben) lassen sich leicht am großen weißen Zügelfleck erkennen.

Vogelreichtum dynamischer Flussauen

Ein wahrer Schatz der Drau-Mur-Niederung sind die vielen Altarme und Auwälder. Wenn nach den Überschwemmungen das Wasser in ihnen zurückbleibt, finden Sumpf- und Wasservögel hier hervorragende Brutplätze. So bietet ein natürlicher Flusslauf durch das Nebeneinander von Fließgewässern und stehenden Altwässern eine große Auswahl sowohl an Nahrungs- als auch an Brutplätzen. Dies zeigen u.a. die Anzahl brütender Seeadler. Allein entlang der Drau brüten 45 bis 55 Paare. Weitere 20 bis 25 Paare leben an den Teichen zwischen Drau und Plattensee. Und 60 Paare fand man entlang der Donau zwischen dem Gemenc-Auwald und Novi Sad (ohne Kopački rit mit nochmals 20 Paaren).

In den Röhrichten ist der Zwergtaucher eine der häufigsten Vogelarten. Hier brüten auch Zwergrohrdommeln, **Drosselrohrsänger** (Acrocephalus arundinaceus) und **Rohrammer** (Emberiza schoeniclus). Weitere typische Brutvögel sind verschiedene Entenarten, darunter die in Europa gefährdete Moorente.

Foto: Mario Romulic

Die bedrohte Moorente gehört zu den großen ornithologischen Besonderheiten. Der natürliche Lebensraum dieser seltenen Art sind Altarme und Überschwemmungsgebiete wie im Kopački rit mit vielen Wasserpflanzen. Typischerweise schwimmen die Moorenten bis zum Hals mit ihnen bedeckt im Wasser.

Einige wenige Altarme sind sogar groß genug, um Reiherkolonien zu beherbergen. Typische Röhrichtbewohner sind Nachtreiher und **Purpurreiher** (Ardea purpurea), die man am gesamten Lauf der Drau bis zur Mur-Mündung wie auch an der Donau unterhalb Baja findet.

Foto: Mario Romulic

Es ist lohnend, auf sich wiederholende Nahrungsflüge der Reiher zu achten – sie zeigen eine Kolonie in der Nähe an.

Bemerkenswert sind die Kormoran-Kolonien in den Silberweidenbeständen des Kopački rit, wo ab 2010 zwischen 950 bis 1.100 Paare brüteten (in den Jahren davor waren es noch bis 2.500 Paare!). Manchmal hat hier sogar die Zwergscharbe gebrütet. Eine weitere Besonderheit ist die riesige Graureiherkolonie mit 450 bis 900 Brutpaaren in Ćošak šume nördlich der Podunavlje Fischteiche. Sieben bis neun Wasservogelarten brüten im Kopački rit in gemischten Kolonien (einige davon aufgrund der natürlichen Flussdynamik allerdings sehr unregelmäßig). Auf den ausgedehnten Schwimm-Pflanzenteppichen brüten gleich drei Seeschwalbenarten, nämlich **Weißbart-** (Chlidonias hybrida), und (nicht regelmäßig) **Trauer-** (C. niger) und Flussseeschwalben.

Foto: Kerstin Sauer

Kormoran-Kolonie.

Seeadler sind zum Teil Aasfresser; gerne nutzen sie etwa tote Fische. Mit 20 Paaren hat Kopački rit eine der größten Brutdichten von Seeadlern in Kontinental-Europa vorzuweisen. Üblicherweise benötigt ein Paar etwa 3.000 ha als Jagd- und Brutrevier. Aber im Kopački rit kann der Nestabstand einzelner Paare sogar weniger als 500 m betragen – ein Indiz für das reiche Nahrungsangebot. Am Kopačko-See treffen sich regelmäßig bis zu 20 der imposanten Vögel. Anhand von markierten Vögeln wurde nachgewiesen, dass viele Seeadler der Pannonischen Tiefebene mindestens einmal in ihrem Leben diesem Ausnahmegebiet einen Besuch abstatten.

Foto: Mario Romulic

Der Seeadler ist der Charaktervogel für Kopački rit.

Auch bei den Löfflern scheint dies zuzutreffen. Zwar brüten nur wenige Paare an der Mündung der Drau in die Donau, doch im Herbst versammeln sich zeitweise bis zu 1.000 Individuen am großen Auensee. Wenn das ablaufende Wasser um diese Jahreszeit die Nahrung in den Restwasserflächen zusammengespült hat, finden die Vögel dort üppige Mahlzeiten vor ihrem Flug nach Süden. Nur im flachen Wasser kann der Löffler mit seinem breiten Schnabel auf Nahrungssuche gehen. Dieser wird senkrecht ins Wasser gehalten und mit halbkreisförmigen Bewegungen schnell hindurchgezogen. „Im Trüben fischen" ist deshalb die Spezialität des Löfflers. Alles, was zwischen seine beiden „Löffel" gerät, wird gepackt und schnell verschluckt.

Foto: Kerstin Sauer

Der löffelförmige Schnabel ist beim Löffler namensgebend.

Zahlreiche Untersuchungen belegen, dass die meisten Vogelarten in Mitteleuropa in den Auwäldern vorkommen. Neben den Röhrichten sind dies Vogelbrutplätze von europäischer Bedeutung. Singvögel und **Spechte** (Picidae) leben hier in großer Dichte. An der Mur wurden auf einem km² Auwald 5 bis 20 **Halsbandschnäpper** (Ficedula albicollis), 4 **Mittelspechte** (Leiopicus medius) und 2 bis 4 **Grauspechte** (Picus canus) festgestellt. Und in einem in engen Streifen gemähten alten Auwald an der slowenischen Drau mit Weiß- und Schwarzpappeln fand man auf einem km² gar 1.237 Vogelpaare bzw. Territorien von 58 Vogelarten: Außer einer großen Kolonie von **Staren** (Sturnus vulgaris) und einer sehr großen **Mönchsgrasmückendichte** (Sylvia atricapilla) wurden 34 Halsbandschnäpper, 12 **Turteltauben** (Streptopelia turtur), 8 **Wendehälse** (Jynx torquilla), 5 **Kleinspechte** (Dryobates minor) und sogar zwei Waldterritorien von **Neuntötern** (Lanius collurio) gezählt. Auch der Schwarzstorch ist entlang der Drau überall zu finden.

Foto: Goran Šafarek

Der Halsbandschnäpper ist in den Auwäldern an Mur und Drau ein häufiger Brutvogel.

Der in den Auwäldern am Unterlauf der Drau brütende Würgfalke baut keine eigenen Nester; er vertreibt andere Vögel und sogar Seeadler von ihren Horsten. Die Attacken des kleinen Falken sind so stark, dass die Adler manchmal ihre Brut aufgeben müssen.

Der Wespenbussard lebt ebenfalls bevorzugt in der Flussniederung, wo er ein reiches Nahrungsangebot an Insekten und Amphibien findet. An der alten Drau in Slowenien nistete um 1995 noch alle anderthalb Flusskilometer ein Brutpaar. Dieser Bestand ist jetzt leider sehr rückläufig, aber unterhalb der Mur-Mündung bis Barcs kann man auf allen zwei bis drei Flusskilometern noch immer sicher mit einem Wespenbussardpaar rechnen.

Viele weitere Vogelarten leben in den Sumpfgebieten und Röhrichten der Überschwemmungsflächen, die oft einen fließenden Übergang in die Kulturlandschaft haben. Slowenische Ornithologen stellten an der Mur auf 1 km Wegstrecke 40 bis 50 singende **Feldschwirle** (Locustella neavia) und ebensoviele **Schlagschwirle** (L. fluviatilis) fest. Auch die **Sperbergrasmücke** (Sylvia nisoria), ein typischer Vogel in dichten Büschen auf gemähten Auwiesen, ist regelmäßig zu hören. Häufig findet man sie in enger Nachbarschaft mit dem Rotrückenwürger.

Foto: Otto Samwald

Der Schlagschwirl brütet am Rand von Auwäldern und Sümpfen, die ihm Sichtschutz und Bewegungsfreiheit bieten.

Foto: Otto Samwald

Die Sperbergrasmücke hat ihren Namen aufgrund der unterseitigen sperberartigen Bänderung.

Teichgüter

In den letzten zwei Jahrhunderten sind rund 90 Prozent der Sumpflandschaften in der Pannonischen Tiefebene trockengelegt worden. Heute treiben Kanäle das Wasser aus der Landschaft; in trockenen Jahren bleiben nur noch sehr wenige Feuchtflächen neben den Flussläufen der Drau und Donau übrig. Die flachen Karpfenteiche entlang der Flüsse üben deswegen eine besonders große Anziehung auf die Vogelwelt aus. Zahlreiche typische Auenvögel nutzen sie als Nahrungs- und Brutplatz. Hierfür sind zwei Faktoren ausschlaggebend.

Der Bewuchs der Teiche entspricht dem der Altarme. In den großen Röhrichten brüten heute in fast jedem der großen Teichgüter in Kroatien gemischte Reiherkolonien, in einem Fall sogar Löffler. Im flachen Wasser können sich die typischen Wasserpflanzen der Altarme sehr gut entwickeln. Auf ihren Schwimmblättern legen Trauer- und Weißbartseeschwalben ihre Nester an. Während der Zugzeit ist es ein beeindruckendes Schauspiel, wenn diese als „Sumpfseeschwalben" bezeichneten Vögel zusammen mit Zwergmöwen (Hydrocoleus minutus) in großen Trupps mit bis zu mehreren hundert Exemplaren über der Wasserfläche nach Insekten jagen.

Besonders hervorzuheben sind viele Wasservogelkolonien mit regelmäßigen Vorkommen von Arten wie etwa **Braunem Sichler** (Plegadis falcinellus), Löffler, **Rallenreiher** (Ardeola ralloides) oder **Zwergscharbe** (Microcarbo pygmaeus). Die Bewirtschaftung der Teiche ergänzt sehr gut das Nahrungsangebot der Überschwemmungsflächen entlang der Flüsse. Wenn die Teiche durch die Bewirtschaftung im Herbst abgelassen werden, bleiben wie nach einem Hochwasser, oft bis ins Frühjahr große Schlick- und Sandflächen zurück, die bis zu zwei Dritteln der Flächen der Fischteiche ausmachen können. Diese sind insbesondere während der Zugzeit von internationaler Bedeutung für die Vogelwelt.

Muscheln, kleine Fische und Wasserinsekten werden dann von Hunderten von Reihern, Löfflern, Möwen und Tausenden von Limikolen abgesammelt. Für **Moorente** (Aythya nyroca), Sichler, **Kampfläufer** (Philomachus pugnax) oder **Uferschnepfe** (Limosa limosa) sind die Fischteiche der letzte Trittstein, bevor sie die Balkanhalbinsel, das Mittelmeer und die Sahara überfliegen, um ihre 3.500 km entfernten afrikanischen Überwinterungsgebiete zu erreichen. Im Winter sind die Fischteiche ornithologisch ebenso interessant. Hunderte von Grau- und Silberreihern sowie Seeadler (nicht selten zehn auf einmal an einem Teich) rasten sehr gern an den großen abgelassenen Teichen, suchen nach Fischen und **Teichmuscheln** (Anodonta cygnea) und deren Kadavern in den Restpfützen. Limikolen wie Waldwasserläufer oder Gruppen vom **Brachvogel** (Numenius arquata) sowie Enten sind in abgelassenen Fischteichen ebenso zu sehen. Gänse überfliegen immer wieder in langen Keilen und Reihen die Fischteichkomplexe oder suchen Futter in deren Umgebung. Wenn es keine Störung durch die Jagd gibt, sind die Fischteiche ideale Schlafplätze für Gänse. Laut Internationaler Wasservogelzählung (IWC) betrug der gesamte Januarbestand 2010 zum Beispiel in den Fischteichen der Vojvodina 14.000 Grau-, 44.000 Bläss- und einige Saatgänse (Anser anser, A. albifrons, A. fabilis), wobei diese Zahlen nur als Mindestbestand zu werten sind (Šćiban et al. 2011).

Foto: Ondrej Vizi

Weißbartseeschwalben brüten ihre Jungen auf tragfähigen Schwimmblättern aus. Die flachen Teiche entlang der Flussufer bieten gute Möglichkeiten, Brutkolonien zu bilden.

Stauseen

Die durch die Verbauung der Drau entstandenen Stauseen hatten sich zunächst zu neuen Lebensräumen entwickelt. Besonders in der Anfangsphase solcher Seen kommt es zu massenhaftem Auftreten von **Würmern** (z.B. Tubifizidae) und **Mückenlarven** (z.B. Chironomidae) in den sich ablagernden Schweb- und Feststoffen aus dem Fluss, der plötzlich in seinem gewohnten Lauf gebremst wird. Das neue Nahrungsangebot wird dann von Wasservögeln gern genutzt. Doch recht bald bedeckt Faulschlamm den Boden, und mit der Zunahme dieser Schicht erstickt dort nach und nach das Leben.

Slowenische Ornithologen hatten bei ihren Zählungen zunächst erstaunliche Vogelzahlen an den Staustufen ermittelt, und es muss ein beeindruckendes Schauspiel gewesen sein, wenn die riesigen Gänseschwärme abends an ihren Schlafplätzen einfielen. Der wichtigste Gänseschlafplatz war der auf der slowenischen Seite der Staufstufe Ormož und stand als Rastplatz von internationaler Bedeutung unter Naturschutz. Damals wurden hier 4.000 Saatgänse, 1.800 Blässgänse und 200 Graugänse gezählt. Außerdem stellte man Ansammlungen von 30.000 **Stockenten** (Anas platyrhynchos), bis zu 6.000 **Krickenten** (A. crecca), bis zu 4.000 **Tafelenten** (Aythya ferina) und bis zu 6.500 **Reiherenten** (Aythya fuligula) fest. Noch heute kann man rastende Wasservögel von den Dämmen aus gut beobachten.

Foto: Schneider-Jacoby

Die Stauseen an der Drau sind im Winter für viele Wasservögel ein wichtiger Rastplatz – hier ein Trupp mit Tafelenten und einigen wenigen Reiher- und **Kolbenenten** (Netta rufina) auf dem zuletzt errichteten Dubrava-Stausee in Kroatien, in dem sich noch keine dicken Schichten an Faulsedimenten abgelagert haben.

So positiv sich die Zahlen der Wasservögel nach dem Bau der Stauseen in Slowenien noch vor 20 Jahren zeigten, so besorgniserregend ist nun aber die neue Entwicklung. Die Winterbestände der Enten und Gänse – Stockenten ausgenommen – sind inzwischen kollabiert. Nur wenige Wasservögel konnten sich neue Nahrungsquellen erschließen. So hat sich etwa der Silberreiher auf die Kleinsäugerjagd auf Äckern und Wiesen eingestellt. Auch die später gebauten Stauseen in Kroatien weisen eine ähnliche Entwicklung auf.

Neben dem geschrumpften Nahrungsangebot ist die auf kroatischer Seite der Drau legale und in Slowenien illegale Jagd ein wesentlicher Grund für den Rückgang der Wasservögel. Der seit gut 160 Jahren dokumentierte letzte Gänseschlafplatz Sloweniens, der sich unterhalb Ormož auf einem Stausee der Drau befindet, liegt heute regelreicht zerschossen da (Abb.). Automatische Waffen, Lichtwerfer, Klangattrappen, Lockvögel, Jagdverstecke auf dem Wasser und Motorboote werden systematisch eingesetzt, um an die Vögel zu kommen. Der 25 Jahre lange Kampf der Naturschützer für den Schutz der Gänse an diesem territorial zwischen Slowenien und Kroatien geteilten Stausee ist verloren. Immer noch drängen die Jäger von Kroatien her auf den Stausee und treiben dort ihr Unwesen. Um die Beziehungen zwischen den Nachbarn nicht zu belasten, ignorieren slowenische Beamte konsequent das Problem.

Foto: Borut Stumberger

Auf dem Stausee Ormož – der ein wichtiger Rast- und Winterplatz für zahlreiche Wasservogelarten ist – konnte die Jagd von Verstecken und von Booten aus immer noch nicht gestoppt werden.

Die Brutbestände der Stauseen waren seit jeher gering, da der wechselnde Wasserstand die Nester der Wasservögel zerstört. Nur auf den wenigen Inseln brüten einzelne Vogelarten. Ein Beispiel dafür sind die Flussseeschwalben im Stausee Ptuj, die von slowenischen Ornithologen überwacht werden. Die Wasservogelmassen im Herbst und Winter dürfen also nicht darüber hinwegtäuschen, dass es sich um stark gestörte Ökosysteme handelt. Sobald sich auf dem Boden der Seen dicke Faulschlammschichten gebildet haben, verringert sich ihr Wert als Nahrungsplatz für Vögel rapide. Die Betonufer lassen keinen biologischen Austausch mit der Umgebung zu und bieten nur schlechte Ruheplätze. Die großen Wasserflächen sind lediglich noch in ihrer Funktion als Ruheplätze für Wasservögel von Bedeutung – gegenüber des ökologischen Reichtums der Verlagerungszone eines Flusses ein erbärmlicher Ersatz!

Graugänse in der Drau-Donau-Niederung

Gänse, die in Nordafrika überwintern und in Finnland, den Baltischen Staaten, Polen, Weißrussland, Tschechien oder Ungarn brüten, benutzen auf ihren langen Frühjahrs- und Herbstzügen Flugkorridore des zentraleuropäischen Zugweges, in denen die wenigen noch vorhandenen sicheren Schlaf- und Nahrungsplätze ein Netz an Trittsteinen bilden. Einer dieser Korridore, der vom Mittelmeerraum her über Norditalien in Richtung Neusiedlersee führt, quert Slowenien und wird von den Graugänsen insbesondere während des Frühjahrszuges benutzt. Ein anderer Zugkorridor führt von den Winterrastplätzen der Gänse in Nordafrika über Italien und spaltet sich über die östliche Hälfte Bosniens-Herzegowinas in Richtung der Mündungsgebiete von Drau und Save in die Donau ab. Werden die Gänse durch Schlechtwetter überrascht, können sie in den überschwemmten Karstpoljen des Dinarischen Karstes rasten. Im Winter 2006/07 wurde ihre Zahl auf 56.000 hochgerechnet (Wetland International 2014), aber bis Afrika schafften es schon in den 1980er Jahren nur noch ca. 20.000 Graugänse (Dick et al. 1991). Immer mehr dieser Vögel überwintern gar nicht mehr in Afrika: Jagd, Wilderei und Störungen an den Mittelmeerküsten und dem westlichen Balkan haben die Reise zu gefährlich gemacht. So suchen im Winter viele Graugänse nun die Pannonische Tiefebene auf: 25.000 bis 30.000 stellte man in Ungarn fest (Carboneras 2014) und sogar bis zu 20.000 an der Save in Kroatien. Die Winterbestände der Graugans an Drau und Mur sowie zwischen Baja und Bačka Palanka an der Donau bewegen sich um 3.700 Individuen. Doch in den letzten Jahren wurden auf dem Dubrava-Stausee mehr als 10.000 Graugänse gezählt.

Mehrere Gänsearten wie die häufige Blässgans, die Graugans, die abnehmende Saatgans und die seltene **Zwerg-** (Anser erythropus) oder **Rostgans** (Branta ruficollis) überwintern oder rasten während der Zugzeit in der Drau-Donau-Niederung. Doch nur die Graugans brütet auch hier. Ihre Brutplätze befinden sich an der Drau ab Donji Miholjac und an der Donau zwischen Baja und Bačka Palanka. Die Population von 160 bis 220 Brutpaaren wird als verwundbar und rückläufig eingestuft.

Foto: Günter Bachmeier

Graugänse brüten in der Drau-Donau-Niederung und überwintern hier auch in bedeutender Zahl.

Nur wenige Schlafplätze der Gänse sind heute noch in der Mur-Drau-Donau-Niederung bekannt – unterhalb der Mur-Mündung und Virovitica/Drávaszabolcs gibt es offenbar gar keine mehr. Überhaupt sind die Kenntnisse über die Gänse im ganzen Flussraum von Mur, Drau und Donau spärlich. Ein Aufruf an die Forschung und monatliche Schlafplatzzählungen wären notwendig.

Eine Übersicht zu Schlafplätzen der Gänse an der Drau und Donau im Winter 2000 bis 2014 ist auf Seite 147 zu finden. Angegeben sind die durch IWC im Januar ermittelten maximalen Gesamt- und Artzahlen für einzelne Schlafplätze.

Foto: Borut Stumberger

Der morgendliche Abflug oder der Einfall der Gänse am Abend an einem Schlafplatz gehört zu den eindrucksvollsten Naturerlebnissen. Noch in den 90er Jahren des vorigen Jahrhunderts konnte man die beeindruckenden Flüge der Gänse von ihrem Schlafplatz am Ormož-Stausee zu ihrem 3.500 km² großen Weidegebiet im Vierländereck Ungarn, Kroatien, Slowenien und Österreich im Morgengrauen beobachten.

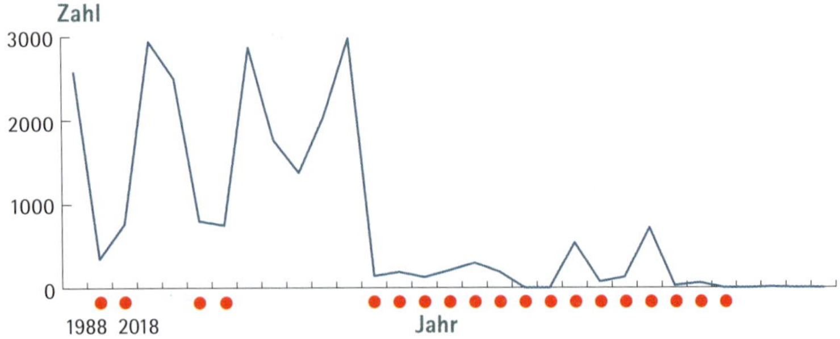

Januarmaxima der Saatgänse (Anser fabalis) auf dem Stausee von Ormož:
Die roten Punkte zeigen an, dass der Jagddruck in diesen Jahren hoch war. Jagd und Wilderei haben meistens in der Dämmerung oder nachts stattgefunden.

Quelle: Stumberger 1988–1996 und DOPPS IWC 1997–2018

Schlafplätze der Gänse an der Drau und Donau im Winter 2000 bis 2014. Angegeben sind die durch IWC im Januar ermittelten maximalen Gesamt- und Artzahlen (letzte in der Klammer) für einzelne Schlafplätze.

Land	Ort/Schlafplatz	Zahl	Art und Kommentar
SI/ HR	2.157	0-1379	Bläß- (1240), Satt- (718) und selten Graugans (80), seit Jahr 2000 ist der Schlafplatz durch exzessive Jagd zerschlagen und wird nur ausnahmweise besetzt. Vor 2000 waren bis 5.000 Gänse anwesend.
HR	642	12.000	Bläß-, (8500), Grau- (1500) und Saatgans (2200). Bei Jagd oder Störung mit Motorboten wenige. Stausee bei **Varaždin** wird selten als Ausweich-Schlafplatz benutzt.
HR	897	4.300*	Bläß- (4000), Graugans (300), insgesamt sehr unregelmäsig wegen Jagdstörung, nicht selten auf Feldern schlafend wie* 12.000 Saatgänse im Jahr 2003
HR	918	2.657	Bläß- (2150), Graugans (507)
HR	680	456	Bläß- (116), Graugans (340)
HR	642	14.100	Bläß- (5600), Saat- (5400) und Graugans (3100), bei Niedrigwasser im Kopački rit, bei leeren Fischteichen oft auf Weideplätzen, auf Feldern zwischen Darda, Lug und Vardarac. Achtung: Ende der 80er Jahre des vorigen Jahrhunderts waren 30.000 Saatgänse anwesend!
HU	100	?	Weideplätze: zwischen Draž und Toplje (HR) und bis Kölked (HU)
SR	463	0 bis tausende	Achtung: Im kalten Winter sind zwischen der HU/SR Grenze und Bačka Palanka in einem 30 km breiten Streifen entlang der Donau bis zu 25.000-30.000 Gänse, hauptsätzlich Bläßgänse, anwesend. Ohne Störung können sich an Fischteichen Svilojevo oder Srpski Miletić Schalfgemeinschaften bilden, es wird aber angenohmen, dass einige bis viele dieser Gänse an der Dunau schlafen (siehe unten).
HR/ SR	52	3.000	Bläß- (1103), und regelmässig Graugänse (1365) oberhalb der Schiffswerft in **Apatin** oder unterhalb der Brücke **Batina-Bezdan**, aber Zahl sehr abhängig vom Pegel der Donau. Unterhalb **Erdut** bis 1400 Saatgänse.

Kulturlandschaft

Die Flussniederung der Drau ist durch sehr abwechslungsreiche Landschaften geprägt. Zwar wurden in den vergangenen Jahrzehnten auf allen Seiten des Flusses große Flurbereinigungsmaßnahmen durchgeführt, durch die riesige Felder entstanden sind. Doch gibt es noch immer Reste der Überschwemmungsflächen entlang des Flusses, und an den Hängen ist die alte Kulturlandschaft erhalten geblieben. In ihr finden sich viele typische Vogelarten, die in weiten Teilen Mitteleuropas sehr selten geworden sind.

Kennzeichnend für das Zusammenleben von Mensch und Tier ist der Weißstorch, von dem in der Mur-Drau-Donau-Niederung noch heute ein geschlossenes Vorkommen vorhanden ist. Allein in der Pomurje in Slowenien brüten 90 Paare. Die Nester der schönen großen Vögel sind typisch für die Ortschaften in der Nähe des Flusses. Nur wo weite Weiden und Wiesenflächen sich ausdehnen oder die bäuerliche Landwirtschaft eine abwechslungsreiche Landschaft erhalten hat, finden sie genügend Nahrung.

Foto: Emil Enchev

Weißstorch.

Wichtigste Nahrungsgebiete für den Weißstorch sind die Wiesenflächen entlang der Flussläufe. Hier brüten auch **Schwarzkehlchen** (Saxicola rubicola). Das selten gewordene **Braunkehlchen** (S. rubetra) dagegen brütet erst unterhalb der Mur-Mündung. Früh am Morgen rufen **Wachtel** (Coturnix coturnix) und **Kuckuck** (Cuculus canorus). Den **Schwarzstirnwürger** (Lanius minor) kann man heute noch in den Feuchtwiesen östlich von Molve (Kroatien), am rechten Drauufer sehen – am ehesten an Stellen mit nur einzelnen Bäumen. Am leichtesten lässt er sich auf Stromleitungen beobachten. Schwarzstirnwürger sind selten geworden, brüten aber gerne in der Nähe anderer Brutpaare. Um eine Blauracke zu sehen, braucht man viel Glück. Im Winter ist der Raubwürger zahlreich.

Foto: Otto Samwald

Schwarzkehlchen brüten nicht selten erfolgreich in Böschungen der ländlichen Straßen, die erst ab der ersten Juniwoche gemäht werden.

Große Wiesengebiete sind an der Mur erhalten geblieben, die sich an der Drau unterhalb der Mur-Mündung fortsetzen. Hier finden sich entlang der kroatisch-ungarischen Grenze sehr schöne Grünlandflächen, die auf ungarischer Seite geschützt und teilweise mit Rindern beweidet werden. In den dichten Hecken und Buschreihen kann der Beobachter im Durchschnitt auf jedem Wegkilometer mit einer Turteltaube und bis zu fünf Neuntötern und Pirolen rechnen. Die Wiesen sind auch Jagdgebiet der Schleiereule, die in den angrenzenden Ortschaften noch regelmäßig brütet. Salzwiesen findet man dagegen am linken Donauufer, z.B. nördlich von Sombor.

Landschaftlich schön und ökologisch wertvoll sind auch die Weinberge im angrenzenden Hügelland. **Zaunammer** (Emberiza cirlus) und **Zwergohreule** (Otus scops) bereichern hier das Vogelleben. Der Vogelzug mit zahlreichen Greifvögeln lässt sich von der erhöhten Position der Weinberge aus gut beobachten.

Foto: Otto Samwald

Der Schwarzstirnwürger hält sich gerne in Obstbäumen oder Pappelalleen auf.

Vor 140 Jahren lebten sogar noch **Mönchsgeier** (Aegypius monachus) in den Donau-Auen. Mit der gewaltigen Flügelspannweite von bis zu 290 cm und einem Gewicht bis zu 12 kg gehören sie zu den imposantesten Vögeln Europas. Ihr Gelege besteht jeweils aus nur einem Ei. Zum Ausgleich dafür hat die Natur ihnen ein langes Leben gegeben: Mönchsgeier können 30 Jahre alt werden.

Mönchsgeier im Visier

Kronprinz Rudolf von Österreich-Ungarn verbrachte im Frühling 1878 eine zwölftägige Jagd- und Beobachtungsreise an der mittleren Donau in Gesellschaft zweier bekannter Vogelforscher der damaligen Zeit (Homeyer und Brehm). Zwischen Batina und Fruška Gora hatten sie in vier Tagen schon zahlreiche See-, Fisch- und Schlangenadler sowie viele Schwarzstörche erlegt. Mit dem Schiff vor Novi Sad angelangt, durchstreifte die Jagdgesellschaft dann von dem Dorf Cerevitz (Čerević) aus die Fruška Gora, deren Kalk- und Sandsteinformationen sich bis 539 m hoch über die Ebene der Vojvodina erheben. Von der ersten Höhe oberhalb des Dorfes bot sich ein prachtvoller Ausblick über den Strom, die Auwälder und das weite Tiefland.

Ziel der Reise waren vor allem die Brutplätze der oberhalb der Donau brütenden Kuttengeier, wie man den Mönchsgeier damals bezeichnete. Es wurden dann nicht nur haufenweise Mönchsgeier zur Strecke gebracht, sondern auch **Gänsegeier** (Gyps fulvus), **Kaiser-** (Aquila heliaca), **Schrei-** (Clanga promarina), und **Zwergadler** (Hieraaetus pennatus) die meisten davon im Nest erbeutet.

Schon damals wusste man, dass die brütenden Mönchsgeier des Fruška Gora im Herbst und Winter weite Streifzüge durch die Pannonische Tiefebene unternahmen. Nicht selten tauchten sie – vor allem im Herbst – auch in Oberungarn auf. Jede Viehseuche in Nordungarn wurde durch die Mönchsgeier begleitet, wenn die ungarischen Bauern verendetes Vieh außerhalb der Dörfer in den Feldern liegen ließen. Man konnte dann oft Dutzende der riesigen Vögel sehen, die sich an dem Aas sättigten. Ebenso nutzten die Geier tote Tiere, die die Überschwemmungen mit sich gerissen hatten. So fanden sie stets überreiche Nahrungsquellen, denn die Flussniederung der Donau, Drau, Save und Theiß war zwei Jahrhunderte nach den Osmanenkriegen wieder zu einer riesigen Weidelandschaft mit Millionen von Huftieren geworden. Noch bis 1878 war die Population der in der Fruška Gora brütenden Mönchsgeier die bedeutendste in Pannonien.

Die Jagdorgien an den Brutplätzen, die Verfolgung während der Nahrungssuche und das Auslegen vergifteter Köder (eigentlich den Wölfen zugedacht) dezimierten die Zahl der Mönchsgeier. Ausschlaggebend für das völlige Verschwinden der schwarzen Riesen aus ihrer Hochburg Pannoniens spätestens zu Beginn des Ersten Weltkrieges war jedoch die Aufgabe der Nutztierhaltung in den Auen und Weiden.

Mönchsgeier wieder in Fruška Gora anzusiedeln und sie bis Budapest, Wien und die Alpen fliegen zu lassen, ist eine Aufgabe, die zur künftigen Natur- und Kulturgeschichte Mitteleuropas gehören sollte.

Internationale Wasservogelzählungen (IWC)

Die von Wetlands International koordinierten internationalen Wasservogelzählungen (International Waterbird Census – IWC) ermöglichen weltweit die Abschätzung der Bestandsentwicklung der Wasservögel. Auf der Basis der numerischen Kriterien der Ramsar-Konvention werden international und national bedeutende Feuchtgebiete identifiziert. Demnach wird einem Feuchtgebiet internationale Bedeutung zugesprochen, wenn es mindestens 20.000 Wasservögel oder ein Prozent der Zugpopulation einer Wasservogelart aufzuweisen hat. Eine besondere Rolle auf der nördlichen Erdhalbkugel wird der Wasservogelzählung im Monat Januar zugeschrieben.

Bis jetzt liegen zwei weitgehend komplette Wasservogelzählungen der Feuchtgebiete mit drei Flüssen als Zählachse im Bereich des Biosphärenreservats Mur-Drau-Donau vor. Hierbei sind im Januar 2005 rund 134.000 und im Januar 2012 sogar 164.000 Wasservögel gezählt worden (Tabelle). Um gleich einen der Höhepunkte aus der Januarzählung 2012 zu nennen: von 223 gezählten Seeadlern wurden 151 an der Donau, 69 an der Drau und 3 an der Mur gesichtet.

An der Drau in Slowenien kann man im Hochwinter mit 14.000 bis 33.000 und an der Drau in Kroatien bis zur Mur-Mündung mit zwischen 16.000 und 52.000 Wasservögeln rechnen. Die Mur von Spielfeld in Österreich bis zur Mündung in die Drau im kroatisch-ungarischen Grenzgebiet beherbergt ebenfalls einige 1.000 Wasservögel. Das Beobachternetz an der Drau unterhalb der Mur-Mündung bis zur Donau besteht zwar nur aus einer Handvoll engagierter Personen, doch in diesem Abschnitt der Drau wurden im Winter immerhin 10.000 bis 20.000 Wasservögel gezählt, und im Kopački rit mit den umliegenden Teichgebieten bis zu 43.000. Bei der Internationalen Wasservogelzählung im Januar 2012 sind im Bereich des Biosphärenreservates an der Donau mehr als 50.000 Wasservögel gezählt worden. Im ungarischen Abschnitt der Donau unterhalb von Baja waren es 8.000 Individuen und zwischen Kroatien und Serbien bis Bačka Palanka weitere 22.000. Dies bezieht sich aber nur auf Vögel direkt am Fluss. So wurden in der Vojvodina in den Altarmen und Fischteichen entlang der Donau weitere 10.000 Wasservögel gezählt (Šćiban et al. 2011). Im Biosphärenreservat Mur-Drau-Donau kann man also bei einer flächendeckenden Zählung mit rund 200.000 Wasservögeln rechnen!

Foto: Kerstin Sauer

Das Kriterium von 20.000 Wasservögeln wird im Hochwinter im geplanten Biosphärengebiet Mur-Drau-Donau damit um ein Vielfaches überschritten. Auf der Basis der letzten Hochrechnung der Populationen von Wetlands International (WPE5) trifft auch das Kriterium „ein Prozent der Zugpopulation einer Art" für 12 Wasservogelarten in diesem Bereich zu. Die großartigen Erkenntnisse beruhen auf der Arbeit von nur rund 70 versierten ehrenamtlichen Vogelkennern, die unter oft sehr schwierigen Bedingungen jedes Jahr die Vögel zählen. In den letzten Jahren half die Staatliche Forstgesellschaft „Vojvodinašume" mit ihren Schiffen und Booten den Ornithologen in Serbien bei ihrer Aufgabe, das 2.500 km lange Netz der großen Flüsse des Landes, insbesondere der Donau, zu zählen. Jeder, der ein Interesse an Vögeln hat und im Einzugsgebiet der Donau lebt, sollte wenigstens einmal im Leben die Donau befahren, um vom Schiff oder Boot aus (im Januar) bei der Wasservogelzählung zu helfen – ein wertvoller Einsatz zur Erhaltung der Vogelwelt!

Foto: Borut Stumberger

In den frei fließenden, natürlich belassenen Abschnitten der Drau retten sich die Wasservögel im strengen Winter, wenn die Stauseen zufrieren. Erst mit Temperaturen um minus 17° C beginnt der Stromstrich an den langsam fließenden Strecken zuzufrieren, wobei viele schneller fließende Bereiche zwischen Maribor und Varaždin seit 1978 eisfrei blieben.

Foto: Martin Schneider-Jacoby

Die **Sturmmöwe** (Larus canus) gilt an der Drau als ein Indikator für einen harten Winter nördlich der Alpen. Ihre Zahl fluktuiert extrem zwischen den Jahren.

Eine Übersicht der Resultate der Januar-Wasservogelzählung (IWC) im Biosphärenreservat Mur-Drau-Donau auf Seite 154 bis 155 zu finden. Fett gedruckt sind dort die Arten, die die sogenannte Flyway-Hürde mit 1 % der Population einer Art oder Unterart der Wasservögel erreichen.

Deutscher Name	Wissenschaftlicher Name	2005	2012
Sterntaucher	G. stellata	1	4
Prachttaucher	G. arctica	2	2
Haubentaucher	P. cristatus	89	321
Schwarzhalstaucher	P. nigricollis	8	1
Zwergtaucher	T. ruficollis	1005	1673
Kormoran	P. carbo	7776	8830
Zwergscharbe	M. pygmaeus	659	1868
Silberreiher	A. alba	539	1830
Graureiher	A. cinerea	885	2269
Weißstorch	C. ciconia		4
Löffler	P. leucorodia		85
Höckerschwan	C. olor	1429	2219
Singschwan	C. cygnus	1	
Zwergschwan	C. columbianus	3	
Graugans	A. anser	3253	3694
Saatgans	A. fabalis	1708	1356
Bläßgans	A. albifrons	6967	8882
Zwerggans	A. erythropus	2	
Schwanengans	A. cygnoides		3
Rothalsgans	B. ruficollis	1	7
Brandgans	T. tadorna		10
Muschusente	C. moschata		12
Mandarinente	A. galericulata		1
Stockente	A. platyrhynchos	65229	88940
Schnatterente	M. strepera	165	262
Pfeifente	M. penelope	279	431
Krickente	A. crecca	2371	3494
Spießente	A. acuta	43	29
Löffelente	S. clypeata	20	5

Moorente	A. nyroca	5	4
Tafelente	A. ferina	3707	1659
Reiherente	A. fuligula	5867	9055
Brauente	A. sponsa	1	
Kolbenente	N. rufina	3	12
Samtente	M. fusca	2	2
Eisente	C. hyemalis	1	
Schellente	B. clangula	2268	1789
Bergente	A. marila	9	8
Zwergsäger	M. albellus	174	44
Mittelsäger	M. serrator	3	2
Gänsesäger	M. merganser	192	259
Rotmilan	M. milvus		2
Seeadler	H. albicilla	90	223
Rohrweihe	C. aeroginosus	3	5
Kornweihe	C. cyaneus		18
Bläßhuhn	F. atra	12741	17177
Teichhuhn	G. chloropus	32	61
Wasserralle	R. aquaticus	35	46
Goldregenpfeifer	P. apricaria		1
Kiebitz	V. vanellus		3
Großer Brachvogel	N. arquata		26
Dunkler Wasserläufer	T. erythropus	1	1
Waldwasserläufer	T. ochropus	28	170
Flussuferläufer	A. hypoleucos		1
Waldschnepfe	S. rusticola	1	
Bekassine	G. gallinago	5	4
Zwergmöwe	H. minutus		10
Lachmöwe	C. ridibundus	15395	5023
Silbermöwe	L. argentatus	1	
Mittelmeer- u. Steppenmöwe	L. michahellis/cachinnans	1322	912
Sturmmöwe	L. canus	15	1060
Heringsmöwe	L. fuscus graellsi		2
Dreizehnmöwe	R. tridactyla		1
Eisvogel	A. atthis	34	67
Wasseramsel	C. cinclus	2	43
	Total	**134.372**	**163.922**

Insekten

Libellenvielfalt

Die Bedeutung der Drau und unteren Mur als Wildflüsse kann gut an den Libellen aufgezeigt werden, denn bis heute stellte man im slowenischen und kroatischen Teil der Drau-Mur-Niederung 55 Libellenarten fest.

Gleich vier interessante Arten, die zu den Keiljungfern und Zangenlibellen gezählt werden, bewohnen den Flusslauf. Sie gehören zu den schönsten, vielerorts in Europa aber auch zu den seltensten Arten, weil sie intakte Flussstrukturen für ihre Vermehrung benötigen. Ihre Larven leben im Untergrund der Flüsse und graben sich in die vielfältigen natürlichen Sand- und Kiesablagerungen ein.

An den alten Fließstrecken der Drau in Slowenien gibt es noch stabile Populationen der **Kleinen Zangenlibelle** (Onychogomphus forcipatus). Ihren Namen hat sie von den dicken oberen Hinterleibanhängen (Cerci) der Männchen, die wie eine Kneifzange gebogen sind. Diese Flusslibellen jagen direkt am und über dem Wasser und sitzen auf Steinen am Ufer. Unterhalb der Kraftwerke fehlt die Art weitgehend. Die Larven setzen sich zum Schlüpfen auf Steine im Wasser, und die frisch geschlüpften Libellen müssen sich erst auf der Larvenhaut knapp über dem Wasserspiegel trocknen, bevor sie ans sichere Ufer fliegen können. Da sich der Wasserspiegel jeden Mittag durch den Schwallbetrieb plötzlich um bis zu 1 m hebt, ist dieser komplizierte Schlüpfvorgang kaum möglich.

Die Keiljungfern wandern zum Schlüpfen weiter aus dem Wasser. Manchmal suchen sie dafür sogar Mauern oder Brückenfundamente auf, meist jedoch Pflanzen der Uferregion. Während die **Gemeine Keiljungfer** (Gomphus vulgatissimus) auch an kleineren Nebenflüssen vorkommt, ist die **Asiatische Keiljungfer** (Gomphus flavipes) eine seltene Libelle der großen Flüsse. In der Elbe und anderen Flüssen Mitteleuropas galt sie seit Jahren als ausgestorben, und nur seit kurzem scheint sie wieder zurückzukehren. Typisch für den Lebensraum der Larven sind die breiten Unterläufe der Flüsse mit feinen, sandigen Sedimenten.

Foto: Otto Samwald

Die Larven der Gemeinen Keiljungfer leben in den feinen Ablagerungen des Flussbettes.

Die vierte Art ist die **Grüne Keiljungfer** (Ophiogomphus cecilia). Man erkennt sie leicht an ihrem schönen grünen Brustteil (Thorax), der sich deutlich von der sonst schwarz-gelben Libelle abhebt. Ihr Lebensraum sind bewaldete Wasserläufe, wie sie für die Auenlandschaft typisch sind. Auch kleine Nebenflüsse mit guter Wasserqualität und bewaldeten, unbefestigten Ufern bieten ihnen Lebensraum. Die Larven leben in den sandigen Böden. Die Grünen Keiljungfern sonnen sich gern auf Holzstücken am Ufer, wo die durch das Kronendach scheinende Sonne ein warmes Plätzchen schafft. Die Art ist in weiten Teilen Mitteleuropas gefährdet.

An kleinen Fließgewässern findet man auch die **Vogel-Azurjungfer** (Coenagrion ornatum), während die **Zierliche Moosjungfer** (Leucorrhinia caudalis) auf die stehenden Gewässer in den Auen großer Flüsse angewiesen ist.

Zahlreiche Arten sind auf vegetationsarme, neu entstandene Tümpel spezialisiert, wie sie bei Flussverlagerungen und nach Hochwässern immer wieder in der Aue auftreten. Zu diesen Arten gehören die prächtigen Blaupfeile. Besonders schön ist der **Kleine** und der **Südliche Blaupfeil** (Orthetrum coerulescens, O. brunneum). Einen Teil der Arten findet man heute auch an Kiesgruben, weil hier der Bagger zeitweise ähnliche Lebensräume schafft wie das Hochwasser.

An den schmalen Wasserrinnen leben die **Prachtlibellen** (Calopteryx), die auf den Wasserpflanzen und am Ufer ihre kleinen Reviere beziehen. In den Altarmen bietet die reiche Vegetation verschiedenen Arten ihre jeweils typische Nische. Über den Röhrichten kreisen die **Große** und

Kleine Königslibelle (Anax imperator, A. parthenope) und die braungefärbte **Keilflecklibelle** (Aeshna isoceles). Große Bedeutung haben die Schwimmpflanzenbestände, da auf ihnen zahlreiche Libellenarten leben oder sie zur Eiablage aufsuchen. Auffällig sind das **Kleine** und **Große Granatauge** (Erythromma viridulum, E. najas) mit ihren leuchtend roten Augen, aber auch die **Hufeisen-Azurjungfer** (Coenagrion puella), bei der die Männchen bei der Eiablage senkrecht auf den Weibchen sitzen.

Foto: Matjaz Bedjanic

Prachtlibellen – hier die **Gebänderte Prachtlibelle** (Calopterix splendens) – bevorzugen kleinere Fließgewässer mit sauerstoffreichem Wasser.

Foto: Matjaz Bedjanic

Frühmorgens war die **Grüne Mosaikjungfer** (Aeshna viridis) noch eine Larve im Wasser, am Nachmittag ist sie schon eine voll ausgebildete Libelle. Noch ein paar Minuten, dann wird sie zum ersten Mal fliegen.

Je nach Alter unterscheiden sich die Altarme stark. Im Laufe der Verlandung reichert sich das Wasser mit immer mehr Pflanzenmaterial an. Braune huminstoffreiche und anmoorige Gewässer in der Aue bieten der **Großen Moosjungfer** (Leucorrhinia pectoralis) Lebensraum. Diese eher nordeuropäische Art ist eine große Besonderheit und ein Beweis für die außerordentliche Formenvielfalt der Mur-Drau-Donau-Niederung. An Drau und Mur lebt sie am Südrand ihrer Verbreitung. Dasselbe gilt auch für die Grüne Mosaikjungfer. Diese Libellenart lebt nur in Gewässern mit dichten Beständen der **Krebsschere** (Stratiotes aloides) und wurde in den letzten Jahren an einzelnen Altarmen der Mur in der Nähe von Petišovci und an der Drau in der Nähe von Repaš entdeckt.

Foto: Matjaz Bedjanic

Die Große Moosjungfer ist eigentlich eine nordeuropäische Art, kommt aber ganz selten auch an Drau und Mur vor.

Ein spezieller Lebensraum für Libellen sind die Überschwemmungsflächen. Einige Arten, so etwa die **Blutrote Heidelibelle** (Sympetrum sanguineum), legen ihre Eier sogar in völlig trockenen Bereichen der Aue ab; wahrscheinlich erkennen sie an der Vegetation, dass hier im Laufe des Jahres wieder Wasserflächen entstehen. Zu diesen Arten gehören auch die Teichjungfern, von denen die **Weidenjungfer** (Lestes viridis) ihre Eier beispielsweise in überhängende Äste von Bäumen der Weichholzaue legt. Mehrere Heidelibellenarten sind spezialisiert auf großflächig überschwemmte Sumpfflächen. Auch die sehr seltene **Gebänderte** und **Sumpf-Heidelibelle** (Sympetrum pedemontanum, S. depressiusculum) leben in Sumpfwiesen der Auen, in denen das Wasser kaum sichtbar ist. Die strahlendblaue **Südliche Mosaikjungfer** (Aeshna affinis) kann ihre Eier in die Risse ausgetrockneter Schlammböden legen, die vom nächsten Hochwasser wieder überschwemmt werden. Dadurch ist eine Vermehrung auch ohne Wasser während der Zeit der Eiablage möglich – eine wichtige Anpassung an die wechselnden Bedingungen in der Aue.

Alle Arten der Überschwemmungsfläche profitieren von den hohen Temperaturen und dem großen Nahrungsangebot in den flach überschwemmten Gebieten. Im unteren Drau-Abschnitt in Kroatien konnte auch die afrikanische **Schabrackenlibelle** (Anax ephippiger) festgestellt werden. Diese wärmeliebende Art scheint sich in günstigen Jahren in den Überschwemmungsflächen der Save und Drau sogar zu vermehren. Dies ist nur durch die günstigen Bedingungen in der Aue und das sehr warme kontinentale Klima Pannoniens möglich.

Viele der genannten Libellen sind durch die Flora-Fauna-Habitat-Richtlinie der EU als bedrohte Arten geschützt, und nur der Schutz des großen Angebotes an unterschiedlichsten Gewässerformen kann diesen Artenreichtum erhalten. Da sich die beschriebenen Biotope in Ländern der Europäischen Union befinden (mit Ausnahme von Serbien, das aber seit 2012 Beitrittskandidat ist), besteht zum ersten Mal die Möglichkeit, den Schutz der Libellen im Biosphärenreservat Mur-Drau-Donau auf gleichen internationalen Grundlagen zu betreiben.

Mückentanz im Insektenparadies

Über den Gewässern tanzen riesige Insektenschwärme. Das fließende Wasser versorgt die an Pflanzen sowie auf und im Gewässerboden sitzenden Insektenlarven mit Nahrung. Nach dem Schlüpfen tanzen sie meist abends in der Nähe des Ufergebüsches auf und ab und sind Ziel der Uferschwalben und Fledermäuse.

An der Drau hat die Gruppe um den ungarischen Forscher Uherkovich 113 Arten der **Köcherfliegen** (Trichoptera) nachgewiesen. Sie sind nahe Verwandte der Schmetterlinge und bilden eine eigene Insektenordnung. Die Larven entwickeln sich vorwiegend im Wasser. Da sie auf sauberes Wasser, gute Sauerstoffversorgung und auf die vielgestaltigen intakten Strukturen einer natürlichen Gewässerstrecke angewiesen sind, stellen sie gute Umwelt-Indikatoren dar.

Sehr interessant sind die „Filtrierer". Ein Teil der Köcherfliegenlarven hat nämlich die Fähigkeit, Netze zu spinnen. Sie verkriechen sich zwischen Geröll hinter den selbstgesponnenen Verstecken und kommen nur zum Abweiden ihrer Netze kurz heraus.

Die anderen Köcherfliegenlarven schützen ihren weichen Hinterleib durch das Anheften von kleinen Steinchen, Sand oder Pflanzenteilen. Dadurch entstehen je nach Art verschiedene Muster oder Formen. Dieser Hinterleibsschutz hat den interessanten Insekten ihren Namen gegeben. Der mit Steinen beschwerte „Köcher" verhindert außerdem das Abtreiben der Larve in der Strömung, und einzelne Arten verwenden stattdessen sperrige Hölzchen als Schutz gegen Fische.

Einer der anspruchsvollen und dazu besonders seltenen Bewohner der großen Flüsse ist die **Frauenfeld-Köcherfliege** (Platyphylax frauenfeldi). Die Kanalisierung der großen Flüsse wie z.B. Donau, Mur, Ems, Rhone, Aare, Drau und Inn hat die Art an den Rand der Ausrottung gebracht. Die weltweit letzte Population lebt im unverbauten Abschnitt der Drau, an der Grenze zwischen Ungarn und Kroatien (Uherkovich & Nogradi 1997). An diesem fast 80 km langen Grenzabschnitt der Drau unterhalb der Mur-Mündung, kann man im Herbst bis zu 80 ausgewachsene Individuen auf 100 m Flussuferlänge herumfliegen sehen. Doch auch diese kleine Restpopulation ist nun in Gefahr durch viele kleinere Eingriffe in den Flusslauf wie den Bau neuer Buhnen, die Verbauung von Steilufern mit Steinpackungen und die Zuschüttung von Nebenarmen.

Köcher- und **Eintagsfliegen** sind die häufigsten Insekten und eine Hauptnahrung der Fische. Deshalb benutzen Angler Kunstfliegen mit den äußeren Merkmalen dieser Insekten.

Das Leben der Eintagsfliegen dauert, worauf ihr Name hinweist, oft sogar weniger als einen Tag. Schon kurz vor dem Schlüpfen hören die Tiere mit der Nahrungsaufnahme auf. Meist schlüpfen sie am Abend. Die Männchen tanzen dann in Schwärmen über dem Wasser; sie haben sehr lange Vorderbeine, mit denen sie die Weibchen in der Luft ergreifen und befruchten. Die Eier werden entweder ins Wasser abgeworfen, oder das Weibchen steigt zur Eiablage ins Wasser.

Eintagsfliegen sind zwar weit verbreitet an Gewässern, aber jede Art besiedelt ihren speziellen Lebensraum. Die Larven weiden Algen und Pflanzenreste auf dem Gewässerboden ab. Sehr interessant ist die Anpassung der Körperform an die Strömung. Während die Larven in stehenden Gewässern oder mit leichter Strömung einen rundlichen Körper haben, ist der Körper von an reißende Gewässer angepassten Arten stark abgeplattet. Dadurch, und weil sie die geringere Fließgeschwindigkeit direkt an der Wasseroberfläche nutzen, verringert sich die Gefahr, von der Strömung mitgerissen zu werden.

Foto: Arno Mohl

Die vielfältige Gewässerstruktur an Drau und Mur ist die Grundlage für ein reiches Insektenleben. Am unverbauten Abschnitt der Drau zwischen Ungarn und Kroatien lebt die weltweit letzte Population der Frauenfeld-Köcherfliege.

Die Larven der **Kriebelmücken** (Simuliidae) heften sich mit dem Hinterleib mit Spinnfäden an Pflanzen oder Steine und halten ihre beiden Fächer am Vorderende in die Strömung; hängengebliebene Teilchen werden mit den Mundwerkzeugen abgesammelt. Die nur wenige Millimeter große schwarze Kriebelmücke kann sehr lästig sein. Vor der Trockenlegung der Pannonischen Tiefebene brachten besonders massenhafte Auftreten dieser Insekten manchmal ganze Viehherden zur Stampede (unkontrollierte, wilde Flucht). Pferde oder Kühe konnten durch besonders starken Befall dieser Mücken sogar zu Tode kommen. Heute sind solche Massenvermehrungen in den wenigen kleinen Überschwemmungsgebieten kaum mehr möglich.

Auen sind hochproduktive Lebensräume. Die Düngewirkung der Hochwässer durch angeschwemmte Pflanzen- und Tierreste und die Masse der in den Trockenzeiten in Restpfützen dichtgedrängt sterbenden Muscheln, Wasserschnecken, Fischen und unfertigen Insektenlarven schafft ein überreiches und leicht erreichbares Nahrungsangebot für Arten, die sich an das Leben in den Auen angepasst haben. Zahlreiche Insektenarten, aber auch viele andere Tiere haben Tricks entwickelt, um das Hochwasser zu überleben.

Überleben mit Hochwasser

Zahlreiche Insektenarten sind sehr gut an das Leben auf Überschwemmungsflächen angepasst. Sie tragen dazu bei die vielen Nährstoffe, die in der Aue angeschwemmt werden, auszunutzen. Hochwasser ist für die Spezialisten kein Problem. Durch verschiedene Strategien retten sich Käfer, Spinnen, Schnecken und Würmer, aber auch Wirbeltiere vor den Wassermassen. Die wenige Millimeter großen **Sägekäfer** (Heteroceridae) speichern mit ihren Haaren eine Lufthülle, in der sie sich unter Wasser festhalten. So können sie auch unter Wasser atmen, bis die Hochwasserwelle vorbei ist. Bis zu 2.000 Individuen dieser nur wenige Millimeter großen Käfer leben manchmal auf 1 m^2 Schlamm. Sehr geschickt sind die **Laufkäfer** (Carabidae). Die **Ahlenläufer** (Bembidiinae) können sogar von der Wasseroberfläche abfliegen, wenn sie vom Hochwasser überrascht werden. Fast alle Laufkäferarten in der Aue können schwimmen und so wenigstens zeitweise im Wasser überleben.

Manche Auenbewohner führen eine Vertikalwanderung durch, d.h. sie klettern einfach an den Bäumen nach oben. In den lange überschwemmten Bereichen bieten sich alte Silberweiden und Eichen als Überlebensinseln an. Ameisen, die an den Spitzen der aus dem Wasser ragenden Wiesenpflanzen haften, können Klumpen mit Hunderten von Tieren bilden. Schmetterlingsraupen folgen der gleichen Taktik, aber mit nur wenigen Individuen, da sonst die Grashalme ins Wasser knicken würden.

Insektenreichtum in Auwäldern

Für die Insektenwelt sind Auwälder von größter Bedeutung. Aus Untersuchungen geht hervor, dass die Eiche die Baumart Europas ist, auf und von der die meisten Arten leben. Über 40 **Wanzenarten** (Heteroptera), mindestens 10 Arten der **Blatt**- und **Schildläuse** (Aphidoidae, Homoptera), etwa 200 **Klein-** und **Großschmetterlinge** (Lepidoptera) und mindestens 50 Käferarten leben auf den Eichen. Allein dadurch sind die **Stieleichen**wälder (Quercus robur) ein unersetzbarer Lebensraum, denn von jeder Art profitieren wieder andere.

Foto: Matjaž Bedjanič

Kleiner Schillerfalter (blaue Form); aufgenommen in Petišovci an der Mur.

Zum Lebensraum des **Kleinen Schillerfalters** (Apatura il ia) gehören die bewaldeten Flusstäler, insbesondere Flussufer mit vielen Silberweiden. Zu den Futterpflanzen seiner Raupen zählen u.a. **Zitterpappel** (Populus tremula), Schwarz- und Weißpappel. Eine große Besonderheit ist der dem Kleinen Schillerfalter ähnliche **Donau-Schillerfalter** (Apatura metiss), der stark an Flusssysteme gebunden ist und im südlichen Pannonischen Raum vorkommt.

Bisher konnten allein im kroatischen Teil der Mur-Drau-Donau-Niederung 800 Schmetterlingsarten festgestellt werden. Schon dies zeigt, wie notwendig hier ein großflächiger Schutz ist.

Weiden (Salix spec.) stehen an zweiter Stelle bezüglich der Anzahl der von und auf ihr lebenden Arten, gefolgt von **Birke** (Betula spec.), **Weißdorn** (Crataegus), **Schlehe** (Prunus spinosa) und **Apfel** (Malus spec.). Somit sind alle natürlicherweise in Flussniederungen vorkommenden Bäume von herausragender Bedeutung. Dagegen sind Gehölze, die aus anderen Gegenden eingeführt wurden – wie etwa die **Platane** (Platanus spec.) – für fast alle einheimischen Arten ungenießbar. Größere Pflanzungen mit solchen Bäumen sind deshalb eine Katastrophe für die Natur – eine grüne Wüste ohne Leben.

Foto: Arno Mohl

Die Pflanzenwelt

Pflanzen

Wasser- und Sumpfpflanzen

Besonders interessant sind die Wasserpflanzen und die Sumpf-Vegetation der Altarme. Vom Ufer aus lassen sich an den Altarmen die einzelnen Zonen gut erkennen.

Im tiefen Wasser herrschen die Wasserpflanzen vor. Am Grund von klaren, nährstoffarmen Gewässern bilden **Armleuchteralgen** (Characeae) vielerorts einen dichten Teppich.

Dichte Bestände aus **Tausendblatt** (Myriophyllum spec.) und **Laichkräutern** (Potamogeton spec.) reichen in den Altarmen bis an die Oberfläche. Im flacheren Bereich mit 1 bis 2 m Wassertiefe folgen Schwimmblattpflanzen, darunter zahlreiche Besonderheiten wie die Seekanne, die Krebsschere, die **Wassernuss** (Trapa natans) und der **Froschbiss** (Hydrocharis morsus ranae), während insbesondere die Seerosen und Gelben Teichrosen mit ihren wunderschönen Blüten bezaubern.

Foto: Arno Mohl

Die Wassernuss (Trapa natans) besiedelt sogar Altarme der Drau, die an den Fluss noch angeschlossen sind.

Die kleinen freischwimmenden Wasserlinsen werden durch das Hochwasser oder Vögel verbreitet und bedecken die Oberflächen kleinerer Gewässer in der Aue. Im Teich Zaton bei Petanjci an der Mur in Slowenien findet man alle fünf Wasserlinsenarten, einschließlich der **Zwerglinse** (Wolffia arrhiza), zusammen. In ihrer Gesellschaft befindet sich auch der **Gemeine Schwimmfarn** (Salvinia natans).

Foto: Matjaz Bedjanic

Die Krebsschere – hier mit sich paarenden **Fledermaus-Azurjungfern** (Coenagrion pulchellum) – ist in den meisten stehenden Auengewässern entlang Mur, Drau und Donau häufig.

In der Übergangszone vom Wasser zum Auwald befinden sich breite Sumpfzonen, wo der hohe Wasserstand das Aufkommen von Holzgewächsen verhindert. Hier wachsen sehr schöne Pflanzen wie die **Schwanenblume** (Butomus umbellatus) und die beiden Irisarten **Sibirische Schwertlilie** (Iris sibirica) und **Sumpfschwertlilie** (I. pseudacorus). Die breiten Seggen- und Röhrichtgürtel sind wichtige Vogelbrutplätze.

Der **Zwerg-Rohrkolben** (Typha minima) ist eine sehr seltene Pflanze, die meist artenarme Dominanzbestände in ruhigen oder stehenden Bereichen abseits des Hauptstromes größerer Flüsse bildet. Seit den Flussregulierungen in den letzten hundert Jahren verzeichnet auch diese Art einen dramatischen Rückgang und gilt heute europaweit als vom Aussterben bedroht. Das letzte Vorkommen an der Drau existierte an der Oberen Drau bei Greifenburg in Österreich, wo es um 1970 aber auch erlosch. Es war eine Sensation, als man vor Kurzem 500 km weiter flussabwärts im Mündungsgebiet der Drau im Kopački rit wieder Zwerg-Rohrkolben entdeckte siehe Abb. auf S. 170.

Ein Ingenieur namens Girzikowski, der im Gebiet der oberen Drau lebte, hat über mehrere Jahrzehnte hinweg den Zwerg-Rohrkolben mit seinen dekorativen, kugelrunden Fruchtständen in seinem Gartenteich gezüchtet, wobei der natürliche Bestand in Kärnten damals schon ausgelöscht war. Ihm gelang auch – nach vielen Fehlschlägen – im Jahr 2000 ein erster Wiederansiedelungsversuch an der Drau bei Greifenburg. Derzeit sind weitere 10 bis 20 Bestände an der Drau in Kärnten bekannt; die Wiederansiedelung scheint also langfristig gesichert! Der Erfolg gibt Schwung. Mithilfe von Wurzeltrieben (Rhizome) von der Oberen Drau sollen nun wieder neue Bestände des Zwerg-Rohrkolbens an der Drau in Kroatien aufgebaut werden, nachdem die Art seit Jahrzehnten ausgestorben war. Diese Wiedereinbürgerung soll dabei Hand in Hand mit der Verbesserung des Flusslebensraums gehen.

Foto: K. Michor

In der Umlagerungszone der alpinen Flüsse war der Zwerg-Rohrkolben früher häufig. Sein dekorativer Wert hat zu vielen Schutzbemühungen und damit zu seiner Rettung an der Drau geführt.

Besiedler der Schotter- und Sandbänke

Offene Schotter- und Sandbänke werden zunächst von diesen Arten besiedelt: Purpur-(Salix purpurea), Grau- (Salix elaeagnos) und Silberweide (Salix alba), die teilweise bürstendicke Jungbestände bilden. Auch die Schwarzpappel (Hybriden) (Populus nigra, P. xcanadensis) zählt zu den ersten Besiedlern. Sie überstehen auch die stärksten Hochwässer und treiben immer wieder neu aus. Sie sind die ersten Pflanzen eines entstehenden Auwaldes. Die schottrigen Uferbereiche bieten auch botanischen Kostbarkeiten wie der Deutschen Tamariske (Myricaria germanica) einen Lebensraum.

Eine Besonderheit ist die an der Drau vom Aussterben bedrohte **Deutsche Tamariske** (Myricaria germanica). Diese Strauchart war ursprünglich für die dynamische Umlagerungszone der Drau zwischen Maribor und Legrad charakteristisch. Als typische Pionierpflanze bildete sie große Bestände auf den ausgedehnten Kiesbänken, zusammen mit seltenen Weidengebüschen und zahlreichen anderen Pflanzen. Mit dem Bau des letzten großen Stausees bei Donja Dubrava in Kroatien verschwanden die letzten größeren Tamariskenvorkommen an der Drau. Einzelne Exemplare haben aber bis heute im Drau-Mur-Mündungsgebiet bei Legrad überlebt und stehen im Mittelpunkt eines ambitionierten mit EU-LIFE- Mitteln finanzierten Artenschutzprojekts des WWF. Mit Stecklingen von Mutterpflanzen werden an geeigneten Kiesbänken wieder neue Bestände aufgebaut, um damit das Aussterben dieser Art an der Drau und damit in Kroatien zu verhindern.

Foto: Arno Mohl

Im Rahmen eines Artenschutzprojekts soll die Deutsche Tamariske (Myricaria germanica) wieder die Ufer der Drau säumen.

Wiesen und Weiden

Neben dem Auwald prägen Grünlandflächen zur Heugewinnung und Viehweiden das Bild der europäischen Niederungslandschaften. Dass solche Lebensräume – zumindest bei regelmäßiger längerer Überschwemmung – ein Teil der europäischen Urlandschaft sind, zeigt das Beispiel des Naturparks Kopački rit. Auch ohne menschliche Nutzung gibt es hier riesige Wiesen, in denen zwischen **Sauergräsern** (Carex) Gelbe und Blaue Schwertlilien wachsen. Durch die einzelnen Silberweiden und die Baumreihen entsteht bei Niedrigwasser der Eindruck einer weiten, extensiv genutzten Kulturlandschaft.

An trockeneren Standorten bleibt das offene Grünland nur durch Weidewirtschaft oder Mahd erhalten. Aber auch solche Bereiche des Flusstales können Überschwemmungen ertragen; sie werden ja sogar durch die Ablagerungen der Hochwässer gedüngt.

Auwiesen haben eine wichtige Funktion für die Hochwasserrückhaltung. Um katastrophenartige Überschwemmungen zu vermeiden, sollten alle erhaltenen Grünlandgebiete wieder mit dem Fluss verbunden werden. Die kroatische Wasserwirtschaft hat in den Save-Auen insbesondere mit dem Lonjsko Polje wegweisend Zeichen gesetzt, wie Naturschutz und Hochwassersicherung zusammengebracht werden können.

Von besonderer landschaftlicher Schönheit sind die alten Hutweiden in Ungarn. Entlang der Drau liegen solche Flächen noch direkt oberhalb von Barcs und in der großen Niederung entlang der alten Drau zwischen Berzence und Gyékényes. Die Straße zum Grenzübergang Gola führt direkt durch die reizvolle Wiesen-Niederung. Zwischen Gakovo („Nachtreiherdorf") und Stanišić an der serbischen Donau sind wertvolle Reste der einstigen Salzwiesen der Vojvodina zu finden. Einige abgeschnittene Flussschlingen der Donau und in Ungarn besonders in der Vojvodina werden wenigstens teilweise gemäht.

Auch in Slowenien gibt es an der Mur noch weite Wiesen-Gebiete, so etwa um den Erlenwald Črni log westlich von Lendava. Aber auch an anderen Flussabschnitten trifft man überall auf bunte Blumenwiesen, die kaum gedüngt werden. Zahlreiche **Narzissen**wiesen (Narcissus poeticus) ziehen sich entlang der Mur und Drau von Österreich bis nach Ungarn und in die Vojvodina. Ebenso sind Orchideen regelmäßig zu finden.

Foto: Martin Schneider-Jakoby

Wiesen ohne Bauern: Im Kopački rit werden die Feuchtwiesen nur durch das Hochwasser von Baumwuchs freigehalten. Die Landschaft sieht einer extensiv genutzten Kulturlandschaft in der Flussaue sehr ähnlich.

Niederungswälder

Die ökologische Bedeutung der Niederungswälder liegt sowohl in ihrem reichen genetischen Potential als auch in ihrer landschaftsökologischen Funktion in Bezug auf den Wasserhaushalt, den Hochwasserschutz und das Klima.

Allein die Wälder auf der kroatischen Seite der Podravina mit einer Fläche von 95.000 ha verdunsten jährlich rund 250 Millionen Tonnen an Wasser und säubern dieses gleichzeitig! Circa 350 Millionen Tonnen Wasser werden durch die Wälder bis zu Trinkwasserqualität gereinigt. In den kroatischen Niederungswäldern wachsen jährlich 1,5 Millionen Tonnen an Biomasse zu. Dies hat auch eine große Bedeutung für den Klimaschutz, da Kohlenstoff gebunden wird und der Kohlendioxydgehalt der Atmosphäre reduziert wird.

Darüber hinaus hat der Wald einen bedeutenden Einfluss auf die Landwirtschaft. Die starke Wasserverdunstung aus den Wäldern mildert die für das kontinentale Klima typische Sommertrockenheit. Doch nur in wenigen Flusstälern Mitteleuropas gibt es noch große Au- und Niederungswälder, die diese Funktion erfüllen können.

Die besten Wälder wachsen entlang der Mur, an der Drau im Bereich Repaš und Jasenovac und an der Mündung in die Donau im Gebiet um Kopačevo.

Foto: Goran Šafarek

Die letzten Überschwemmungen haben die Weichholzaue mit Silberweiden in Veliki Pažut ergiebig gedüngt: Im Unterwuchs dominiert das stickstoffliebende **Kletten-Labkraut** (Galium aparine), wobei die **Große Brennnessel** (Urtica dioica) auch nicht zu übersehen ist.

Foto: Martin Schneider-Jacoby

Weichholzaue bei Vizvár mit üppigem Unterwuchs: Silberweide und einige andere Weichholzbäume werfen den Schatten auf Sträucher wie **Schwarzer Holunder** (Sambucus nigra). Dagegen klettern der **Wilde Hopfen** (Humulus lupulus) und der **Gemeine Efeu** (Hedera helix) entlang der Baumstämme nach oben, um sich das nötige Sonnenlicht zu erkämpfen.

60.000 ha umfasst die Fläche der Niederungswälder an Drau und Mur in der kroatischen Podravina, von der slowenischen Grenze bis an die Donau. In der sich anschließenden Baranja, insbesondere im Naturpark Kopački rit, erweitert sich der Waldgürtel um weitere 35.000 ha. Zusammen mit den Wäldern an der Drau in Ungarn, die nochmals gut 8.000 ha umfassen, ergibt sich eine Fläche von über 1.000 km^2, von der bis heute noch 15 Prozent periodisch überschwemmt wird. Entlang der Donau werden sogar über die Hälfte der 340 km^2 Auwälder mit dem Gemenc-Auwald in Ungarn bis zum Karađorđevo-Schutzgebiet bei Bačka Palanka in Serbien noch bis heute überschwemmt. Eine schöne Ergänzung zu diesen Auwäldern stellt der breite Grüngürtel entlang der unverbauten Mur bis nach Österreich dar.

Foto: Goran Šafarek

Weite Teile der Donau-Auen sind regelmäßig und großflächig überschwemmt.

Die heutigen Wälder sind größtenteils naturverjüngt mit den einheimischen Baumarten. Allerdings wurden teilweise auch Pappelplantagen angelegt. In den überschwemmten Bereichen dominieren Pappel- und Weidenbestände, während die großen Stieleichenwälder heute weitgehend vom Hochwasser abgeschnitten sind.

Fast alle Baumarten, aber auch die Sträucher in den Niederungswäldern, sind große Wasserverbraucher, die auf die Überschwemmungen und den hohen Grundwasserstand angewiesen sind. Deshalb haben die Veränderungen, die heute in den Flusstälern stattfinden, zu einem großen Verfall dieser spezialisierten Waldgesellschaften geführt. Entsprechend werden alle Niederungsökosysteme, die vom Wasser abhängen, in der von allen Anliegerstaaten der Drau und Mur unterzeichneten internationalen Ramsar-Konvention zum Schutze der Feuchtgebiete als besonders gefährdete Lebensräume aufgeführt.

Die Waldgesellschaften der Niederungswälder

In den Auwäldern in unmittelbarer Nähe von Drau und Mur findet man die folgenden vier Gesellschaften: **Ulmen-Feldeschenwälder** (Fraxino-Ulmetum laevis, Slav. 52), **Schwarz- und Weißpappelwälder** (Populetum nigro-albae, Slav. 52), **Silberweiden-Schwarzpappelwälder** (Salici populetum nigrae rubetosum caesii, Raus 73) und **Silberweidenwälder mit Laubkrautbeständen** (Gallio-Salicetum albae, Raus 73).

Die schönsten **Schwarzerlen**wälder (Alnus glutinosa) Europas findet man in den Niederungen an Drau und Mur. Besonders hervorzuheben sind außerdem die Erlenbestände bei Đurđevac in Kroatien und der Črni log an der Mur in Slowenien. Weitere Erlen-Brüche schließen sich auch an der Nordseite der Drau zwischen Gyékényes und Berzence in Ungarn an. In diesen Wäldern erreicht die Erle eine 30 m. Gute Stieleichenbestände liegen an der Drau am linken Ufer im Repaš-Wald und bei Slatina in den Waldbeständen von Jasenovac. Diese Wälder sind weltberühmt wegen ihrer ökologischen Bedeutung und dem hohen Wirtschaftswert der Baumstämme, die bis zu 40 m hoch werden können.

Foto: Goran Šafarek

Zu den schönsten Stieleichenwäldern Europas gehört auch der Repaš-Wald am Ufer der Drau.

Feldesche (Fraxinus parvifolia), Erle und Silberweide können Überschwemmungen lange ertragen. Die Weiden stellen ihren Stoffwechsel dann sogar auf Gärung um, d.h. sie erzeugen Energie, ohne Sauerstoff zu veratmen. Ähnliche Stoffwechselprozesse finden beim Vergären von Säften zu Wein oder bei starker Bewegung in den Muskeln statt (Muskelkater), da auch hierbei nicht genügend Sauerstoff für die Energiegewinnung zur Verfügung steht.

Wo nahe am Fluss sowohl offener, frisch angeschwemmter Boden wie auch lange anhaltendes Niedrigwasser vorhanden sind, gelingt es den Silberweiden schon in wenigen Jahren, erfolgreich zu keimen. Wenn die Pflanzensprösslinge allerdings zu lange unter Wasser stehen, sterben sie wieder ab. Sind sie jedoch erst einmal richtig angewachsen, ertragen sie auch Überschwemmungen von bis zu 300 Tagen im Jahr.

Eine Besonderheit der Flusslandschaft sind die großen Weidengebüsche, die sich in verschiedenen Sukzessionsstadien in der Aue bilden. In den Überschemmungsflächen dominieren **Mandel-, Korb-** und **Purpurweide** (Salix triandra, S. viminalis, S. purpurea). Vor allem die Mandelweide kann langanhaltende Hochwässer überstehen. Eine ökologische Besonderheit ist die **Lavendelweide** (Salix eleagnos). Sie tritt auf offenen kiesig-schotterigen, grundwassernahen Standorten auf, die nur kurzzeitig überschwemmt werden. Mit der **Seidelbastweide** (Salix daphnoides) gehören diese Pflanzengesellschaften zu den bedrohtesten in Europa. Ihr natürlicher Standort sind unverbaute Flüsse, in denen sich immer neue Schotterbänke bilden. Wird diese Dynamik unterbrochen, werden sie von anderen Pflanzen im Zuge der Weiterentwicklung (Sukzession) zum Wald verdrängt.

Das weiche, flexible Holz all dieser Weidenarten lässt sie selbst reißende Überflutungen überstehen. Alle weisen außerdem schmale, längliche Blätter auf, die während des Hochwassers einen möglichst geringen Widerstand bilden. Auch die Feldesche, die längere Hochwasserstände erträgt als die **Gemeine Esche** (Fraxinus excelsior), hat schmalere Blätter als ihre Verwandte.

Stieleichen-Hainbuchenwälder (Carpino betuli – Quercetum roboris) sind die stabilsten unter den Niederungswäldern, weil sie an den höher gelegenen Stellen wachsen und deshalb nicht so stark von einem hohen Grundwasserstand abhängen. **Hainbuchen** (Carpinus betulus) vertragen keine Überschwemmung. Für ihren Wasserbedarf reicht im allgemeinen der Niederschlag, da sich das Wasser im tiefen Pseudogley-Boden (Stauwasserboden) sammelt.

An anderen Standorten muss die Wurzel der Stieleiche unter der dünnen Erdschicht durch den Flussschotter bis an den Grundwasserhorizont vordringen. Nur so kann der mächtige Baum im Sommer genügend Wasser aufsaugen und die Trockenheit überleben. Die typischen Waldgesellschaften sind auf diesen Standorten der **Stieleichen-Färberginsterwald** (Genisto elatae-Quercetum roboris Ht. 38) und an den sehr feuchten Stellen der **Feldeschen-Sommerknotenblumenwald** (Leucojo-Fraxinetum parvifolia Glav. 59).

Der noch intakte Auwaldgürtel an Mur, Drau und Donau ist einmalig in Europa und muss in seiner ganzen Länge vor Umweltbelastungen und Eingriffen in die noch erhaltenen Fließstrecken geschützt werden. Dies sollte oberstes Ziel der Planung sein. Denn nur wenn der empfindliche Wasserhaushalt der Landschaft nicht gestört wird und weiterhin einheimische Baumarten angepflanzt werden, können die reichen und schönen Auwaldbestände ihre vielfältigen und wichtigen ökologischen Funktionen erfüllen.

Foto: Martin Schneider-Jacoby

Die Hartholzauen in der Baranja am Zusammenfluss von Drau und Donau sind noch weitgehend unberührt.

Foto: Goran Šafarek

Schutz und Gefährdung

Wasserkraftwerke und ihre Folgen

Wasserkraft – das klingt sauber, natürlich und nachhaltig. Auch die Vertreter der Wasserbaubehörden und der Elektrizitätswirtschaft an der Drau behaupten, dass es sich bei ihren Maßnahmen um Mehrzweck-Wunderwerke handele, die für Umweltschutz, Energie, Tourismus, Hochwasserschutz, Grundwasserschutz, Landwirtschaft und die Natur nur positive Effekte hätten. Aber stimmt das tatsächlich? Leider nein. Das Gegenteil ist der Fall. Die Schäden an der Natur sind verheerend und weitgehend unumkehrbar, der Wasserhaushalt ist nachhaltig gestört, die Hochwassergefahr für die besiedelten Bereiche ist sogar größer geworden und der ökonomische Nutzen wird konterkariert durch Probleme, deren Lösung hohen Finanzmitteleinsatz erfordern.

Flüsse sind eben mehr als nur Wasser. Mit ihren vielgestaltigen Ufern, Feuchtgebieten, Inseln und Furten, ihren unterschiedlichen Biotopen und den mit ihnen zusammenhängenden weiträumigen Auenlandschaften gehören frei fließende Flüsse zu den artenreichsten Lebensräumen überhaupt. Ein natürlicher Fluss hat mit einem Stausee so wenig gemeinsam wie ein Urwald mit einem Fichtenforst. Problematisch ist aber auch, dass die schlimmen Folgen der Flussverbauungen erst längerfristig sichtbar werden.

Foto: Darko Grlica

Der Koloss an der Drau: Der Dubrava-Stausee mit seinen 16 km² Wasserfläche hat aus einem lebendigen Fluss eine Einheitslandschaft gemacht.

In Slowenien liegen inzwischen seit gut 40 Jahren Erfahrungen über die Auswirkungen der Staudämme in der Drau-Niederung vor. Ziel war nicht nur die Stromerzeugung gewesen, sondern gleichzeitig die Trockenlegung großer Teile der Landschaft zwecks Intensivierung der Landwirtschaft.

Grundwasserspiegelabsenkung / Austrocknung der Auen

Wasserkraftwerke an der Drau in Kroatien und Slowenien bestehen jeweils aus Stauseen, deren Wasser von mächtigen Dämmen zurückgehalten wird, und vielen km langen Ausleitungskanälen, in deren Lauf die Turbinenhäuser stehen. So wird dem einst natürlichen Flusslauf das Wasser entzogen.

Übersicht über die Kraftwerke an der Drau in Kroatien und Slowenien

Ort	Name des Kraftwerks	Jahr	Größe des Stausees
Maribor	Zlatoličje	1969	< 1 km^2
Ptuj	Formin	1981	4,2 km^2
Ormož	Varaždin	1975	3,0 km^2
Varaždin	Čakovec	1982	10,5 km^2
Dubrava	Dubrava	1989	16,0 km^2

Durch diese Kraftwerke hat sich der Grundwasserspiegel im Umland deutlich abgesenkt, was zahlreiche versiegte Brunnenwasser oder Gießen belegen. Und unterhalb der Staustufen sind die Quellen ausgetrocknet. Ganze Bäche, die einst gutes, klares Wasser führten, sind verschwunden. So sieht man heute Mühlen oder deren Reste in einer Landschaft ohne Wasserlauf.

Im alten Flussbett der Drau („Stara Drava“) fließt fast kein Wasser mehr. So werden z.B. beim Kraftwerk Čakovec (HR) während 90 Prozent des Jahres nur noch 8 m^3 pro Sekunde ins alte Flussbett abgelassen. Das entspricht nur 2,4 Prozent der Mittelwasserführung der Drau. Ein so extremes Niedrigwasser ist dort von Natur aus gar nicht möglich! Und so bleiben auch die periodischen Überschwemmungen aus, die früher die Seitenarme des Flusses und die Auwälder flächig mit Wasser versorgten.

Zwischen Maribor und Ptuj hat der Wassermangel schon 90 Prozent und zwischen Ptuj und Ormož über 60 Prozent des Auwalds zerstört und in Acker umgewandelt. Auch im Grenzbereich nach Kroatien ist der größte Teil der Wälder verloren gegangen. Wenn solch weiträumige Waldflächen verschwinden und damit die Verdunstungsleistung der Laubwälder, dann hat dies – ähnlich wie bei der Rodung von Regenwald – auch klimatische Auswirkungen, worunter übrigens nicht zuletzt die Landwirtschaft leidet.

An manchen Stellen, insbesondere wenn diese nach großen Hochwasserereignissen voll durchspült werden, tieft sich das alte Flussbett der Drau ein. Dagegen lagern sich nun Kiesbänke ab, wo Zuflüsse in die Drau münden, da dem Fluss die Kraft fehlt, diese zu verteilen. Tatsächlich hat sich die Menge des Geschiebes im alten Flusslauf um einen Faktor 50 bis 300 verringert; das frühere Gleichgewicht von Auf- und Ablagerung ist zerstört. So sind innerhalb weniger Jahre fast alle Kiesbänke im Fluss verschwunden, und von den vielen Wasserarmen der Drau blieb nur ein einziger schmaler Flusslauf übrig.

Foto: 1968 Corona/WWF Österreich

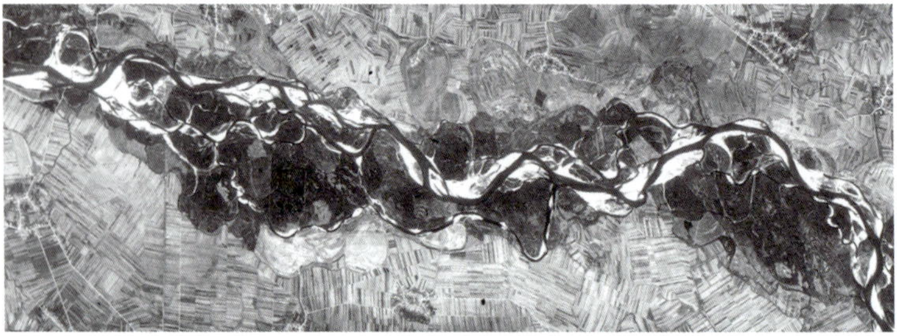

Foto: 2013 GoogleEarth

Aus einer Traumlandschaft wird ein Alptraum. Die Dämme um den Dubrava-Stausee stauen das Wasser bis zu 10 m über das Niveau der umgebenden Landschaft.

Die besten Indikatoren aus der Vogelwelt für eine intakte Umlagerungszone sind die Zwergseeschwalbe und der Triel. Die Zwergseeschwalbe brütete in Slowenien 1981 zum letzten Mal an der Drau. Im selben Jahr wurde auch der letzte Triel an der Drau bei Ormož beobachtet. Gleichzeitig mit diesen beiden Arten war der weite Lebensraum der Kiesbänke verschwunden. Nach dem Bau des Stausees bei Ptuj verließen die Nachtreiher ihre Brutkolonie bei Sturmovci, und die Art starb in Slowenien aus. Durch die fehlende Flussdynamik verlor auch der Steinrötel an den steilen Hügelabhängen direkt an der Drau seinen Lebensraum. Zahlreiche andere Arten gingen signifikant zurück. Die Uferschwalbenkolonien am Flussufer (früher gab es mehrere, teils mit über 200 Paaren) sind inzwischen ganz verschwunden.

Foto: Otto Samwald

Der Triel ist ein Charaktervogel natürlicher Flüsse mit intakter Umlagerungszone – an der Drau ist er inzwischen verschwunden. Die letzten Paare in Slowenien (Ptuj) und Kroatien (Varaždin) haben auf Kiesinseln gebrütet und Nahrung in Hutweiden gesucht.

Grundwasserverschmutzung

Ein weiteres großes Problem ist die Grundwasserverschmutzung – zwar keine direkte Folge der Kraftwerke, wohl aber eine Folge der häufig damit verbundenen Intensivierung der Landwirtschaft. Auf den ehemaligen Grünlandstandorten in der Flussniederung der Drau sind nach den Trockenlegungen riesige intensiv bewirtschaftete Ackerflächen angelegt worden. Die dort ausgebrachten Düngemittel haben eine massive Verschmutzung des Grundwassers ausgelöst.

Ein drastisches Beispiel bietet das Flusstal südlich der Drau zwischen Maribor und Ptuj. Dort überschreiten die Messwerte für Nitrat und Atrazin aus dem Maisanbau an vielen Grundwasser-Messstellen schon seit vielen Jahren die zugelassenen Trinkwasserhöchstwerte, wobei die unsachgemäße Ablagerung von Abfallstoffen in der Schotterebene die Lage noch verschlimmert. 1989 kam es zu den ersten großen Zwischenfällen: Die Trinkwasserversorgung von 80.000 Menschen entlang der Drau musste per Tanklastwagen erfolgen. Verschiedene, teils kostenintensive Gegenmaßnahmen konnten das Problem nicht lösen. 2013 berichtete die Staatliche Umweltagentur ARSO, dass die Drau- und Mur-Ebene die mit Chemikalien am höchsten belastete Region Sloweniens sei. Inzwischen steigt die Nitrat- belastung auch in den tieferen Grundwasserschichten des Drau-Tals weiter an.

Trotz allem wird die landwirtschaftliche Intensivierung weiter vorangetrieben. Bis heute sind auch unterhalb von Maribor schon 15.000 ha der Flussaue flurbereinigt und entwässert worden, und zusätzlich müssen 13.200 ha Anbaufläche künstlich bewässert werden – ein Teufelskreis ohne Ende!

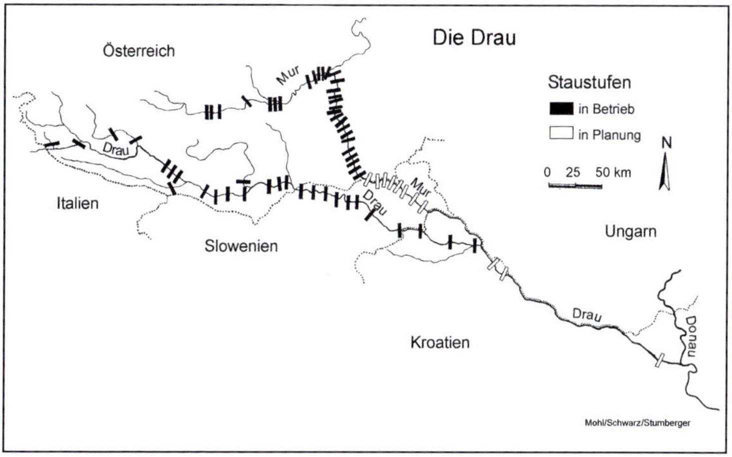

Übersicht über den Kraftwerkspark an Drau und Mur Stand 2019.

Verarmung der Fischfauna

Die Kraftwerke haben aus einem dynamischen Fischgewässer eine Kette von Staubecken gemacht, in denen sich nur wenige robuste Arten stark vermehren, da der starke Zufluss große Nährstoffmengen in die Becken spült. Die faszinierende Vielfalt der Fische, die einst mit über fünfzig Arten all die verschiedenen Nischen im Gewässersystem ausnutzten, ist aber zerstört. Junge slowenische Angler kennen den typischen Fischbesatz der natürlichen Drau gar nicht mehr. Entscheidend für den Rückgang der Arten sind neben dem direkten Lebensraumverlust die Veränderungen der Fließgeschwindigkeit sowie die Zusammensetzung und Temperatur des Gewässers.

Katastrophale Auswirkungen auf die typische Fischfauna der freien Fließstrecke hat der Schwallbetrieb des Drau-Kraftwerks bei Donja Dubrava, kurz vor der Murmündung. Das ständige Auf und Ab der Wasserstände versperrt ihnen die Wanderwege zu den Laichplätzen und sind sie dann endlich doch dorthin gelangt, besteht immer die Gefahr, dass der Laichplatz trockenfällt und den Fischen sogar die Rückwanderung nicht mehr möglich ist. Die negativen Folgen des Schwallbetriebs sind entlang der gesamten freien Fließstrecke bis in die Donau-Mündung bei Osijek zu spüren.

Foto: Arno Mohl

Der Schwallbetrieb des Kraftwerks Dubrava lässt Seitenarme der Drau täglich vollständig trocken fallen, mit katastrophalen Folgen insbesondere für die Fischfauna.

Für die meisten flussaufwärts wandernden Fischarten sind die Staudämme unüberwindliche Hindernisse. Normalerweise schwimmen wandernde Fische in der Hauptströmung und gelangen so direkt zum Turbinenhaus im Auslaufkanal. Hier gibt es aber keine Fischtreppe. Bereits dadurch ist dem größten Teil des Fischbestandes die Vermehrung verwehrt. Fischtreppen gibt es ausschließlich an den großen Auslaufschleusen am Stausee, wo nur das sogenannte „Biologische Minimum" an Wasser abgelassen wird. Das reicht gerade, um ein kleines Bächlein im alten Flussbett der Drau fließen zu lassen. Deshalb gelingt es nur sehr wenigen Arten, die Fischtreppen, die überdies in Slowenien teilweise noch durch Angelvereine verschlossen wurden, zu nutzen. Solche Vereine haben auch schon den Bau von Fischtreppen verhindern können. Sie wollen nicht, dass die von ihnen ausgesetzten Fische in die Angelgewässer ihrer Nachbarvereine gelangen.

Die einzige wirklich funktionsfähige Fischtreppe an der Drau wurde bei der letzten Renovierung des Kraftwerks Fala außer Funktion gesetzt. Sie war 1918 eingebaut worden als Durchlass für Flößer und Fische.

Fischkundler stufen den Zustand des Fischgewässers Drau als sehr kritisch ein. Vier Arten, nämlich die **Äsche** (Thymallus thymallus), der Streber, der Sterlet und die **Groppe** (Cottus gobio) sind bereits verschwunden. Neun weitere Fischarten sind stark im Rückgang begriffen, so etwa die Nase, ein schmackhafter Speisefisch und früher einer der häufigsten Fische in der Drau. Huchen und Bachforellen kommen nur noch aufgrund ständiger Neuaussetzungen vor. Die häufigste Forellenart ist die amerikanische Regenbogenforelle, die früher hier nicht heimisch war. Auch auf den kroatischen Kraftwerkstrecken zeichnet sich dieselbe Entwicklung ab, nur dass dort manche Auswirkungen in der kürzeren Zeit seit dem Bau der Staudämme noch nicht ganz so deutlich sichtbar bzw. untersucht worden sind.

Foto: Bernd Stemmer

Für die Groppe stellen selbst niedere Schwellen unüberwindbare Hindernisse dar.

Von wegen Hochwasserschutz!

Periodische Überschwemmungen gehörten in Flussauen einst zur Normalität. Die Menschen am Fluss stellten sich darauf ein und unterließen den Haus- und Ackerbau auf den betreffenden Flächen, die die Wassermassen wie Schwämme aufsaugten. Mit dem Bau der Dämme, so wurde ihnen versprochen, könnte neuer Ackerboden gewonnen und Hochwasserschäden in bebauten Gebieten vollends vermieden werden. Doch wie sieht die Realität aus?

Die Stauseen haben keine Schutzfunktion, denn die Schleusen müssen bei Hochwasser völlig geöffnet werden, damit das Wasser abfließen kann. Durch die Staustufen und Kanäle hat sich die Abflussgeschwindigkeit und damit die Gewalt der Hochwasserwelle aber noch erhöht. In den vergangenen Jahren kam es infolgedessen immer wieder zu dramatischen Hochwasserereignissen wie dem im Herbst 2012.

Die Wettervorhersage hatte es nicht prognostiziert: Wegen starker Regenfälle und der Schneeschmelze in den österreichischen und slowenischen Alpen erreichte die Drau an der Grenze der beiden Staaten am 5. November 2012 in wenigen Stunden einen Abflusswert von 2.670 m^3/s und an der slowenisch-kroatischen Grenze sogar fast 3.200 m^3/s. Dies war der bisher höchste gemessene Abflusswert an der Drau in Slowenien. Im Stromstrich wurden Wassergeschwindigkeiten mit über 7 m/s gemessen. Die Menge der vom Wasser mitgeführten Sedimente unterhalb des Stausees von Ptuj war so gewaltig, dass der Fluss stellenweise einer Mure glich. Das Resultat war u.a. ein Durchbruch der Drau, die sich ein neues Flussbett formte und dann in den Auslaufkanal des Kraftwerkes bei Formin mündete. Das Kraftwerk wurde dadurch zerstört. Außerdem wurden riesige Ackerflächen weggeschwemmt sowie Siedlungen und Produktionsstätten überflutet. Der direkte Schaden belief sich auf landesweit 373 Millionen Euro.

Kein Schaden entstand dagegen unterhalb der Mur-Mündung im kroatisch-ungarischen Grenzbereich, wo die Aue die gewaltige Hochwasserwelle auf natürliche Weise abpuffern konnte.

Foto: Darko Grlica / WWF

Auch drei Tage nach dem Drau-Hochwasser im November 2012 standen Teile des Dorfes Pušćine (im Hintergrund Čakovec) unter Wasser. Beachte: hinter dem Wald läuft der Hochwasserschutzdamm, der auf hundertjähriges Hochwasser (Stand 1965) projektiert und um einen weiteren Meter erhöht war.

Foto: Darko Grlica / WWF

Drau zwischen Sigetec und Gotalovo in Kroatien am 7. November 2012: Auen sorgen dafür, dass das Hochwasser ohne Schaden ablaufen kann.

Schutz der Flüsse

Wie alles anfing

Erst vor rund 30 Jahren hat der europäische Naturschutz die ökologische Schatzkiste an Drau und Mur entdeckt, denn während der kommunistischen Zeit waren die wenigen Naturschützer des ehemaligen Jugoslawiens voneinander isoliert und hatten kaum Einfluss im eigenen Land. Bei den internationalen Auenkonferenzen des Europarates (1980) und des Internationalen Rates für Vogelschutz (1985) war ausschließlich von Kopački rit und Obedska bara die Rede, obwohl die Umlagerungszone der Drau sowie die Mäander der Mur und die Save-Auen ein mindestens ebenso großes ökologisches Potential aufweisen.

Trotzdem gab es auch hinter dem „Eisernen Vorhang" einige engagierte Naturschützer die es verstanden, die Bevölkerung für die Wasserkraftpläne an der Mur zu interessieren. Bereits in den 1980er Jahren provozierten die im Gebiet der Pomurje und in ganz Slowenien geplanten Kraftwerke beträchtlichen Unmut. Insgesamt zwölf Wasserkraftwerke waren zwischen Apaško polje und Mursko Središće geplant. Wegen der flachen Umgebung hätte man die Flussufer mit einer hohen Damm-Mauer versehen müssen; die gesamte Mur-Niederung wäre also nicht mehr mit dem Fluss verbunden gewesen. Eine zentrale Rolle im Widerstand gegen diese gigantische Flusszerstörung spielte damals eine junge Umweltbewegung, die sich in einem Verein zum Schutze der Umwelt der Pomurje (Društvo za varstvo okolja Pomurja) organisiert hatte. Mit einfallsreichen Aktionen und Informationsveranstaltungen sowie der Umwelt-Zeitung Zeleni list gelang es ihr, die Bevölkerung wachzurütteln. Nach so viel Gegenwind entschloss sich die slowenische Regierung schließlich für den ökologisch und wirtschaftlich sinnvolleren Weg: Die für die Kraftwerke vorgesehenen Mittel wurden in Energiesparmaßnahmen investiert, um den Strombedarf entsprechend zu verringern. Die lebendige Mur blieb bis heute erhalten! Die finanzkräftige Energiewirtschaft hat aber nie ganz aufgegeben. Die Kraftwerkspläne sind wieder auf dem Tisch und die Mur-Auen sind erneut bedroht.

Dennoch blicken wir vorerst zurück auf die Anfänge der internationalen Schutzbemühungen von Mur, Drau und Donau vor rund 30 Jahren.

Mit der Öffnung der Ostgrenzen 1989 und dem Wegfall des „Eisernen Vorhangs", durch den die Flüsse für rund 45 Jahre lang, scheinbar vergessen, vor größeren zerstörerischen Eingriffen weitgehend verschont geblieben waren, wurden sie jäh in ein anderes Zeitalter katapultiert. Plötzlich standen sie im Brennpunkt menschlicher Nutzungsinteressen. Die darauffolgenden Jahrzehnte waren geprägt von einem Tauziehen zwischen Schutz und Zerstörung von Mur, Drau und Donau. Private und behördliche Naturschützer in den einzelnen Ländern, die sich der Rettung der Flusslandschaften verschrieben haben, erhielten dabei tatkräftige Unterstützung von internationalen Kollegen und Institutionen.

Foto: EuroNatur

Bereits im Mai 1990 arbeitete EuroNatur (im Bild links der inzwischen verstorbene EuroNatur-Projektleiter Dr. Martin Schneider-Jacoby) gemeinsam mit ungarischen Naturschützern an einer grenzüberschreitenden Konzeption für den Schutz der wundervollen Flusslandschaft an der Drau.

Die Drau in Kroatien und Ungarn stand dabei immer im Zentrum dieser Auseinandersetzung. Nach Fertigstellung des kroatischen Wasserkraftwerks bei Donja Dubrava 1989, sollte in einem nächsten Schritt die ungarisch-kroatische Grenzstrecke ausgebaut werden. Etwa zur selben Zeit gelang es jedoch, das kroatisch-ungarische Gemeinschaftsprojekt eines riesigen Staudamms bei Đurdevac zu vereiteln. Massive Einsprüche anerkannter Auwaldexperten beider Länder, deren Renommee durch die politischen Umwälzungen in Osteuropa begünstigt wurde, hatten dies ermöglicht. Dieses neue Umweltbewusstsein wurde unterschiedlich ausgelegt: Während Ungarn völlig auf den weiteren Ausbau der Drau verzichtete und dem Naturschutz durch Gründung des Donau-Drau-Nationalparks den Vorzug gab, hielt die kroatische Kraftwerkslobby umso vehementer an den alten Plänen fest. Anstelle des Đurdevac-Dammes sollte im selben Flussabschnitt der Drau nun bei Novo Virje ein Kraftwerk entstehen. Dagegen gab es aber ebenso heftigen Widerstand, der lokal von der kroatischen Naturschutzallianz Drava Liga angeführt wurde. Schließlich erhob auch der ungarische Staat im Jahr 2001 offiziell Einspruch gegen das Projekt. So musste schließlich auch der Damm bei Novo Virje aufgegeben werden. Damit war ein Höhepunkt im Tauziehen zwischen Zerstörung und Schutz erreicht. Heute ist die Drau wieder bedroht. Das „Novo Virje" Wasserkraftprojekt wurde durch zwei kleinere Planungen ersetzt, die dramatischen ökologischen Auswirkungen bleiben aber dieselben. Und wieder formiert sich der Protest.

Mit der Grenzöffnung erkannte der internationale Naturschutz, alarmiert durch die Kraftwerksbedrohung an der Drau, dass die Flüsse nur durch ein nachhaltiges internationales Schutz- und Entwicklungskonzept für die Zukunft erhalten werden können.

Schon 1990 war der WWF Österreich Mitbegründer der „Initiative Ökologische Bausteine für unser gemeinsames Haus Europa", der sich rund 150 private Naturschutzorganisationen aus Zentral- und Osteuropa anschlossen. Ziel war es, das Flusssystem Mur-Drau-Donau als eines von 24 wertvollen europäischen Naturgebieten entlang des ehemaligen „Eisernen Vorhangs" vor drohenden zerstörerischen Entwicklungen zu bewahren.

Foto: Walter Mohl

Erst nach dem Fall des Eisernen Vorhangs entdeckten internationale Naturliebhaber die Schönheit der ursprünglichen Flusslandschaft der Drau. Der Kampf gegen ein geplantes Wasserkraftwerk war Startschuss für die internationalen Schutzbemühungen (im Bild Co-Autor Arno Mohl am Hochufer der ungarisch-kroatischen Drau bei Heresznye/Ungarn im Jahr 1992).

Die Stiftung EuroNatur, die zu jener Zeit bereits als erste internationale Naturschutzorganisation verschiedene konkrete Naturschutzaktivitäten an der Drau zu entwickeln begonnen hatte, schuf 1992 mit Unterstützung des Deutschen Bundesumweltministeriums eine Plattform, die privaten Naturschützern wie auch mit Naturschutz betrauten Behördenvertretern aus Österreich, Slowenien, Kroatien, Ungarn und Serbien die Möglichkeit bot, sich zum Erfahrungsaustausch und gemeinsamen Handeln zusammenzuschließen. Die Ergebnisse wurden 1993 in Kaposvár im Rahmen der internationalen Alpe-Adria-Drau-Konferenz vorgetragen und 1996 in einer zweiten Konferenz im Thermalort Radenci an der slowenischen Mur weiterentwickelt. Damit war die Idee eines grenzübergreifenden Biosphärenreservats zum Schutz der Flüsse und ihrer Auen geboren: Eine Kette von miteinander verbundenen Einzelschutzgebieten mit unterschiedlichem Schutzstatus sollen zu einem großen Ganzen verbunden werden. Überraschend auch für die Konferenzteilnehmer selbst war gewesen, dass viele Bausteine für ein solches Biosphärenreservat bereits bestanden oder in Planung waren – eine gute

Voraussetzung für die Erreichung des gesetzten Ziels. In den darauffolgenden Jahren entwickelte eine von EuroNatur koordinierte Arbeitsgruppe mit Teilnehmern aller fünf Länder ein konkretes Konzept für die Gestaltung des Biosphärenreservats, das 1999 der UNESCO präsentiert wurde und großen Anklang fand.

Das Biosphärenreservat umfasst rund 1.000.000 ha wertvolle Natur- und Kulturlandschaften. Es ist damit ein Schutz- und Entwicklungsgebiet der Superlative:
- Europas größtes zusammenhängendes Flussschutzgebiet
- Weltweit erstes 5-Länder Biosphärenreservat
- Internationales Vorzeigeprojekt für Völkerverständigung und regionale Zusammenarbeit, basierend auf einer grünen Vision

Bis zu der tatsächlichen Gründung des Biosphärenreservates durch die Anrainerstaaten sollte es aber noch dauern. Inzwischen wuchs die Bedrohung der Flüsse weiter an. Doch die Naturschützer hatten sich wieder formiert. Seit dem Jahr 2000 koordiniert der WWF Österreich den internationalen Protest und ist die treibende Kraft in den grenzüberschreitenden Schutzbemühungen. Gemeinsam mit seinen Naturschutzpartnern aus den fünf Ländern konnten bedeutende Erfolge erzielt werden.

Der Kampf geht weiter

In den 2000er Jahren ging der Kampf um die Flüsse und ihre Naturschätze auch an einer anderen Front weiter. Alte Pläne, zu kommunistischen Zeiten entwickelt, wurden von der Kroatischen Wasserwirtschaft wieder aus der Schublade geholt. Die naturnahen Flussabschnitte der Drau und Donau sollten im großen Stil kanalisiert und ihre Ufer mit Steinpackungen gesichert sowie riesige Mengen an Schotter und Sand aus den Flussbetten gebaggert werden. Durch den beherzten Einsatz lokaler kroatischer Naturschutzverbände wie der Drava Liga und der Kroatischen Gesellschaft für Vogel- und Naturschutz konnten mit Unterstützung des

WWF und EuroNatur weit mehr als 200 km Flusslauf an Drau und Donau vor der Zerstörung bewahrt werden. Zu den geretteten Gebieten gehört der Donau-Abschnitt mit dem weltbekannten Naturpark Kopački rit, die untere Drau mit ihren einzigartigen Auwäldern oder die intakte Drau-Mur-Mündung. Schützenhilfe erhielten die Naturschützer seitens der Ramsar-Konvention, vor allem aber auch von der Europäischen Union sowie dem kroatischen Umweltministerium, weil die Ausbaupläne in krassem Widerspruch zu den EU-Umweltgesetzen standen.

Foto: Arno Mohl

Zwar sind schon etliche Abschnitte an Mur, Drau und Donau reguliert – doch konnten mehr als 200 km Flusslauf vor der Zerstörung gerettet werden.

Gerade dieser Konflikt war aber letztendlich der Motor für einen verstärkten Schutz gewesen. Die intensive Auseinandersetzung hatte erneut die Zivilgesellschaft mobilisiert und öffentlichen und politischen Druck erzeugt. Letztendlich konnten deshalb nicht nur die schlimmsten Zerstörungsprojekte an Drau und Donau verhindert werden, sondern es wurde in Kroatien und in den anderen Ländern innerhalb eines guten Jahrzehnts der rechtliche Schutz der Flüsse und ihrer Auen konsequent verstärkt. Seit 2011 schützt der Regionalpark „Drau-Mur" mit rund 88.000 ha, das größte Einzelschutzgebiet an Mur-Drau-Donau, die wertvolle Flusslandschaft in Kroatien. Mit dem bereits 1967 gegründeten Zoologischen Reservat „Kopački rit" in Kroatien schützt damit eine Kette von dreizehn Einzelgebieten über fünf Länder hinweg – von Österreich bis Serbien – die Flusslandschaften. Diese stellen das ökologische Rückgrat des Biosphärenreservats dar.

Biosphärenreservat Mur-Drau-Donau

Die modernste internationale Schutzkategorie für die Erhaltung ökologisch bedeutender Natur- und Kulturlandschaften über Grenzen hinweg ist das Biosphärenreservat. Diese Auszeichnung erfolgt durch die UNESCO (Organisation der Vereinigten Nationen für Erziehung, Wissenschaft und Kultur). Ziel des Biosphärenreservats ist es, die oft gegensätzlichen Interessen von Wirtschaft, Naturschutz, Tourismus, Erholung und Landwirtschaft in Einklang zu bringen, um die Naturwerte einer Region langfristig und auf großer Fläche zu erhalten. Dieses internationale Schutzsystem ist auch am besten geeignet um die Mur-Drau-Donau-Region als Lebensraum für Mensch und Natur langfristig zu sichern.

Im 5-Länder Biosphärenreservat Mur-Drau-Donau sind dreizehn Einzelschutzgebiete unter einem internationalen Dach vereint, um sie im Rahmen eines abgestuften Zonierungskonzeptes effizient zu schützen und zu verwalten. Das Biosphärenreservat setzt sich aus rund 300.000 ha Kern- und Pflegezone (bestehende Schutzgebiete) sowie einer Entwicklungszone von rund 700.000 ha zusammen. In der Kernzone, die vorwiegend die Flüsse und ihre Überschwemmungsflächen umfasst, wird der Natur Vorrang gegeben. Hier genießt die Erhaltung der natürlichen Lebensräume, der Artenvielfalt und der ökologischen Prozesse höchste Priorität. Bereits degradierte Flussabschnitte sollen rückgebaut und somit in ihrer Ursprünglichkeit und Funktionalität wiederhergestellt werden. Die Pflegezone befindet sich zum Großteil außerhalb der Überschwemmungsbereiche. Sie ist überwiegend von Kulturlandschaft geprägt und enthält Reste naturnaher Lebensräume wie Wiesen, Wälder und kleinere Feuchtgebiete. Vorherrschend sind extensive Landwirtschaft mit Beweidung und Wiesenmahd sowie extensive Forst- und Teichwirtschaft. Hier sollen auch die traditionelle Herstellung und Vermarktung lokaler Produkte erhalten und gefördert sowie Strukturen des Ökotourismus aufgebaut werden. In der Entwicklungszone außerhalb dieser geschützten und eingeschränkt zu nutzenden Flächen, in der auch Städte und Universitäten der Mur-Drau-Donau-Region liegen, finden in Abstimmung mit den Zielen des Biosphärenreservats verschiedene Wirtschafts- und Forschungsaktivitäten statt.

Das 5-Länder Biosphärenreservat nimmt Gestalt an

2005 sollten die ersten konkreten Schritte der Länder in Richtung eines 5-Länder Biosphärenreservates gesetzt werden. Auf Initiative und mit Unterstützung des WWF begannen das kroatische und das ungarische Umweltministerium einen Fahrplan für die Entwicklung eines gemeinsamen Biosphärenreservates zu entwickeln und Schritt für Schritt umzusetzen. 2008 unterzeichneten die Drau-Anrainerstaaten im Rahmen der internationalen Drau-Konferenz in Maribor eine zehn Punkte umfassende Drau-Deklaration zum länderübergreifenden Schutz und der Revitalisierung der Drau.

Der große Durchbruch gelang im September 2009, als die Umweltminister Kroatiens und Ungarns in der ungarischen Grenzstadt Barcs an der Drau das Gründungsabkommen zum kroatisch-ungarischen Biosphärenreservat, als ersten großen Schritt in Richtung des angestrebten 5-Länder Biosphärenreservats, unterschrieben. Im selben Jahr präsentierten WWF und EuroNatur der Öffentlichkeit eine Vision zum grenzübergreifenden Management und zur Revitalisierung des Mur-Drau-Donau Flusssystems.

Beflügelt durch die kroatisch-ungarische Initiative unterzeichneten im März 2011 die Umweltminister aus Österreich, Slowenien, Kroatien, Ungarn und Serbien im Rahmen der ungarischen EU-Ratspräsidentschaft in der ungarischen Kleinstadt Gödöllő bei Budapest das gemeinsame Abkommen zur Errichtung des 5-Länder Biosphärenreservates. Die Ministerdeklaration, die auch seitens der EU große Unterstützung fand, brachte das notwendige politische „grüne Licht" und die Einrichtung eines 5-Länder Koordinationsgremiums für die Etablierung des gemeinsamen Schutzgebiets.

Im Juli 2012 belohnte die UNESCO das Engagement für die Erhaltung der Mur, Drau und Donau als Europas Naturerbe mit der Anerkennung des 630.000 ha großen kroatisch-ungarischen Anteils am 5-Länder Biosphärenreservat. Zum optimalen Management des Gebietes wurden gemäß der Kriterien der UNESCO drei Zonen ausgewiesen. Kern – und Pflegezone (rund ein Drittel der Gesamtfläche) umfassen die bestehenden

Schutzgebiete, während die Entwicklungszone das Reservat abrundet und zur Förderung einer nachhaltigen Regionalentwicklung vorgesehen ist. Dann ging es Schlag auf Schlag. Im Juni 2017 folgte die Anerkennung der serbischen Gebiete an der Donau, „Bačko Podunavlje", als Biosphärenreservat durch die UNESCO. Im Juli 2018 wurden die slowenischen Murauen als „Biosphärenreservat Mur" anerkannt und ein Jahr später wurde das Murgebiet in Österreich als „Biosphärenpark Unteres Murtal" ausgezeichnet.

Damit waren alle Bausteine für das gemeinsame 5-Länder Biosphärenreservat beisammen. Der entsprechende Antrag wurde im Mai 2020 dank der engagierten Arbeit des 5-Länder Koordinationsgremiums unter Federführung des österreichischen Bundesministeriums für Landwirtschaft, Regionen und Tourismus, des Österreichischen MAB Nationalkomitees und des WWF Österreich bei der UNESCO in Paris eingereicht, seine Anerkennung erfolgte am 15. September 2021.

Mit dem Verschmelzen der einzelnen Reservate zum weltweit ersten 5-Länder Biosphärenreservat im Umfang von rund 1.000.000 ha wird die Vision des grenzüberschreitenden Naturschutzes Wirklichkeit.

Foto: WWF

Am 25. März 2011 erfolgte der Startschuss für die Schaffung des 5-Länder Biosphärenreservats. Die Minister der fünf Länder halten symbolisch das gemeinsam unterzeichnete internationale Abkommenzur Gründung des 5-Länder Biosphärenreservats „Mur-Drau-Donau" mit EU-Umweltkommissar Janez Potočnik (Mitte) im Beisein von WWF-Vertretern fest in ihren Händen.

Foto: WWF

Die fünf Minister für Umwelt und Naturschutz beim Unterzeichnen des gemeinsamen Abkommens zur Etablierung des Biosphärenreservats.

Gemeinsame Projekte schweißen zusammen

Neben den notwendigen Schritten zur formalen Anerkennung 5-Länder Biosphärenreservats durch die UNESCO wird in den letzten Jahren verstärkt Aufbauarbeit für das gemeinsame Reservat geleistet. Im Rahmen des EU-Projekts „coop MDD" entwickelten die dreizehn Schutzgebietsverwaltungen entlang von Mur, Drau und Donau gemeinsame Strategien und Aktionspläne für ein naturschutzkonformes Management des Reservats. Des Weiteren wurden im Rahmen von eigens eingerichteten RIVER'SCOOLs Impulse in Richtung Umweltbildung der lokalen Bevölkerung gesetzt. In dem EU-Folgeprojekt lifeline MDD wird aktuell an einer 5-Länder Fluss-Revitalisierungsstrategie gearbeitet und erste Pilotmassnahmen umgesetzt.

Im Zuge eines weiteren EU Projekts wird ein die drei Flüsse verbindender Radweg, der Amazon of Europe Bike Trail, aufgebaut. Damit soll für das grenzüberschreitende Biosphärenreservat in den nächsten Jahren ein ökotouristisches Leitprodukt geschaffen werden, mit dem Ziel, lokale Wertschöpfung zu generieren und dadurch die Bekanntheit und die Akzeptanz des Reservats bei der lokalen Bevölkerung zu steigern. Dies ist ganz im Sinne des Biosphärenreservat-Gedankens, der diese Schutzgebiete als Modellregionen versteht, in denen Naturschutzanliegen mit nachhaltiger Regionalentwicklung zusammengeführt und die Bevölkerung mit einbezogen werden soll. Denn ohne die Menschen in der Region kann Naturschutz auf Dauer nicht umgesetzt werden.

Gleichzeitig wird mit konkreten Revitalisierungsprojekten intensiv an der ökologischen Verbesserung der Flüsse gearbeitet. Unter Federführung des kroatischen Wasserbaus startete 2015 die Umsetzung des ersten von der EU geförderten LIFE-Revitalisierungsprojekts an der kroatischen Drau. In Ungarn, Österreich, Serbien und Slowenien wird ebenfalls an der Revitalisierung naturferner Flussabschnitte und Auengebiete gearbeitet (www.amazon-of-europe.com/en/river-restoration). Es ist zu hoffen, dass mit diesen Projekten eine echte Trendwende im Flussmanagement eingeleitet wird und im Interesse aller die Mur, Drau und Donau zu Vorbildflüssen entwickelt werden, an denen Hochwasserschutz und ökologische Verbesserungen Hand in Hand gehen.

Das Revitalisierungspotential im Biosphärenreservat ist enorm. Eine 2013 von Ulrich Schwarz (Fluvius), durchgeführte Studie errechnete eine mögliche Neuschaffung von Auen im Ausmaß von rund 165.000 ha, ein Rückbaupotential von 650 km verbauter Uferabschnitte sowie die mögliche Anbindung von 120 Seitenarmen – alles für mehr Hochwasserschutz, Artenvielfalt und Erholungsraum für die Menschen.

Alte Wasserkraftprojekte als Prüfstein

Der Kampf um die Flüsse und ihre Auen ist jedoch noch lange nicht gewonnen. Im Zuge des europaweiten Wasserkraftbooms bekommen leider die schon längst begraben geglaubten Projekte wieder Aufwind und hängen wie ein Damokles-Schwert über der Mur und Drau. Es gilt diese geplanten Flusszerstörungen mit allen Mitteln zu verhindern. An der Wasserkraft entscheidet sich wie vor 30 Jahren, Schutz oder Zerstörung. So erfolgte in den letzten Jahren nicht nur ein weiterer Anlauf zum Bau von acht Wasserkraftwerken an der Mur in Slowenien, sondern auch von kroatischer Seite wurden alte Kraftwerkspläne aus der Schublade geholt. Geht es nach der Energiewirtschaft, soll in einem ersten Schritt die Drau bei Molve und Osijek auf rund 70 km Länge aufgestaut werden. Vom ursprünglichen, lebendigen Fluss bliebe dann nichts mehr übrig: seine vielen Inseln, Schotterbänke und Altarme, seine reiche Fauna und Flora wäre vollends und unwiederbringlich verschwunden. Auch die einzigartigen Auwälder an der unteren Drau würden dadurch zerstört und die Trinkwasserreserven, die zu den größten in Kroatien zählen, gefährdet, wie die Erfahrungen mit allen bisher gebauten Staudämmen an der Drau befürchten lassen. Gleichzeitig würden die Probleme der Sohlenerosion im Flussbett in vielfach schlimmerer Form flussabwärts verlagert. Die darüber hinausgehenden Folgen einer derartigen Flussverbauung für die Podravina und den Naturpark Kopački rit sind unvorhersehbar. In jedem Fall aber würde der kroatische Staat damit seine eigene Naturschutzpolitik ad absurdum führen, denn der im Jahr 2011 errichtete kroatische Regionalpark „Drau-Mur" und die Natura-2000-Gebiete an beiden Flüssen würden durch die Dämme zerstört. Dennoch mobilisiert sich Widerstand in Slowenien und Kroatien um die Kraftwerksprojekte an Mur und Drau zu stoppen.

An der Mur entscheidet sich das Schicksal der Flüsse

Inzwischen geht es wieder einmal darum, die Mur gegen die Zerstörung durch Wasserkraftwerke zu verteidigen, wie in den 1980er Jahren (vgl. Abb. Seite 187). Nach Plänen der Energiewirtschaft in Slowenien, soll das erste von insgesamt acht geplanten Kraftwerken bei Hrastje-Mota entstehen und die Mur auf einer Länge von 8 km aufgestaut werden. Es würde sich um das erste Wasserkraftwerk dieser Art in einem Natura-2000-Gebiet handeln. Das Signal wäre fatal, und ließe den Verbauungsdruck auf weitere Natura-2000-Flussgebiete in anderen EU-Ländern ansteigen. Mittlerweile hat sich erneut eine Protestbewegung gegen die Ausbaupläne formiert, die in Slowenien von der Naturschutzallianz Mojamura, der slowenischen Fischgesellschaft und des Museums des Wahnsinns in Trate angeführt wird. Die Kampagne „Rettet die Mur", die vom WWF unterstützt wird reicht weit über Slowenien hinaus. Die geplanten Kraftwerke hätten fatale Folgen auch für die angrenzenden Auengebiete in Österreich, Ungarn und Kroatien. Es ist zu hoffen, dass sich die Bemühungen der Mur-Gemeinden, des Naturschutzamts in Maribor und des slowenischen Umweltministeriums für den Schutz der Mur langfristig durchsetzen und die slowenische Regierung endgültig einen klaren Schlussstrich unter die ständig drohende Flusszerstörung setzt. Mit dem Bau der Murkraftwerke wäre die Jahrhundertchance, die Mur zusammen mit der Drau als einzigartige Lebensadern über 380 km von Spielfeld bis zur Donau hinweg langfristig im Rahmen des 5-Länder Biosphärenreservats zu sichern (s.o.), endgültig vertan.

Geplante Wasserkraftwerke an der Mur in Slowenien

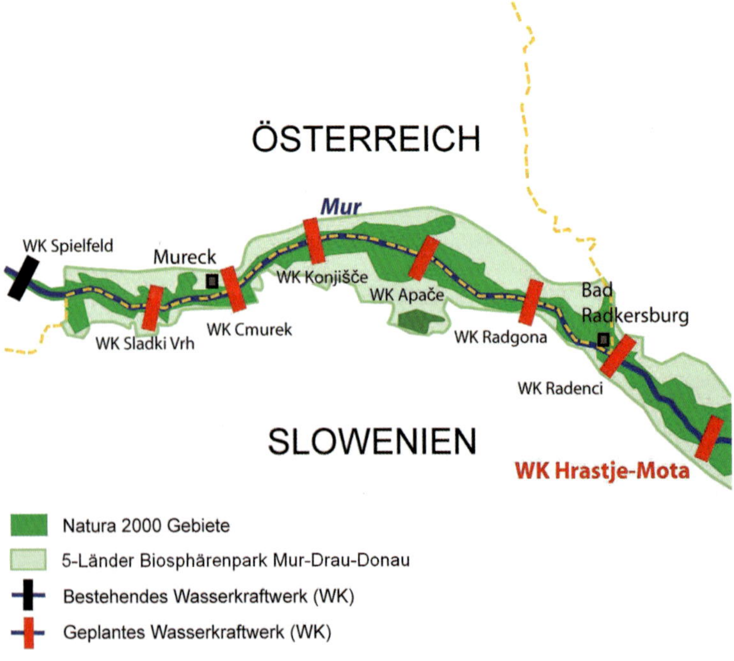

Foto: Grogor Domajnko

Protest gegen die Zerstörung der Murauen in Slowenien durch neue Wasserkrafwerke.

Kartografie: WWF

Schutzgebiete im 5-Länder Biosphärenreservat Mur-Drau-Donau

UNGARN
Pécs
Mohács
Baja
6
6
6
7
Drau
Donji Miholjac
9
Osijek
KROATIEN
11
12
10
Apatin
SERBIEN
Donau
Bogojevo
11
Vukovar
13
Bačka
Palanka
11

Schutzgebiete im Biosphärenreservat

Der folgende Überblick über die inzwischen bestehenden Schutzgebiete, die ins 5-Länder Biosphärenreservat eingebracht werden sollen oder bereits wurden, ist eine Erfolgsgeschichte des europäischen Naturschutzes.

Österreich

Der österreichische Teil der Mur zwischen Spielfeld und Bad Radkersburg bildet die Grenze zu Slowenien und wurde 2001 als Natura-2000-Gebiet ausgewiesen (seit 2019 auch als UNESCO-„Biosphärenpark Unteres Murtal" geschützt). Hier liegt der Beginn einer über 380 km langen freien Fließstrecke, die sich von der Mur über die Drau bis in die Donau erstreckt. Die Grenzmur beherbergt mit dem zweitgrößten Auwald Österreichs einen ökologischen Schatz. Dennoch sind diese Auen in Gefahr. Den Flusslauf hat man in der Vergangenheit reguliert und dadurch viele Nebenarme vom Hauptfluss abgetrennt. Das Flussbett hat sich massiv eingetieft, die Auen drohen auszutrocknen. Seit 2003 wird deshalb mit EU-geförderten Revitalisierungsprojekten versucht, den ursprünglichen Flusscharakter wiederherzustellen.

Foto: WWF A. Vorauer

Die revitalisierte Mur bei Gosdorf an der österreichisch-slowenischen Grenze.

Foto: Goran Safarek

Die slowenischen Murauen sind seit 2018 Biosphärenreservat.

Slowenien

In Slowenien ist die Drau als Natura-2000-Gebiet geschützt. Zwei Landschaftsparks sind darin eingebettet. Obwohl die Drau-Auen zwischen Maribor und Ormož durch drei große, in den 1970er und 80er Jahren für die Wasserkraftnutzung errichtete Stauseen stark beeinträchtigt sind, blieben doch noch wichtige naturnahe Flusslebensräume im alten Bett der Drau („Stara Drava") erhalten. Seit einigen Jahren werden Teile des Gebietes mit Hilfe von Fördergeldern aus dem EU Life-Programm revitalisiert.

Mit dem EU-Beitritt Sloweniens im Jahr 2004 wurde die slowenische Mur in das Natura-2000-Netzwerk aufgenommen. Hier befindet sich auch der größte Auwald des Landes. Im Grenzabschnitt zu Kroatien hin präsentiert sich die Mur mit ihren weiten, sich stetig verändernden Mäandern als ein einzigartiges Beispiel eines naturnahen und dynamischen Tieflandflusses. Schiffsmühlen entlang der Mur – heute eine interessante Touristenattraktion – zeugen von lang gepflegten Traditionen und einer nachhaltigen Nutzung des Flusses. Die slowenischen Murauen sind seit 2018 Biosphärenreservat.

Kroatien

Auf der rechtsufrigen Seite der Donau liegt der bereits 1967 gegründete kroatische Naturpark Kopački rit. Mit rund 23.000 ha Fläche umfasst er die ausgedehnten Auen zwischen dem Zusammenfluss der Donau und der Drau. Diese Flächen werden bis zu drei Monate im Jahr überschwemmt und sind nach dem Donaudelta das zweitwichtigste Fischlaichgebiet der Donau. Die Kernzone bildet das 7.700 ha große „Spezielle Zoologische Reservat". Seit 1993 ist Kopački rit auch als Feuchtgebiet internationaler Bedeutung nach der Ramsar-Konvention gelistet und bildet nun das „Herzstück" des kroatischen Teils des Biosphärenreservates. Dies half dabei, die Pläne zur Flussbegradigung der Donau und Drau im Kopački rit zumindest vorerst abzuwenden.

Die Drau und ihre ausgedehnten Auwälder im Unterlauf (Dravske šume) stellen die natürliche Fortsetzung des Kopački rit dar. 2011 wurden auch die Drau-Auen in Kroatien endlich unter Schutz gestellt. Der Regionalpark „Drau-Mur" erstreckt sich nun von der slowenisch-kroatischen Grenze durch fünf kroatische Gespanschaften bis zur Donau über eine Fläche von rund 88.000 ha. Er ist das größte Einzelschutzgebiet in der Region und komplettiert grenzüberschreitend den ungarischen Donau-Drau-Nationalpark (seit 2012 auch als UNESCO-Biosphärenreservat geschützt).

Foto: Mario Romulic

Zwischen Drau und Donau erstreckt sich der rund 23.000 ha große kroatische Naturpark Kopački rit.

Ungarn
Das Gebiet zwischen Donau und Drau ist 1996 als Donau-Drau-Nationalpark ausgewiesen worden. Der Nationalpark umfasst mit rund 50.000 ha Fläche die Gesamtlänge der Drau innerhalb Ungarns und das ausgedehnte, entlang der Donau gelegene Auensystem von „Gemenc-Béda Karapancsa". Teile davon sind als Feuchtgebiet internationaler Bedeutung nach der Ramsar-Konvention ausgewiesen. Die großen Auwaldgebiete sind Heimat der größten Schwarzstorchpopulation in Ungarn. Der ungarische Abschnitt der Mur ist, wo sie die Grenze zu Kroatien bildet, als Natura-2000-Gebiet ausgewiesen. Diese Schutzgebiete gehören seit 2012 zum UNESCO-Biosphärenreservat.

Foto: Mario Romulic

Ein scheuer Aubewohner, der Schwarzstorch.

Serbien

In Serbien schließt sich östlich der Donau in der Vojvodina das Naturreservat „Gornje Podunavlje" an. Mit knapp 20.000 ha umfasst es das größte Auengebiet Serbiens an der Donau, das auch als Ramsar-Gebiet ausgewiesen ist. 2003 wurde bei Apatin an der Donau der nahezu ausgestorbene Glattdick, eine Donaustörart gefangen. Traditionelle Fischerei bildet bis heute eine wichtige Einnahmequelle der lokalen Bevölkerung. Gemeinsam mit der lokalen Forstverwaltung Vojvodinasume setzt der WWF erste Projekte zur Neuschaffung von Feuchtgebieten im Schutzgebiet um. Weiter flussabwärts liegen die serbischen Schutzgebiete „Karadjordjevo" und „Tikvara" mit zusammen nochmals fast 3.500 ha Fläche. Die Schutzgebiete gehören seit 2017 zum Biosphärenreservat.

Foto: Jaroslav Pap

Die natürlichen Lebensräume der Auen im serbischen Naturreservat „Gornje Podunavlje" östlich der Donau.

Foto: Szilard Kovacs

Auch Štrbac ist Teil des serbischen Naturreservates „Gornje Podunavlje". Für das Gebiet charakteristisch sind die ausgedehnten Sümpfe, die jedoch nicht mehr unter dem Einfluss der Donau-Überschwemmungen stehen.

Foto: iStock

Reiseinformationen

Reiseinformationen

Die Mur-Drau-Donau-Ebene bietet viele Attraktionen. Bei der Tourismusplanung sind Naturwerte lange nicht berücksichtigt worden. In Kroatien konzentrieren sich zum Beispiel noch immer 93 Prozent der Tourismuseinnahmen auf den Küstenbereich. Inzwischen haben aber einige Gemeinden begonnen, sich auf naturinteressierte Urlauber einzustellen, und in mehreren Orten entlang der Drau sind Übernachtungsangebote zu einer guten zusätzlichen Einnahmequelle geworden. Doch leider werden die vielen leicht erreichbaren Stellen, an denen man die Stars der mitteleuropäischen Vogelwelt wie Löffler, Seeadler, Schwarzstorch und Moorente gut beobachten kann, noch immer zu wenig beachtet. Das ist bedauerlich, zumal naturinteressierte Urlaubsgäste auch dem Lebensraumschutz weiteren Rückenwind geben könnten.

Foto: Mario Romulić

Reiher, Störche und Löffler präsentieren sich naturinteressierten Beobachtern entlang Mur, Drau und Donau.

Anreise und Mobilität im Urlaubsgebiet

Aus ökologischen Gründen wäre die Anreise mit öffentlichen Verkehrsmitteln vorzuziehen. Allerdings ist der öffentliche Nahverkehr, vor allem im ländlichen Raum, nicht gut entwickelt. In jedem Fall sind Autoreisezüge eine empfehlenswerte Alternative zu der langwierigen Autofahrt z.B. durch Österreich. Graz ist ein günstiger Endbahnhof für solche Zugstrecken. Von dort aus kann man dann mit dem Auto oder dem Fahrrad direkt an der Mur entlang flussabwärts weiterfahren.

Im Grenzgebiet zwischen Österreich, Slowenien und Kroatien gibt es auf beiden Seiten einen Mur-Radwanderweg, und auch an Drau und Donau findet man inzwischen auf einigen Strecken Radwege. Nicht alle sind aber schon gleich gut ausgebaut und ausgeschildert. WWF und EuroNatur wollen das nun ändern. Gemeinsam mit Partnern aus allen 5 Ländern ist derzeit ein länderübergreifender Radweg, der „Amazon of Europe" Bike Trail entlang der 3 Flüsse in Entwicklung.

Foto: Goran Šafarek

Radreisen entlang der Flusstäler erfreuen sich wachsender Beliebtheit.

Fahrten mit Booten oder Schiffen auf der Donau kann man zu jeder Zeit genießen. Ornithologen, die Wasservogelzählungen oder andere Vogelbeobachtungen auf der Donau vornehmen möchten – leider gibt es hierzu kaum Publikationen aus den letzten Jahrzehnten – können gut das bestehende Donaufahrtangebot nutzen. Die meisten Wasservögel sind im Hochwinter, wenn alle stehenden Gewässer zugefroren sind, am Fluss zu finden. Die deutlich beschilderten Flusskilometer erleichtern eine Zählung – etwa der Seeadler – auf langen Flussstrecken. Auch viele andere Naturbeobachtungen machen solche Fahrten lohnend.

Sehr interessant ist auch die Teilnahme an Bootsfahrten auf Drau und Mur im Rahmen der Vogelzählungen während der Brutsaison oder im Januar. Bei vorheriger Planung für eine kleinere Personengruppe ist das, wenn auch nicht in allen Ländern der Region, möglich.

Von selbst organisierten Bootsfahrten auf Drau und Mur ist wegen der damit verbundenen Störung der Tiere und der bürokratischen Hürden abzuraten. Wer auf eigene Faust eine Bootsfahrt unternehmen möchte, muss dies lange im Voraus schriftlich bei der Grenzpolizei bzw. anderen Behörden beantragen. Auf die Genehmigung wartet man in der Regel ein bis zwei Monate.

Bis zum Fall des Eisernen Vorhangs vor rund 30 Jahren war die Drau für Boote noch ganz gesperrt. Ähnliches galt auch für die Mur, die ebenfalls über lange Strecken die Ländergrenze bildet. Heute gehören Österreich, Slowenien und Ungarn zum Schengenraum, während von Kroatien und Ungarn nach Serbien hin die EU-Außengrenze verläuft.

Unterkunft
In allen größeren Ortschaften und vor allem in den Kurorten findet man viele Übernachtungsmöglichkeiten in Hotels und Gasthäusern, zunehmend auch in Privatquartieren. Nur in den Grenzorten ist das Angebot nicht so groß. Außerdem gibt es Jugendherbergen und Landschulheime. Ein gemeinsames Informationssystem für Besucher der Mur-Drau-Donau-Region existiert leider noch nicht. Eine zentrale Tourist-Informationsstelle müsste deshalb vorrangiges Ziel beim Ausbau des Biosphärenreservates Mur-Drau-Donau sein.

Sowohl in Kroatien als auch in Ungarn und Serbien werden immer noch einige der wertvollen Naturgebiete entlang von Drau und Donau fast ausschließlich von ausländischen Jagdtouristen genutzt. Immerhin zieht es mittlerweile in Ungarn auch viele an Natur, Wandern und Radfahren interessierte Besucher in den Nationalpark bzw. an die Donau.

Foto: Borut Stumberger

Für die staatlichen Jagdbetriebe im ehemaligen Ostblock waren nur die Jagdtouristen interessant, weil diese leicht kontrolliert werden konnten und mit wenig Aufwand viel Geld in die Staatskasse brachten. Die Privatisierung großer Ländereien und insbesondere der Teichgüter hat hieran nicht viel geändert, obwohl die ländliche Bevölkerung mit solchen Gästen kaum Einnahmemöglichkeiten hatte und hat. Wünschenswert wäre es, die hervorragende Infrastruktur der Jagdgebiete für Naturfreunde und Erholungssuchende umzunutzen. Für die Betreiber der Jagdhäuser, z.B. die Forstverwaltungen, hätte dies den Vorteil, dass die vielen schön gelegenen Jagdhütten und -hotels ganzjährig genutzt werden könnten.

Allgemeine Tipps zur Vogelbeobachtung

An den Flüssen trifft man stets auf interessante Vogelarten. Gute Ausgangspunkte für Vogelbeobachtungen sind die mit dem PKW oder öffentlichen Verkehrsmitteln leicht erreichbaren Dörfer auf der österreichischen und slowenischen Seite der Mur. Von diesen Ortschaften führen immer Feld- oder Fußwege zum Fluss und an die Altwässer. Allerdings sollten Besucher sich an die bestehenden Wege halten und nicht querfeldein in die Auenlandschaft eindringen.

Gute Beobachtungsmöglichkeiten bieten auch die Brücken oder eine Überfahrt mit den zahlreichen Fähren. Ebenso eignen sich Hochwasserdämme und die Ränder der Hochterrassen, von denen aus man einen weiten Blick in die Landschaft hat. Wasservögel und viele andere Vögel kann man in großen Zahlen in den Teichgütern sehen.

Foto: Otto Samwald

Das reiche Nahrungsangebot der Fischteiche lockt Braune Sichler an.

Foto: Mario Romulić

Weißbartseeschwalben.

In Slowenien stehen alle Fischteiche und Stauseen entlang der Drau und Mur für Besucher offen. Die kroatischen Teichgüter sind aber bisher nicht für Touristen zugänglich. Dies ist sehr zu bedauern, da sich von den Dämmen besonders gute Beobachtungsmöglichkeiten bieten. Durch einen einfachen Fußweg könnten hier den Gästen Löffler, Seeadler und Weißbartseeschwalben geboten werden.

In Serbien können Vogelfreunde Zugang zu einzelnen Fischteichen erhalten, wenn sie zuvor über die Vogelschutzorganisation DZPPS eine Erlaubnis bei der Verwaltung der Fischteiche eingeholt haben.

Leider werden bisher viele dieser stehenden Gewässer, obwohl sie Wasservogelgebiete von internationaler Bedeutung sind, an italienische Jagdtouristen verpachtet, die dann eine gewisse Anzahl (z.B. 2.000) Enten jagen dürfen. Dabei wäre eine schonendere touristische Nutzung als die Jagd möglich.

Zwar haben die Stauseen kaum etwas mit der ursprünglichen Flusslandschaft gemeinsam, wie man leicht an der völlig verschiedenen Tier- und Pflanzenwelt erkennen kann. Dennoch ziehen ihre Wasserflächen viele Wasservögel an, die sie als Ruheplätze nutzen. Durch die schnelle Verlandung der Stauseen – in Slowenien hat man bereits die ersten kostspieligen Entschlammungsmaßnahmen mit Absaugen durchgeführt – bilden sich an ihren Einläufen mit der Zeit neue Strukturen mit Röhrichten und Weidengebüschen. Für Vogelfreunde lohnt sich eine Wanderung mit Fernglas und wenn möglich Fernrohr auf den Dämmen zu jeder Jahreszeit.

Foto: Arno Mohl

Stauseen – wie hier an der Drau in Kroatien – sind zwar für viele Wasservögel als Rastplätze geeignet, sie sind aber ansonsten ökologisch weitgehend entwertet.

Kulturdenkmäler und Thermalbäder

Die zahlreichen Thermalbäder in der Region ziehen seit jeher Besucher an. Deshalb besteht in den meisten Kurorten und ihrem näheren Umfeld auch eine gute Tourismus-Infrastruktur. Das heiße Wasser der Quellen (70 bis 80 Grad Celsius) tritt aus einer Tiefe von 1.900 m hervor. Daneben gibt es viele Mineralquellen in der Region. Die Thermen stellen ein wichtiges Bindeglied zwischen Tourismus und Naturerlebnis dar. Ein Erholungsurlaub in einem der traditionsreichen Kurorte lässt sich gut mit Ausflügen in die schöne Natur verbinden. Hier bieten sich den Tourismus-Planern für das Biosphärenreservat vermehrt vielseitige Ansätze.

An der österreichischen Mur liegt der beliebte Kurort Bad Radkersburg, der bereits mit der schönen Umgebung und Österreichs zweitgrößtem Auwald wirbt. Im Mittelalter war Bad Radkersburg ein Bollwerk gegen die angreifenden Osmanen. Die historische Bausubstanz ist in sehr gutem Zustand. Zwei Heilquellen und mehrere Mineralquellen befinden sich in der nahen Umgebung.

Thermen in Ungarn nutzen den Donau-Drau Nationalpark als Aushängeschild. Einige Thermalkurorte arbeiten sogar mit lokalen Vogelschutzvereinen zusammen, wie einst das Thermalbad in Radenci an der Mur in Slowenien oder das Thermalbad in Rusanda in der Vojvodina. In der letzteren wird versucht, sogar eine kleine Rotfußfalkenkolonie zu retten, die im Hotelgelände sehr schön zu beobachten ist.

Thermalbäder entlang der Mur, Drau und Donau

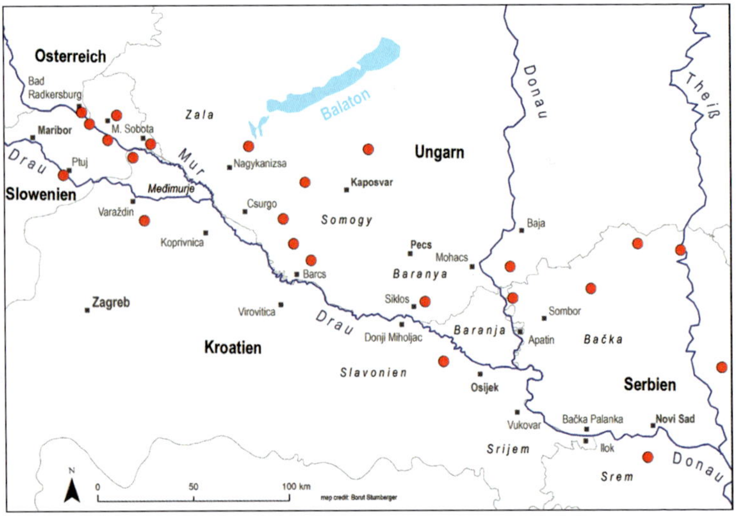

Karte: Borut Stumberger

In folgenden Städten und Dörfern in der Drau-Mur-Donau-Niederung finden Sie Thermalbäder:

Ungarn: Nagybajom, Csokonyavisonta, Nagytád, Igal, Zálakavos, Szulok zwischen Drau und Balaton, Harkány und Siklós an der unteren Drau und Dávod an der Donau

Slowenien: Radenci, Mala Nedelja, Moravci, Banovci und Lendava an der Mur und Ptuj an der Drau,

Kroatien: Varaždinske toplice, Leskovec Toplički, Bizovac bei Valpovo an der Drau und Sveti Martin an der Mur,

Serbien: Apatin, Bezdan, Pačir (Bačka), Vrdnik (Syrmien) und Kanjiža, Palić und Rusanda nahe Thieß

Österreich: Bad Radkersburg.

In Veržej an der an der slowenischen Mur steht das letzte Original, der früher so zahlreichen Wassermühlen an Mur und Drau, die noch immer in Betrieb ist. Man kann sie besichtigen und bei der Müllerin frisches Mehl kaufen. Das große Mühlrad schwimmt auf dem Fluss und treibt über eine Welle das Mühlwerk im Gebäude am Ufer an.

An größeren Flussläufen schwammen einst sogar ganze Mühlen samt Haus und Kleinvieh auf dem Fluss. Stets blieb das Fließgewässer unverbaut und die Fische konnten wandern wie früher die Müller. So ist z.B. der Großvater eines der Mitautoren der Vorläuferausgabe dieses Buches mit seiner Mühle die Drau hinabgeschwommen, um dann in Donji Miholjac sesshaft zu werden.

Mittlerweile hat man an der Mur für touristische Zwecke auch neue Mühlen nach historischem Vorbild errichtet – so etwa bei Mureck, Ižakovci und Žabnik.

Foto: Anton Vorauer

Ein besonderes Ausflugsziel, die Murmühle mit anschließendem Restaurant bei Mureck.

Eine Reihe slowenischer Ortschaften und Städte entlang von Drau und Mur haben mit ihren vielen historischen Gebäuden und interessanten Ausstellungen Besuchern viel zu bieten. Vor allem Maribor und das über 2.000 Jahre alte Ptuj mit seinem gut erhaltenen historischen Stadtkern sind absolut sehenswert, ebenso die historischen Sammlungen in Ptuj. In allen Dörfern entlang der Drau bis zu ihrer Mündung in die Donau kann man den schönen typischen Baustil aus der K.u.K.-Monarchie bewundern.

Das alte Schloss in Lendava, nahe der Mur unweit der ungarischen Grenze, beherbergt eine interessante Sammlung mit archäologischen und ethnologischen Besonderheiten aus der Region. Lendava eignet sich auch besonders gut für Wanderungen in die Mur-Auen. Beim Hotel Lipa gibt es ein Thermalbad, und auch das Freilichtmuseum mit einer alten Flussmühle von der Mur und einem riesigen fossilen Eichenstamm lohnt einen Besuch.

Foto: Gabriel Schwaderer

Schloss Lendava aus dem 12. Jahrhundert liegt inmitten von Weinbergen mit Blick über die Mur-Ebene.

Höchste touristische Landschaftsansprüche erfüllt auch die Gegend zwischen Mur und Drau und die Slowenische Weinstraße mit Orten wie Ljutomer und Jeruzalem. Die Weine gehören auf jeden Fall zu den Kostbarkeiten der Region.

Die mitteleuropäisch geprägte kroatische Barockstadt Varaždin mit ihrem gut erhaltenen historischen Stadtkern, dem Schloss und Kulturdenkmälern wie dem alten Friedhof sowie den umfangreichen naturkundlichen Sammlungen ist unbedingt sehenswert. Bei den Stadtfesten bilden die Stadtgrenadiere in ihren schmucken blauen Uniformen den feierlichen Rahmen. Der Stausee ist in die städtischen Grünanlagen mit Schrebergärten und Park integriert. Im Hinterland der Stadt befinden sich die seit der Römerzeit genutzten Thermalquellen (Varaždinsko topličko gorje); die heutigen Badehäuser stammen aus dem 18. und 19. Jahrhundert. In der Nähe liegt das um 1400 erbaute Kloster Lepoglava.

Auf der kroatischen Seite der Drau setzt sich das wunderschöne Hügelgebiet mit dem idyllischen Weinort Štrigova und der Provinzhauptstadt Čakovec fort. Im Međimurje-Museum in Čakovec kann man sich interessante archäologische, ethnografische und historische Sammlungen anschauen. Mit 160 Einwohnern pro km^2 ist die Međimurje der dicht besiedeltste Teil Kroatiens. Gut erhalten ist die Festung „Stari grad" aus dem 16. bis 18. Jahrhundert.

Die alte Burg Trakošćan findet man etwas weiter westlich oberhalb eines Sees, aus dem das Flüsschen Bednja fließt. Die Burg liegt auf einem Bergrücken, der dann an der kroatisch-slowenischen Grenze direkt an die Drau angrenzt und viele schöne Ausblicke bietet. Im Ort Krapina in Richtung Zagreb weist ein Museum auf die Neandertaler (Homo krapiensis) hin, die hier vor 50.000 bis 200.000 Jahren lebten.

An der Drau in Kroatien zieht sich eine Kette hübscher Kleinstädte (so etwa Koprivnica, Virovitica, Podravska, Slatina, Orahovica, Našice und Valpovo) bis zu dem direkt an der Donau liegenden Vukovar hin. In Đurdevac und Donji Miholjac findet man gut erhaltene Festungen, die von den Kämpfen gegen die Osmanen zeugen.

Foto: Mario Romolic

Das Schloss der Grafenfamilie Mailáth mit seiner wunderschönen englischen Parkanlage ist eines der zwei Adelsschlösser in Donji Miholjac.

Die kroatische Stadt Osijek mit ihren zahlreichen schönen Gebäuden und der sehr massiven Festung an der Drau ist leider im Verlauf der Kriegswirren von 1991 und 1992 stark beschädigt worden. Die sichtbaren Wunden des Kriegs wurden aber weitgehend behoben, und wegen der landschaftlich schönen Umgebung ist die Stadt zu einem Zentrum für naturinteressierte Touristen geworden.

Besonders viele interessante Kulturdenkmäler befinden sich im ungarischen Drau-Gebiet. Beispielhaft zu erwähnen sind die Schlösser von Berzence, Csurgó (bei Nagytád), Babócsa und Barcs sowie die Burgen von Siklós und Szigetvár. Sehr attraktiv ist die Stadt Kaposvár. Das nahe gelegene Museumsdorf Szenna mit seinen sechs typischen strohgedeckten Holzgehöften und einer Dorfkirche im alten Stil lohnt ebenfalls einen Besuch. Einige Dörfer der Region weisen noch den traditionellen ländlichen Baustil auf, insbesondere das von Ungarndeutschen erbaute Szulok und Berzence, wo Ungarn und Kroaten in harmonischer Gemeinschaft zusammenleben.

Ebenso gibt es an der Donau in Ungarn interessante Städte mit bezaubernden alten Stadtkernen. Neben Bátaszék, das mit der im neugotischen Stil erbauten Kirche Nagyboldogasszony überrascht, sind besonders

Mohács und Baja zu erwähnen. Baja ist das Kulturzentrum der Region; Ende August finden hier Festspiele statt. Die geschichtsträchtige Wasserstadt Mohács, die über die Fährstrecke – Ujmohács und Dunaszekcső – Dunafalva mit dem flachen linken Donauufer verbunden ist, bietet von der Uferpromenade und dem Flusshafen aus einen wundervollen kilometerweiten Ausblick die Donau entlang.

In der serbischen Vojvodina laden Städte wie Sombor mit seinem schönen Theater zur Erkundung zahlreicher Sehenswürdigkeiten und dem Genuss der guten regionalen Küche ein. Auch Bačka Palanka und vor allem die direkt an der Donau gelegenen Apatin und Novi Sad haben viel Interessantes zu bieten. Die Städte sind meist im Schachbrettmuster angelegt und deuten damit auf ihre bewusst geplante Entstehungsgeschichte hin.

Die begrenzte Auswahl der in diesem Naturreiseführer erwähnten kulturhistorischen Schätze soll Lust auf eine Erkundung der Region machen, die natürlich noch weit mehr zu bieten hat. In den touristischen Zentren ist reichlich Informationsmaterial dazu erhältlich.

Europäische Storchendörfer

EuroNatur verleiht die Auszeichnung „Europäisches Storchendorf" an Ortschaften, die eine ständige bedeutende Population brütender Weißstörche aufweisen und sich für den Schutz dieser Vögel in besonderer Weise einsetzen. Als europaweites Netzwerk mit 16 Gemeinden in 16 Staaten sind die Europäischen Storchendörfer inzwischen ein Paradebeispiel für nachhaltige Entwicklung und die Pflege von Natur- und Kulturwerten. Die ländlichen Gemeinden nutzen die Auszeichnung zur ökologischen Sensibilisierung ihrer Bevölkerung und als Gütesiegel in ihrer touristischen Werbung.

Seit 1999 trägt die slowenische Doppelgemeinde Mala und Velika Polana an der Mur den Titel „Europäisches Storchendorf", und 1996 erhielt ihn das an der Drau gelegene Nagybayom im ungarischen Komitat Somogy.

Foto: Arno Mohl

Im neuen Wappen der Gemeinde Mala und Velika Polana prangt seit Gründung der Gemeinde 2005 ein Weißstorch.

Die Doppelgemeinde mit nur 1.420 Einwohnern liegt inmitten einer 35 km^2 großen, mit Erlenbrüchen und Feuchtwiesen bestandenen Senke, dem letzten großen Grünlandökosystem im östlichen Slowenien. In den Wiesen wachsen Orchideen, **Schachblumen** (Fritillaria meleagridis), **Wiesenschaumkraut** (Cardamine pratensis), die seltene **Graue Kratzdistel** (Cirsium canum) und **Wasserfedern** (Hottonia palustris). In Mala und Velika Polana selbst brüten 4 bis 9 Weißstorchpaare, aber zusammen mit den umliegenden Dörfern sind es sogar rund 30 (der gesamte slowenische Weißstorchbestand zählte 2010 nur 201 Brutpaare). Die Störche sind von den Feuchtwiesen als Nahrungsplätzen abhängig.

Die Dorfbewohner haben es sogar ohne staatliche Hilfe von Ljubljana geschafft, als Maßnahmen zur Tourismus-Förderung einen Storchen-Park, ein Weißstorch-Informationszentrum, Fahrradwege und eine Kläranlage anzulegen. In der ersten Augustwoche wird im Rahmen eines Regionalfestes immer kräftig gefeiert (www.strk.si), aber auch Umweltwissen vermittelt und weitere Hilfsmaßnahmen für Störche diskutiert. Das ist auch durchaus nötig, denn durch rückläufige Nutzung verbuschen derzeit große Bereiche der Niederungswiesen oder wurden teilweise schon umgebrochen.

Foto: Verein Str

Foto: Arno Mohl

Foto: Mario Romulić

Der Bürgermeister von Polana lässt die Störche höher fliegen: Die jüngste Gemeinde des Landes baut ihr Image auf Adebar auf mit Informationen, Festen und vielen konkreten Schutzmaßnahmen (im Bild oben beim jährlichen Regionalfest).

Der **Kiebitz** (Vanellus vanellus) im Wappen von Nagybajom (Ungarn) weist auf die umgebenden Feuchtwiesen hin. Das Dorf hat 3.600 Einwohner und liegt am Rande des 8.000 ha großen Boronka-Schutzgebiets. Im Ort brüten zwischen 9 und 33 Weißstorchpaare auf Häusern, Strom- und Telefonmasten. Auch hier leben die Störche von den Feuchtwiesen, und auch hier droht ihr Lebensraum aus ähnlichen Gründen wie in Polana zu schrumpfen. Der Weißstorch-Bestand in Ungarn, der 1941 noch bei 15.000 Brutpaaren lag, schrumpfte bis 2003 auf 4.800 Brutpaare, steigt aber seit einem Jahrzehnt wieder leicht an.

Foto: Martin Schneider-Jacoby

Foto: Martin Schneider-Jacoby

Wiesen- und Weidelandschaft bei Nagybajom.

Sehens- und Erlebenswertes in der Flusslandschaft der Mur

Bad Radkersburg – reiche Fluss- und Kulturlandschaft mit Murnockerl

An der Mur ist schon der Grenzbereich zwischen Österreich und Slowenien besonders reizvoll. Während auf österreichischer Seite der Weg unten am Fluss entlangführt, hat man von der slowenischen Seite aus zwischen den Grenzübergängen Mureck und Bad Radkersburg einen schönen Blick vom Hügelland herunter.

Nördlich von Bad Radkersburg liegt das 2.238 ha große Natura-2000-Gebiet „Steirische Grenzmur", und daran schließt sich das 15.653 ha große Europaschutzgebiet mit dem längsten Namen, nämlich „Teile des südoststeirischen Hügellandes inklusive Höll und Grabenlandbäche", an. Hier befindet sich eins der letzten Rückzugsgebiete der Blauracken in Mitteleuropa. Der Verein „Lebende Erde im Vulkanland" widmet sich dem Schutz der 4 bis 8 Blauracken-Brutpaare, die wenige km von der Mur entfernt in der Gegend von Stainz bei Straden überlebt haben (www.blauracke.at). Speziell zur Sicherung ihres Lebensraums hat der Verein einen landwirtschaftlichen Betrieb gegründet, der nun 150 ha Wiesenland pachtet und ökologisch bewirtschaftet. Neben anderen Veranstaltungen ist vor allem das jährliche Blaurackenfest (immer am letzten Juli-Wochenende) auch für auswärtige Besucher interessant. Der Verein, der mit seinen 900 Vereinsmitgliedern und 10 Mitgliedsgemeinden für ein ungewöhnlich vielseitiges Umweltbildungsangebot sorgt, stellt eines der besten Beispiele des privaten Naturschutzes in der Mur-Drau-Donau-Niederung dar. Sehr empfehlenswert ist der Naturführer „Steirisches Vulkanland" (www.natur.vulkanland.at)

Foto: Michael Tiefenbach

Die Blauracke gehört zu den Highlights der Mur-Drau-Donau-Flusslandschaft und ist inzwischen zum Kultvogel des Südsteirischen Hügellandes aufgestiegen.

Foto: Gregor Domajnko

Alljährlich im Juli wird an der Mur der Flussbadetag „Big Jump" begangen, um auf den Wert der freifließenden Mur aufmerksam zu machen.

Foto: Johann Pfeiler

Die Muraufweitung bei Gosdorf macht aus der Mur durch Rückbau des Kanals wieder einen lebendigen Fluss.

Foto: WWF/Anton Vorauer

Ein imposanter Beobachtungsturm gewährt den Blick über die begonnene Renaturierung der Grenzmur zwischen Österreich und Slowenien.

Alljährlich wird im Juli an der Grenzmur der internationale Flussbadetag begangen. Am sogenannte "Big Jump" nehmen hunderte Menschen von beiden Seiten des Flusses teil, um auf den Wert der lebendigen Mur aufmerksam zu machen und gegen den Bau von neuen Kraftwerken zu protestieren.

Die 34 km lange Grenzmur zwischen Österreich und Slowenien beherbergt die zweitgrößten Auwälder Österreichs. Hier lassen sich am besten die Erfolge der Schutz- und Revitalisierungsbestrebungen erleben. Allerdings gibt es auf slowenischer Seite noch viel Nachholbedarf: Auch dort muss das Flusskorsett aufgelockert werden, damit die „Murnockerln"wieder ins Rollen kommen.

Die sogenannten **Murnockerln** sind größere abgeschliffene Steine, die der Fluss aus den eiszeitlichen Mur-Terrassen in den Niederen Tauern herausgeholt und auch an der Grenzmur abgelagert hat. Früher wurden sie häufig für die kunstvolle Pflasterung von Straßen und Wegen verwendet. Man findet sie noch heute z.B. in Bad Radkersburg in der Murgasse sowie in Graz als ein Ornamentband in der Maria-Theresien-Allee. Die weißen Murnockerln setzen sich aus Kalk-, Quarz- und Gneisgestein zusammen und die schwarzen aus Schiefer, Amphiboliten, Granuliten und Karbonaten. Auf sogenanntem Knirsch verlegt man sie aufrecht stehend im Reihenverband, wodurch eine große Festigkeit und Tragfähigkeit erreicht wird. Auch die Wasserdurchlässigkeit solcher Wege war ein Vorteil angesichts des häufigen Flutens der Stadtkerne bei starken lokalen Niederschlägen.

Die größeren Draunockerln wurden bei Pflasterarbeiten flach wie Platten ausgelegt. Ein letzter wunderschöner Rest in Nachahmung der ehemaligen Wegeauslegung mit Kieselsteinen ist direkt vor dem Stadt-Theater im historischen Zentrum der mittelalterlichen Stadt Ptuj zu bewundern.

Leider sind viele der kunstvollen Mosaikstraßen in den letzten Jahren durch Granitwürfel oder sogar Asphalt ersetzt worden.

Ein lohnendes Ausflugsziel ist die Murmühle bei Mureck (www.schiffsmuehle.at). Von hier aus kann man die Mur erwandern oder mit dem Rad erkunden. Auch gibt es einen 4 km langen Au-Erlebnisweg (www.sunny.at/f/murecker-auerlebnisweg)

Radenci bis Razkrižje – Land der Auwälder und Schiffsmühlen

Wo der Lauf der Mur nicht die Ländergrenze bildet, sondern ganz in Slowenien liegt, erstreckt sich ein 28 km langes und bis 1,5 km breites Band von Auwäldern mit Schwarzstörchen, Mittelspechten und Halsbandschnäppern. Auch alte Mühlen kann man dort noch sehen. 1983 rettete eine starke Protestbewegung die wertvolle Auenlandschaft, doch heute liegen die alten Pläne von 8 neuen Staustufen wieder auf dem Tisch. Bereits das erste geplante Wasserkraftwerk Hrastje-Mota würde ein Drittel der Auwälder zerstören und die Verbindung des Auengürtels zwischen Drau und Donau kappen. Außerdem würden die Mineralquelle und die Thermen von Radenci in Mitleidenschaft gezogen.

Foto: Bernd Wieser

Teilnehmer der internationalen Ramsar-Wanderung zum Schutz der Mur bei einer Überfahrt mit der Fähre bei Mota: Energienutzung ohne Flusszerstörung!

Alljährlich laden Murschutzvereine in Österreich und Slowenien am 2. Februar, dem Tag der Feuchtgebiete, zur sogenannten Ramsar-Wanderung entlang der Mur ein. Mit der Wanderung, die sich inzwischen zu einer regelrechten grenzüberschreitenden Volksbewegung entwickelt hat, soll auf die Schutzwürdigkeit und Revitalisierung der freien Fließstrecke der Mur von Spielfeld bis zur Drau aufmerksam gemacht und der Widerstand gegen neue Wasserkraftwerke zum Ausdruck gebracht werden.

Der Kurort Radenci (www.sava-hotels-resorts.com/de/radenci) mit seinem 130 Jahre alten Park grenzt direkt an den Auwald und ist somit ein geeigneter Ausgangspunkt für die Erkundung der Mur-Auen. Am rechten Ufer der Mur, wo der Kurort liegt, begrenzt eine ausgeprägte Flussterrasse die Auen; am linken Ufer verläuft ein Hochwasserdamm. Im Frühling färben Unmengen von **Schneeglöckchen** (Galanthus nivalis) und **Frühlingsknotenblumen** (Leucojum vernum) die Waldböden weiß. Der schöne Kurpark beherbergt im Mai mehr als 40 Brutvogelarten. Radenci ist zwar an den Mur-Radweg angeschlossen, aber von der Hotelanlage aus muss man vorläufig noch die Autostraße nach Petanjci nehmen, um dann vor dem Fluss rechts auf den Mur-Radweg abzubiegen.

Ein Besuch der von einem Mühlenverein betriebenen alten Mühle bei Veržej wie auch der im alten Stil neu erbauten Mühle bei Ižakovci ist zu empfehlen. In Ižakovci befindet sich in den alten Platanen eine **Dohlen**-Kolonie (Corvus monedula) mit bis zu 8 Paaren. Lohnende Vogelbeobachtungsplätze sind die Brücken bei Razkrižje mit einem Altarm, Kiesbank und Auwald. Dort wird auch zum ersten Mal die wilde Natur des Flusses sichtbar.

Foto: Martin Schneider-Jacoby

Brutplätze von Halsbandschnäpper und Pirol, zweier gefährdeter Langstreckenzieher, die Mittelmeer und Sahara queren, befinden sich in den Auwäldern der Mur, die in Slowenien durch Wasserkraftkraftwerke verbaut und geflutet werden sollen. Noch brüten beide Arten direkt vor den Mühlen in Veržej und Ižakovci und sind Charaktervögel der Auwälder entlang der Mur.

Foto: Borut Stumberger

Schneeglöckchen bilden an Mur und Drau zum Winterende einen „Schneeteppich".

Murska šuma und Križovec mit Mäandern und Altarmen

Die Hügelrücken des slowenischen Lendavske gorice mit ihren Weinbergen laden zum Wandern ein, und in ihren Ortschaften erhält man schmackhafte Regionalkost und eine reiche Palette köstlicher Weine. Wie aus der Vogelperspektive überblickt man von dort oben das Dreiländereck Slowenien-Kroatien-Ungarn. Im Süden sind der dichte Auwaldgürtel der Mur und im Westen der Schwarzerlenwald Črni log gut zu erkennen, während im Osten die Mur den kompakten Auwald Murska šuma mit seinen Altarmen in zwei Hälften teilt: der slowenische Teil umfasst 450 ha und der ungarische 220 ha. Bei ergiebigen lokalen Regenfällen kann man von oben aus meist rastende Zugvögel auf den überfluteten Flächen an der Autobahn vor Lendava beobachten.

Zum Murska šuma fährt man durch Petišovci und das Dörflein Benica, an dessen Ende man rechts abbiegt. Hier sieht man dann auf der linken Seite schon die Bäume des Murska šuma aufragen. Das Auto stellt man am besten bei dem Jagdhaus am Rande des Auwaldes ab und erkundet das Gebiet dann zu Fuß. Weil die Makadamstraße direkt im Dreiländereck Serbien/Ungarn/Kroatien endet, muss man auf dem Rückweg auf demselben Weg zurückfahren.

Foto: Gregor Bernard

Der Mittelspecht hält sich gerne hoch oben in den Baumkronen der Auwälder auf.

Murska šuma selbst und die Auwälder bei Dolnja Bistrica und Polana im Grenzstreifen der drei Länder sind von dem slowenischen Ornithologen Luka Božič gründlich erforscht worden: Abhängig vom Auwaldtyp und insbesondere dem Deckungsgrad der horizontalen Schichten von den Baumkronen bis zum Boden wurden im Auwald pro 10 ha die Vogeldichten zwischen 68 bis 162 Paaren von 26 bis 37 Arten ermittelt. Am reichsten erweisen sich die Silberweiden-Weißpappel-Bestände. Auch Stieleichen mit dickstämmigen Bäumen und Gebüschen haben einen bedeutenden Einfluss auf die Brutvögel. Höhlenbrüter erreichen ihre größte Dichte in alten Eichen-Hainbuchen-Beständen. Die Gemeinschaften der Vögel in Auwäldern mit Eichen-Hainbuchen Beständen ähneln sich, während die verschiedenen Typen von Weichholzauen unterschiedliche Vogelgemeinschaften aufweisen. **Blaumeisen** (Cyanistes caeruleus) sind vor allem in Eichenbeständen zu hören, während man Halsbandschnäpper meistens in Auwaldbereichen mit viel Totholz findet. Die Dichten des Mittelspechtes zählen zu den größten in Mitteleuropa (über 3 Paare pro 10 ha).

Kleine Gruppen der **Hohltaube** (Columba oenas) beherrschen den Luftraum. Im Mai und Anfang Juni überlagert der Gesang des Schlagschwirls alle anderen Tierstimmen.

Foto: Matjaž Bedjanič

Schwarzer Apollofalter.

In der Morgendämmerung tauchen im Murska šuma Hirsche auf – allerdings fast nur weibliche Tiere. Relativ häufig im Wald ist der Baummarder zu erwarten, etwas seltener auch der Waldiltis und der Dachs. Die Pfützen der Waldwege und den Muriša-Altarm östlich des Murska šuma bewohnen viele Rotbauchunken. Im März, während der

Foto: Matjaž Bedjanič

Zierliche Moosjungfer.

Foto: Matjaž Bedjanič

Große Moosjungfer.

Laichzeit, fallen die auffällig blau gefärbten männlichen Moorfrösche ins Auge. Auch die großen **Hirschkäfer** (Lucanus cervus) sind gut zu sehen. In den Auwaldlichtungen flattern Tagfalter wie der sehr zahlreiche **Schwarze Apollofalter** (Parnassius mnemosyne) herum. Die Altarme sind Lebensraum von zahlreichen Libellen. In dem offen stehenden Muriša-Altarm findet man z.B. die Zierliche Moosjungfer, deren Männchen gerne auf den Blättern von See- und Teichrosen sitzen, und die Große Moosjungfer, deren Männchen man eher auf senkrechten Pflanzenstrukturen entdeckt.

Im Anschluss an die Murska šuma erstreckt sich entlang der Grenze zwischen Slowenien und Kroatien der wohl natürlichste Abschnitt der Mur. Hier verändert sich der Flusslauf noch ständig und sucht sich immer wieder ein neues Bett. Ausgeprägte Mäander mit Kiesbänken und Uferabbrüchen, gesäumt von einem prachtvollen Auwald, sind lebendige Zeugen einer Urlandschaft. In diesem Abschnitt gibt es noch größere Uferschwalbenkolonien.

Auf kroatischer Seite, im Zentrum des Dorfes Križovec, das direkt an der Mur gegenüber der Murska šuma liegt, wurde 2012 in einem 200 Jahre alten Herrenhaus ein Besucherzentrum eröffnet. Hier präsentiert man wechselnde Ausstellungen zur Natur in der Međimurje. Besuchergruppen müssen sich anmelden (www.medjimurska-priroda.info/kontakt).

Foto: Matjaž Bedjanič

Foto: Matjaž Bedjanič

Krebsschere mit Gelber Teichrose (oben), und Schwanenblume mit dem **Großen Feuerfalter** (Lycaena dispar) in dem verlandenden Mäanderbogen von Nagy Parlag (links unten) unweit und westlich des Grenzberghanges von Lendava-Mursko Središće. Seerosen sind in vielen Altarmen zu finden (rechts unten).

Foto: Gregor Bernard

Foto: Mario Romulic

Foto: Martin Schneider-Jacoby

Kleines Sumpfhuhn.

Foto: Darko Grlica

Aussicht vom kroatischen Ufer der Mur bei Miklavec auf die Flussmäander des Auwalds von Murska šuma mit Blick nach Slowenien und Ungarn.

Derzeit wird jedoch auch eine Dauerausstellung für Einzelbesucher erarbeitet. Entlang der Mur reihen sich schmucke Dörfer aneinander, von denen stets Feldwege zum Fluss führen. Bei mittlerer Wasserführung weisen die Innenseiten der sich dahinschlängelnden Mur-Mäander interessante Kiesbänke auf. Leider gibt es bislang noch keine auf Langzeit-Monitoring basierende Untersuchungen über die dortigen Pflanzengesellschaften. Die reiche Wasserflora in den Altwässern auf beiden Seiten der Mur ist dagegen gut bekannt: Krebsschere, **Schwanenblume** (Botumus umbellatus), **Wasserschläuche** (Utricularia sp.), Seerose und Gelbe Teichrose dringen z.B. bei Ferketinec und Podturen bis zum Ortsrand vor. Einzelne Altarme sind im Juni mit dem Gemeinen Schwimmfarn fast vollkommen bedeckt. Das **Kleine Sumpfhuhn** (Porzana parva) bewohnt die flachen, offenen Altarme, die an Wiesen angrenzen. Eine Besonderheit der Grenzmur zwischen Slowenien und Kroatien ist der **Karmingimpel** (Caropdacus erythrinus); einzelne Paare brüten hier schon seit 25 Jahren.

Gute Wander- und Radfahrmöglichkeiten bieten die Hochwasserdämme. Stellenweise gelangt man auf ihnen direkt zum Fluss und hat von hier aus einen direkten Vergleich zwischen den bestehenden und den durch Dämme abgeschnittenen Überschwemmungsflächen.

Foto: Arno Mohl

Kiesbank im Mäanderbogen der Mur entlang der intakten kroatisch-slowenischen Grenzstrecke.

Die Grenzmäander zwischen Letenye und Murakeresztúr

Während die Mur in Slowenien bereits Mitte des 20. Jahrhunderts reguliert wurde hat sich aufgrund der Grenzsituation der typische mäandrierende Lauf zwischen Kroatien und Ungarn bis heute erhalten. Die Prallufer sind zwar durchwegs gesichert, dennoch ist der Flusslauf noch sehr naturnah. Stellenweise bricht die alte Uferverbauung bereits zusammen, wie zum Beispiel bei Muraszemenye, wo der Fluss gerade dabei ist, sich neue Wege zu suchen. Den schönsten Ausblick auf die Flusslandschaft hat man von Hochwasserdamm aus. Die ungarischen Auen sind Natura- 2000 Gebiet und seit 2007 als Landschaftsschutzgebiet Mura-menti geschützt, das vom Nationalpark Balaton-félvideki verwaltet wird. Touren können unter fachkundiger Führung bei der Nationalparkverwaltung gebucht werden (www.bfnp.hu/en/river-mura).

Foto: 2017 GoogleEarth

Die kroatisch-ungarische Grenze markiert noch den alten Flusslauf der Mur und ist ein Zeugnis von steter Veränderung.

Die kroatischen Murauen sind Teil des Regionalparks „Drau-Mur", der 2011 gegründet wurde. Im Besucherzentrum sowie im „Ökomuseum" in Sveti Martin na Muri kann man Wissenswertes über den Naturreichtum des Gebietes sowie über die kulturellen Traditionen erfahren. Im Anschluss befindet sich eine nachgebaute Mühle Žabnik sowie ein Naturlehrpfad. Auch eine autochthone Pferderasse aus Međimurje ist dort zu bewundern. Man hat als Besucher auch die Möglichkeit, die Mur mit einer Fähre zu übersetzen bzw. mit traditionellen Holzbooten auf dem Fluss zu fahren.

Čakovec und die strukturierte Kulturlandschaft des Međimurje

Eine derart klein strukturierte Kulturlandschaft wie die der Međimurje ist eine absolute Seltenheit. Als Ergebnis der Gleichberechtigung von Geschwistern und Ehegatten bei der Erbteilung sind Acker- oder Wiesenparzellen von oft nur wenigen Metern Länge bis zu höchstens 20 bis 30 m Breite entstanden. Diese ungewöhnliche Landschaft weist drei Landschaftstypen auf: die vollkommen offenen Flächen zwischen Novo Selo Rok und Domašinec, die halboffenen Flächen mit Wäldchen und Mäanderhecken östlich von Domašinec, und – ganz spektakulär – die dichten Hecken- und Baumreihen, die sich 10 km weit östlich von Goričan entlang der Eisenbahn bis zum Grenzort Kotoriba hinziehen. Wenn man mit der Bahn bis zu den ungarischen Grenzorten Kotoriba oder Murakeresztúr fährt, kann man von dort aus zu Fuß oder mit dem Fahrrad interessante Naturbeobachtungstouren unternehmen.

Ein Auwaldgürtel und Ausbaggerungsstellen kennzeichnen den ungarischen Grenzstreifen an der Mur. Außerhalb der Hochwasserdämme musste der Auwald in großem Umfang Ackerflächen weichen. Von Murakeresztúr aus kann man nördlich der Drau mit dem Rad durch die Hügellandschaft in Richtung Donau fahren, oder man schaut sich Čakovec, die Provinzhauptstadt der Međimurje, an und erkundet von dort aus die Umgebung. Im Stadtpark befindet sich eine **Saatkrähen**kolonie (Corvus frugilegus) mit bis zu 250 Brutpaaren, die 2019 im Aufrag der Stadt leider vertrieben wurde.

Foto: Goran Šafarek

In der Međimurje treffen Auwälder und Mäanderhecken auf eine besonders klein strukturierte Kulturlandschaft.

Foto: Miklos Toldi

Die Schachblume ist in Feuchtwiesen zu finden.

Sehens- und Erlebenswertes in der Flusslandschaft der Drau

Von Österreich nach Slowenien folgt die Straße entlang dem Durchbruchstal der Drau. Obwohl der Gebirgsfluss auf der ganzen Länge aufgestaut wurde, ist diese Strecke landschaftlich sehr reizvoll. Wegen des Autoverkehrs ist sie für Radfahrer aber leider nicht empfehlenswert.

Bereits in Maribor, vor allem aber vom Hügelrand, z.B. von der Burg Vurberk aus, hat man erste großartige Ausblicke über das Tal der Drau und die weite Schotterebene. Leider ist aber von der ursprünglichen Gestalt des Flusses nur noch wenig zu sehen.

Ptuj – Wasserstadt und Flusskultur

Am Fuße der Hügellandschaft Slovenske gorice blickt das Städtchen Ptuj weit in die Pannonische Tiefebene hinaus. Von der Wasserburg auf dem Stadthügel aus erkennt man schnell die einmalige Lage der Stadt in der Landschaft. Der alte Stadtkern liegt direkt am Stausee und dem alten Lauf der Drau. Auch nach dem Aufstau des Flusses sind hier noch interessante Vogelbeobachtungen möglich, die die Bedeutung des Ortes für den Vogelzug deutlich machen.

Zwischen Oktober und März, während der Zug- und Winterzeit, rasten direkt vor der Stadt zwischen 10.000 und 20.000 Wasservögel. Eine solche Konzentration gibt es nirgendwo sonst in Slowenien. In den letzten Jahren sind insgesamt 120 Wasservogelarten nachgewiesen worden, d.h. dass hier – außer den Meeresvögeln – alle Arten von Wasservögeln beobachtet werden können. Die häufigsten Durchzügler der letzten Jahre sind **Lachmöwe** (Chroicocephalus ridibundus) (18.500), Mittelmeermöwe (7.500), Stockente (6.000), **Blässhuhn** (Fulica atra) (5.000) und Reiherente (2.200). Auf dem Stausee und im Bereich des alten Draulaufs versammeln sich im Winter 30 bis 70 Prozent aller an der Drau in Slowenien lebenden Wasservögel. Hier befinden sich auch die Schlafplätze von bis zu 200 überwinternden **Gänsesägern** (Mergus merganser), rund 700 Schellenten und bis zu 1.000 Zwergscharben.

Es ist ein schönes Erlebnis, wenn man an Winterabenden die Vögel an ihre Schlafplätze einfliegen sieht, während man in den Thermen badet oder eine leckere Mahlzeit an einem Fenstertisch im Fischrestaurant „Ribič" bei der Fußgängerbrücke genießt. Vor der Altstadt und besonders an der Schleuse des Stausees finden sich vor allem im Januar und Februar häufig **Zwergsäger** (Mergellus albellus), **Eisenten** (Clangula hyemalis) oder **Samtenten** (Melanitta fusca) ein. International bedeutend sind derzeit die Zahlen der im Frühling ziehenden Zwergmöwen und Trauerseeschwalben. Besonders im Mai während der Kaltfronteinbrüche kann man oft tausende Vögel von einer einzigen Stelle aus beobachten.

Es ist gut, dass das Fahrverbot auf dem Stausee wenigstens zwischen Oktober und Mai eingehalten wird; von der früheren Floßanlegestelle aus hat sich nämlich ein sehr störender Wassersportzirkus mit Motoryachten und Wasserscootern entwickelt, der das kleine Gewässer im Sommer in einen Rummelplatz verwandelt. Nur ein kleiner Abschnitt des Sees unterhalb der Altstadt von Ptuj steht unter Naturschutz: Dort brüten auf den geschützten Inseln zwischen April und Juli 400 bis 1.000 Paare Lachmöwen, 60 bis 130 Paare Flussseeschwalben und bis zu 20 Reiherentenweibchen. Seit 2006 finden sich auch bis 25 **Schwarzkopfmöwenpaare** (Larus melanocephalus) ein. Derzeit legt der slowenische Vogelschutzverein DOPPS künstliche Kiesinseln und Beobachtungseinrichtungen mit direktem Blick auf die Vogelkolonien an. Immer lohnend ist eine Wanderung von Ptuj in den Landschaftspark Sturmovci an der alten Drau. Für die ca. 10 km braucht man etwa zweieinhalb Stunden, aber wegen der vielen Beobachtungsmöglichkeiten sollte man durchaus sechs bis sieben Stunden einplanen. Man kann den Weg über den linken oder den rechten Damm bis zum Ort Markovci wählen, wo man dann über den Staudamm auf den Naturwanderweg im Landschaftspark Sturmovci trifft. Wer noch weiterwandern will, kann über Videm und Tržec bis Majski Vrh an den Rand des Haloze-Gebirges gelangen. Hier gibt es einen markierten Wanderweg bis an die kroatische Grenze.

Foto: Borut Stumberger

Die ersten gemähten Auwälder, die sich entlang der Drau bis Barcs in Ungarn hinziehen, sieht man im Landschaftspark Šturmovci unterhalb Ptuj. Leider ist diese besondere Nutzungsform, die früher in Slowenien in fast allen Auwäldern praktiziert wurde, selten geworden.

Foto: Jure Novak

Foto: Martin Schneider-Jacoby

Reiherente und Zwergsäger.

Interessant ist auch eine Exkursion in das teilweise zerstörte Auengebiet unterhalb der Ruine Vurberk, wo die Drau an die Hügellandschaft stößt. Im Rahmen eines LIFE-Projektes hat DOPPS am Prallufer ein trockenes Nebengerinne wieder an die Drau angebunden, und seit 2013 es auf 150 m Länge bei Hochwasser wieder erodiert. Die Uferschwalben haben ihre wiedergewonnene Heimat sofort akzeptiert: Kurz nach Fertigstellung im Mai 2013 waren 259 Brutröhren besetzt. Wegen der gehemmten Flussdynamik geht es aber auch weiterhin nicht ohne menschliche Unterstützung. Ein Team von 20 Ornithologen und sonstigen Helfern ist seit 1995 damit beschäftigt, das Überleben der Uferschwalben-Population an der Drau in Slowenien zu sichern.

Foto: Luka Božič

Uferschwalben haben das revitalisierte Prallufer der alten Drau schnell angenommen.

Außerdem gestalten die Mitarbeiter des DOPPS hier und noch an zwei anderen Stellen der Drau auf 16 ha Fläche und 3 km Länge neue Lebensräume und Laichgebiete für Hundsfisch, Rapfen und **Steinbeißer** (Cobitis tenia). Und als Hilfe für die gefährdeten Kiesbrüter und Laufkäfer haben sie 5 ha zugewachsener Kiesbänke wieder freigelegt.

Die malerische Ruine Vurberk, ein im II. Weltkrieg zerbombtes Jagdschloss, liegt zwischen Ptuj und Maribor auf der linken Seite des Flusses und erhebt sich 200 m hoch über das Dravsko Polje. Es lohnt sich, über das kleine Sträßchen von Dvorjane oder von Ptuj aus zur Ruine hochzugehen oder zu fahren, denn von hier aus hat man einen schönen Blick auf den alten Flusslauf, aber auch die Veränderungen durch den Kraftwerksbau auf die Aulandschaft sind gut zu erkennen.

Foto: Borut Stumberger

Eine sehr schöne Aussicht über die Drau hat man vom Schloss Borl oberhalb der Straßenbrücke zwischen Ptuj und der kroatisch-slowenischen Grenze.

Ormož an der Grenzdrau

Ormož (ehem. Friedau) liegt auf einer hohen Uferterrasse über dem Stausee, durch den die Grenze zwischen Slowenien und Kroatien verläuft. Auch unterhalb des Stausees pendelt die Staatsgrenze entlang der alten Drau mit ihren Kiesbänken und Auwaldresten zwischen Slowenien und Kroatien. Leider haben Wilderer den Stausee jahrzehntelang zum Schlachtfeld gemacht, obwohl er Natura-2000-Gebiet ist und als Vogelreservat auf beiden Seiten unter Schutz steht. Im Herbst 2014 ist es den kroatischen Aufsichtsbehörden aber endlich gelungen, die HEP (Kroatische Energiewirtschaft), die den Stausee verwaltet, per Dekret zu beauftragen, alle stehenden und schwimmenden Jagdhütten und Jagdverstecke zu entfernen. Weil ihre natürlichen Brutinseln zerstört waren, hatten sogar Flussseeschwalben diese Strukturen im Stauseebecken zum Brüten benutzt – natürlich mit katastrophalem Bruterfolg. Falls das Jagdverbot auf dem Stausee nun tatsächlich eingehalten wird, kann man im Hochwinter wieder mit über 10.000 Wasservögeln rechnen; so viele hatten jedenfalls einst vor den Störungen auf der Wasserfläche gerastet.

Foto: Borut Stumberger

Die Jagdverstecke auf dem Stausee Ormož – Schauplatz des Massensterbens von Wasservögeln seit mehr als einem Vierteljahrhundert. Seit Herbst 2014 müsste das endgültig Geschichte sein. Aber werden die Behörden ihren Kontrollpflichten auch wirklich nachkommen?

Foto: Borut Stumberger

Die alte Grenzdrau zwischen Slowenien und Kroatien unterhalb des Ormož-Stausees ist Natura-2000-Gebiet.

Foto: DOPPS

Klärteiche der Zuckerfabrik. Links oben der Ormož-Stausee.

Was Ormož aber überregional einmalig macht, sind die 55 ha großen Klärteiche der Zuckerfabrik TSO zwischen dem Stausee und dem alten Lauf der Drau. Hier konnte der DOPPS seit Ende der 1980er Jahre zum ersten Mal Vogelschutz im Gelände betreiben (bis kurz vor dem EU-Beitritt durften Naturschutzvereine in Slowenien nicht Landeigentümer sein oder Flurstücke für Naturschutzzwecke erwerben). Es ist eine wahre Pionierleistung der Naturschützer, aber auch der Leitung und der Angestellten der Zuckerfabrik, die mit ihrem Einsatz eine solche Vielfalt an Wasservögeln ermöglicht haben. Das Wasserstandsmanagement, die Mahd der Dämme, die Abwehrmaßnahmen gegen Botulismus, das Verteilen der Schlammsedimente, die Anlage von schwimmenden Brutunterlagen für **Stelzenläufer** (Himantopus himantopus), Möwen und Seeschwalben sowie die Einrichtung von Vogelruhezonen haben beispielhafte Wirkung gezeigt.

Nach der Zuckerreform der EU wurde die Zuckerproduktion der TSO Ormož 2006 eingestellt. Der Fabrikeigentümer, die niederländische Royal Cosun, hat sich auf Grund der geleisteten Vorarbeit jedoch entschieden, die Klärteiche nicht zu verkaufen, sondern sie DOPPS zu übergeben. Vertraglich vereinbarte Ziele waren der Aufbau eines Vogel- und Naturschutzreservats, das dem Vogelschutz sowie der Umweltbildung und der Forschung dienen soll. Seit 2010 ist der DOPPS nun Eigentümer des Geländes.

Inzwischen werden die ehemaligen Klärteiche in eine beweidete Auenlandschaft umgestaltet. Die Teiche sollen dann jeweils im Herbst bzw. Frühling geflutet werden und bis Sommer trocken fallen. Der Ankauf von 7,6 ha Auwald hat die Schutzgebietsfläche auf 63 ha erweitert. Nicht nur Vögel wie **Bruchwasserläufer** (Tringa glareoa) oder Kampfläufer, die hier zu Hunderten rasten, sondern auch seltene Käfer wie **Juchtenkäfer** (Osmoderma eremita), **Scharlachkäfer** (Cucujus cinnaberinus) und **Schmalbindiger Breitflügel-Tauchkäfer** (Graphoderus bilineatus) stehen im Fokus der Naturschutzarbeit. Als Krönung des Projektes wird die Ausrufung eines Flusslandschaftsparkes zwischen Ormož und Središče ob Dravi an der Grenze zu Kroatien auf einer Fläche von 10,7 km^2 und einer Länge von 9 km angestrebt. Da die Finanzmittel durch ein LIFE-Projekt gesichert sind, wird der Realisierung wohl nichts im Wege stehen.

Foto: Martin Vernik

Der Scharlachkäfer ist einer der Profiteure eines LIFE-Projektes der EU. Sein Auwaldlebensraum bei Ormož wurde aufgekauft, um ihn zu schützen!

Die ehemaligen Klärteiche der Zuckerfabrik werden derzeit zu einem öffentlich zugänglichen Reservat ausgebaut, aber vorläufig müssen sich Besucher noch im Voraus beim DOPPS anmelden. Der beste Ausgangspunkt für die Erkundung des Geländes ist der Parkplatz am Bahnhof von Ormož. Von dort aus führt eine Straße an einem knapp 8 m hohen Staudamm entlang; es gibt aber auch einen Weg auf dem Damm selbst.

Von der kroatischen Seite her kommt man ebenfalls gleich nach dem Grenzübergang zu dem Staudamm, an dem entlang ein kleiner Bach durch den Auwald fließt. Vor allem im Herbst zeigt sich dort der **Weißrückenspecht** (Dendrocopus leucotus). Bislang ist es leider nicht möglich, die Schleuse zu passieren, um eine Tour um den See zu machen, wie dies bei anderen Stauseen in der Umlagerungszone der Drau, z.B. bei Varaždin und Ptuj, der Fall ist.

Eine schöne Wanderung kann man entlang dem rechten Ufer der Drau vom Grenzübergang Zavrč aus unternehmen. Im Dorf Brezje lohnt es sich, links abzubiegen. Der asphaltierte Weg führt durch den Schlosspark von Križovjan Grad bis zur Stadt Ormož. In der Niederung sind oft Greifvögel zu beobachten.

Auf den Spuren der alten Drau zwischen Ormož und Donja Dubrava

Dieser Abschnitt ist geprägt durch eine Abfolge von drei Stauseen wobei der letzte bei Donja Dubrava ein Ausmaß von 16 km² erreicht. Am ökologisch interessantesten sind die Stauwurzelbereiche bei Varaždin und Prelog, wo sich über die Jahrzehnte durch Ablagerung der von der Drau mitgeführten Feinsedimente eine Art Delta mit Schilf, Schlickbänken und Weidenwäldern ausgebildet hat. Hier brüten Wasservögel und mehrere Reiherarten. Den besten Einblick hat man von den Dämmen aus. Leider ist auch hier keine Trennung von Freizeit- und Naturschutzflächen vorgenommen worden. Der störende Motorsport nimmt von Jahr zu Jahr zu, und die Jagdverstecke auf dem Wasser zeigen die problematische Situation für die Wasservögel.

Foto: Goran Šafarek

Am Beginn des Stausees Dubrava bildete sich eine Art Binnendelta aus, das heute ein wichtiger Brutplatz für Wasservögel darstellt.

Dort wo die Drau nicht in den Stauseen verschwand, lässt sich die alte Dynamik der einzigartigen Furkationszone des Flusses auch heute noch hautnah erleben. Abschnittsweise ist der alte Flusslauf („Stara Drava") mit seinen Auwäldern noch gut erhalten geblieben, vor allem flussauf von Varaždin und Donja Dubrava. Obwohl das Flussbett durch die Wasserableitung geschrumpft ist, schafft der Fluss besonders nach Hochwässern immer wieder neue Kiesbänke und Uferabbrüche. Besonders beeindruckend ist der Abschnitt bei Donja Dubrava, wo sich das alte

Flussbett nach einem erst kürzlich aufgetretenen Hochwasser zur Gänze verlagert hat. Aufgrund des Kiesreichtums ist die alte Drau ein Verbreitungsschwerpunkt des **Flussregenpfeifers** (Charadrius dubius). Leicht erreichbar ist die alte Drau von Varaždin aus. Vom Zentrum aus fährt man in nördliche Richtung, quert die Brücke über den Ausleitungskanal des Kraftwerks und gelangt zum Ufer. Sehenswert ist auch der davor gelegene Draupark (Dravska šuma), ein geschützter Auwaldrest mit **Halsbandschnäpper** (Ficedula albicollis) und **Grünspecht** (Picus viridis).

Foto: Goran Šafarek

Der alte Flusslauf der Drau mit seinen Kiesbänken ist abschnittsweise noch immer sehr dynamisch erhalten geblieben.

Foto: Goran Šafarek

Der Flussregenpfeifer (Charadrius dubius) ist ein verbreiteter Brutvogel der Kiesbänke der alten Drau.

Ein Besuch von Varaždin sollte auf alle Fälle eingeplant werden. Der historische Stadtkern dieser ausgesprochen mitteleuropäisch geprägten Barockstadt ist sehr gut erhalten. Hauptattraktionen sind das Stadtzentrum und das Schloss. Zahlreiche Museen, Galerien und Sammlungen sowie der unter Denkmalschutz stehende Stadtfriedhof sind lohnenswerte Ausflugsziele.

Zahlreiche Beobachtungsstände ermöglichen einen guten Blick in die Auenlandschaft. Entlang des Ufers führt ein Naturlehrpfad, der über die bedrohte Tier- und Pflanzenwelt des Mündungsgebietes Auskunft gibt. Wer die Drauauen auf dem Rücken eines Pferdes erkunden möchte, kann dies von der Farm Muškatljin aus tun. Sie liegt am nördlichen Drauufer östlich der kleinen Ortschaft Donja Dubrava und bietet auch eine einfache Übernachtungsmöglichkeit.

Zwischen Legrad und Barcs: eine wilddynamische Flusslandschaft

Die Land- und Forstwirtschaft in der Podravina prägt den idyllischen, ländlich-peripheren Charakter der Drau zwischen der Mur-Mündung und Barcs. Heute stellt diese rund 80 km lange Flussstrecke den weitaus schönsten erhaltenen Abschnitt der frei fließenden Drau dar.

Vom kroatischen Legrad aus gelangt man über einen kleinen befahrenen Weg direkt an den Fluss. Das Mündungsgebiet mit urtümlichen Auwäldern und Kiesbänken ist von hier aus am schönsten zu sehen. Auch gibt es eine kleine Naturbadestelle, die von der lokalen Bevölkerung gerne genutzt wird.

Schon die wildromantische Mur-Mündung mit dem Naturschutzgebiet Veliki Pažut (571 ha) und die 8,5 km lange Grenzdrau bis zur Brücke bei Botovo-Zákány, auf deren Kiesinseln Fluss- und Zwergseeschwalben brüten, lässt ahnen, dass hier das Herz des Flusses noch schlägt. Naturbedingt prallt die Drau an dieser Stelle von Westen her gegen die ungarische Hügellandschaft und drängt sich durch eine enge, aber reich strukturierte Weichholzaue. Besonders das ungarische Ufer ist wunderschön.

Wenn man von Legrad aus das kroatische Drauufer flussab auf einem Feldweg Richtung Süden wandert, macht die Drau nach etwa 3 km bei Libanovec einen Knick nach Osten. Hier gräbt die Drau unaufhörlich am Prallufer. Vom Ufer aus hat man eine tollen Blick auf eine der größten Uferschwalbenkolonien der Drau, mit mehr als 1.000 Paaren. Auch der Bienenfresser brütet in den steilen Sandwänden. Dieser einzigartige Lebensraum wird nun in Zusammenarbeit zwischen dem kroatischen Wasserbau, der Gemeinde und dem WWF geschützt.

Ana Kuzmanić/WWF Adria

Mittlerweile ein seltener Anblick an der Drau: Natürliche Steilwände mit Uferschwalbenkolonien, wie hier an der Drau bei Libanovec, deren Bestände vom kroatischen WWF Adria regelmäßig kontrolliert werden.

Foto: Goran Šafarek

Eine 250 m lange Kiesbank ist im Sommer 2013 neu entstanden und zieht sich nun vor der Brücke Botovo – Zákány unterhalb der Mur-Mündung hin. Um diese Kiesbank zu schaffen, hat die Drau bei der Herbstflut 2012 schätzungsweise 60.000 t Kies und Sand bewegt. Durch festgeklemmte Baumstämme sind viele neue Strukturen für die Flussbewohner entstanden.

Die Drau verlässt aber schnell die Hügellandschaft. In der Podravina-Niederung weitet sich der Flusslauf auf der 18 km langen Strecke zwischen Botovo und der Repaš-Brücke zu einer Breite von 160 bis 310 m. Der Stromstrich pendelt gut sichtbar zwischen den beiden Ufern und sucht sich Stellen für die Seitenerosion, wobei ihn einzelne Inseln und Kiesbänke leiten. Stellenweise sieht man die wellenförmigen Auftürmungen der abgelagerten Kieselsteine, die jahrelang ganz ohne Holzbewuchs bleiben.

Zwischen der Mur-Mündung und Barcs wird die Flusslandschaft heute, dort wo die natürlichen Ufer nicht hoch genug sind, beidseitig, vor allem auf kroatischem Gebiet, durch Hochwasserdämme begrenzt, und die überschwemmten Auenflächen sind noch bis zu 2 km breit. Dennoch haben die Dämme große Flächen mit ausgedehnten Auwäldern vom Fluss abgeschnitten. Dies betrifft auch die wirtschaftlich bedeutenden Niederungswälder östlich von Molve und Đurđevac, die sich mit mehr als 60 km² fast bis Virovitica hinziehen. Ein Besuch dieser großen Auwaldinseln in der kroatischen Podravina sollte bei der Forstverwaltung Šumarija

Đurđevac angemeldet werden, da es wegen Waldarbeiten, Sperrungen oder Jagdaktivitäten teilweise zu Behinderungen kommen könnte. Bei einer solchen Anmeldung bekommt man aber gleich auch interessante Informationen zu den einzelnen Gebieten.

Foto: Darko Grlica

Die Drau zwischen Botovo und Repaš beim Dorf Komatnica. Noch immer sind Teile der alten Kulturlandschaft mit Trockenwiesen, Gerinnen, Kiesbänken und Auwäldern mit urwaldähnlichem Charakter zu finden. Im Hintergrund ist der Lankóci Schwarzerlenwald in Ungarn als dunkler Streifen zu erkennen.

Auch die nächsten 22 km von der Repaš-Brücke bis kurz unterhalb Heresznye sind durch Aufweitungen bis 420 m Flussbreite und schöne Kiesbänke charakterisiert. Bei Ferdinandovac und čambina im Repaš-Wald trifft man auf große abgetrennte, verschieden stark verlandete Mäanderbogen. In diesem Abschnitt gibt es auch einzelne Prall- und Gleituferbereiche; der markanteste Uferabbruch liegt zwischen Vizvár und Heresznye.

Foto: Martin Schneider-Jacoby

Spektakulär sind die Uferschwalbenkolonien mit meist mehreren hundert Paaren. Besonders gut kann man sie in Kroatien unterhalb der Mur-Mündung bei Libanovec und in Ungarn am Hochufer der Drau bei Heresznye (im Bild) beobachten.

Nirgendwo sonst zeigt sich die ungehemmte Dynamik der Drau besser, und deshalb war auch dieser Drau-Abschnitt ausschlaggebend für die Idee eines 5-Länder Biosphärenreservats.

Das Hochufer bei Heresznye mit dem Prallhang, von wo aus man einen großartigen Ausblick auf die Drau mit ihren Kiesbänken, Uferabbrüchen und Auwäldern hat, erreicht man von der ungarischen Seite des Nationalparks aus (man muss sich bei der Nationalparkverwaltung anmelden!). Von der Autostraße geht man zu Fuß über ein Feld bis zum Ufer, das 40 m hoch über die Flusslandschaft aufragt. Mit etwas Glück kann man Seeadler und Schwarzstörche kreisen sehen. In den lössigen Abbrüchen brüten Uferschwalbe und Bienenfresser. Die Kolonie zählt zu den größten an der Drau.

Unterhalb von Heresznye verschwinden die Kiesbänke. Stattdessen bilden sich Sandbänke – ein klares Zeichen der nachlassenden Schleppkraft des Flusses durch geringeres Gefälle. Erhalten geblieben ist die alte Flussgrenze zwischen Ungarn und Kroatien, die sich mit weiten Mäanderbogen bis nach Barcs hinzieht. Mit 3 km ist die einstige Pendelweite des Flusslaufes sehr beeindruckend, und bis heute schafft die Drau hier immer noch 1,3 km weite Pendelbewegungen. Dieser mäandrierende Abschnitt der Drau ist rund 32 km lang.

Foto: Francisco-Josephinische Landesaufnahme 1869-1887 ©gemeinfrei

Der Kartenausschnitt aus dem Jahr 1879 zeigt die Drau mit ihren Verzweigungen und Schlingenausbildungen nordwestlich von Repaš. Damals gab es zwischen Botovo und Heresznye auf 40,5 km Flusslänge 790 ha Kiesbänke und 73 bewaldete Flussinseln. Im Jahr 1997 waren es nur noch 61 ha Kiesbänke und 15 Flussinseln mit Holzbewuchs. Trotzdem ist diese Flusslandschaft auch heute noch einmalig in Europa, wo fast alle Flüsse in Kanäle umgewandelt worden sind.

Foto: Borut Stumberger

Kiesgruben wirken in der schönen Flusslandschaft der Drau wie Fremdkörper. Es kann aber lohnend sein, näher hinzusehen: Subfossile Baumstämme aus der jüngeren Flussgeschichte, insbesondere von Eichen, werden nicht selten entdeckt. Auch die Prallufer bringen manchmal karbonisierte Bäume zum Vorschein, die sich dann auf Kiesbänken ablagern. Leider hat sich bis heute niemand systematisch mit diesem verborgenen Schatz der Drau und Mur beschäftigt.

Einer der besten Aussichtspunkte, um einen Blick über die Drau-Mur-Landschaft zu bekommen, ist die St.-Michaels-Kapelle (Szentmihály-hegy) direkt über dem Zusammenfluss von Drau und Mur. Sie ist über ein schmales Sträßchen in Ungarn entlang der Drau zu erreichen. Zur Kapelle auf dem Hügel geht man aber am besten zu Fuß, wie es die Gläubigen schon immer getan haben.

Der wichtigste Auwald an der Drau in Ungarn ist der Lankóci-Wald zwischen Csurgó und Berzence an der Grenze zu Kroatien. Mit 2.500 ha Fläche, von der die Hälfte vom Nationalpark verwaltet wird, ist er auch der größte Auwaldkomplex entlang der Drau in Ungarn. Nach ungarischer Klassifikation handelt es sich um die folgenden Auwald-Typen: Ungarischer **Witwenblumen-Ulmenwald** (Knautio drymeiae-Ulmetum),

Waldengelwurz-Schwarzerlenbruchwald (Angelico sylvestris-Alnetum glutionosae) und **Walzenseggen-Schwarzerlenbruch** (Carici elongatae-Alnetum). An den Waldrändern und in den Lichtungen ist eine schöne Wiesen- und Sumpfvegetation mit Frühlings-Knotenblume, Schachblume und Wasserfeder vorhanden. Unter anderem brüten hier zwei Seeadlerpaare und der Schwarzstorch. Wenn man die ungarischen Bereiche des Lankóci-Waldes besuchen will, muss man sich bei der Parkverwaltung melden (www.ddnp.hu) und sich natürlich an die vorgeschriebenen Wege halten. Auch weiter entlang der ungarischen Seite des Flusses südlich von Babócsa sind kleine bewaldete Restauen erhalten geblieben.

Foto: Predrag Kostin

Der scheue Schwarzstorch findet an den Waldrändern Ruhe und Schutz, und die Sümpfe bieten genügend Nahrung.

Repaš-Wald

Besonders reizvoll ist das Repaš-Waldgebiet in Kroatien. Besucher sollten sich auf alle Fälle bei der Forstverwaltung Šumarija Repaš vor Ort kurz melden. Die Verwaltung befindet sich am Waldrand auf dem Weg von Repaš in Richtung Ždala und ist leicht zu finden. Von hier aus kann man dann den Auwald zu Fuß oder mit dem Fahrrad erkunden; das Wegenetz macht fast jeden Teil des Waldes zugänglich.

1998 hat die kroatische Vogelforscherin Jelena Kralj auf einer Fläche im Repaš-Gabajeva-greda-Komplex mit einem typischen alten Stieleichen-Hainbuchenwald fast ohne Strauchstrukturen 19 Singvogelarten mit einer minimalen Brutdichte von 67 Paaren/10 ha ermittelt. Vertreten sind hier u.a. **Ringeltaube** (Columba palumbus), Mittelspecht, **Buntspecht** (Dendrocopos major), Halsbandschnäpper, Blaumeise und **Buchfink** (Fringila coelebs). Wie auch in den alten Weiß- und Schwarzpappelwäldern an der Drau in Slowenien singen einzelne Buchfinken in zwei Etagen – oben in der Baumkrone und im unteren oder mittleren Geäst – in nur 10 bis 20 m Abstand. Nicht selten sitzen die singenden Männchen sogar im gleichen Baum. Außerdem stellte sie auf der untersuchten Fläche 6 Greif- und Wasservogelarten fest.

Am Rande des Repaš-Waldes trifft man am Jagdhaus auf den Čambina-Altarm, der die Grenze zu Ungarn bildet. Schon Anfang April zeigen sich hier brutverdächtige **Spießenten** (Anas acuta) und Moorenten; der Grauspecht ruft unermüdlich. Im Mai wimmelt es von Libellen. In geringer Höhe über dem Wasserspiegel schießt der **Frühe Schilfjäger** (Brachyton pratense) dahin, der plötzlich einen Schmetterling packt. Auch viele **Große Pechlibellen** (Ischnura elegans), Große Königslibellen und Tausende Hufeisen-Azurjungfern sowie die Gebänderte Prachtlibelle trifft man hier an. Einige **Flussjungfern** (Gomphidae) überfliegen schnell den Altarm. **Rohrschwirle** (Locustella luscinoides) und die unermüdlichen Drosselrohrsänger sind vom Schilf her zu hören. Altwasserarme und ihre nahe Umgebung sind immer sehr interessant, da sie an einem Ort die ganze Sukzessionspalette bis zum reifen Auwald bieten.

Geht man über die Repaš-Brücke zwischen Molve und Repaš in Richtung des Grenzübergangs von Gola nach Ungarn, kann man den über dem Wasser jagenden Flussseeschwalben und – mit etwas Glück – auch Zwergseeschwalben zusehen.

Foto: Goran Šafarek

Die Drau bei der Repaš-Brücke zwischen Molve und Repaš-Wald. Die Kiesbänke vor der Brücke sind in manchen Jahren von einer Fluss- und Zwergseeschwalbenkolonie besetzt.

Foto: Arno Mohl

Foto: Matjaž Bedjanič

Čambina-Altarm und der Frühe Schilfjäger im Tandem.

Foto: Dušan Klenovšek

Foto: Herbert Bödendorfer

Direkt bei der Repaš-Brücke haben Orchideen wie das **Helm-Knabenkraut** (Orchis militaris) und das **Dreizähnige Knabenkraut** (Neotinea tridentata) einen Lebensraum.

Wiesen und Weiden: Molve – Đurđevac und Berzence – Belavár

Der Hochwasserdamm der Drau markiert heute die Grenze zur Kulturlandschaft, die sich noch vor wenigen Jahrzehnten zwischen Legrad und Barcs teils bis an den Fluss ausgedehnt hat. Wie auf einem Leopardenfell zeichnen sich kleinere Grünlandbereiche mit Wiesen ab, wobei die Hutweiden insbesondere im kroatischen Teil fast verschwunden sind.

Foto: Otto Samwald

Dorngrasmücke.

Schon vom Straßenrand aus kann man in den Wiesen vor Molve viele interessante Vogelarten entdecken, darunter Wachteln, Wiedehopfe, **Feld-lerchen** (Alauda arvensis), **Nach-tigal-len** (Luscinia megarhynchos), **Dorngrasmücken** (Sylvia communis), Neuntöter, Feldschwirle, Schwarzkehlchen, **Grau**- und **Goldammern** (Milaria calandra, Emberiza citrinella), Weißstörche und **Baumfalken** (Falco subbuteo). Auch ein kleiner Schwarzstirnwürgerbestand hat sich hier mindestens bis 2010 gehalten (leider gibt es hierzu keine neueren Angaben).

Glatthaferwiesen (Arenatheretum elatorius) sind der häufigste Wiesentyp; sie kommen in verschiedenen Ausprägungen vor. So wachsen auf den trockeneren Wiesen Orchideen wie **Kleines Knabenkraut** (Orchis morio), **Affen-Knabenkraut** (O. simia), Helm-Knabenkraut, **Spinnen-Ragwurz** (Ophrys sphegodes), **Hummel-Ragwurz** (O. holoserica), **Herbst-Drehwurz** (Spirantes spiralis), **Großes Zweiblatt** (Listera ovata) und **Pyramiden-Orchidee** (Anacamptis pyramidalis). Selbst im Bereich der Weichholzauen zwischen Hochwasserdämmen sind schöne Wiesenstandorte zu finden. Dabei handelt es sich vorwiegend sogar um Trockenwiesen, weil das Wasser zwischen Kieselsteinen und Sand nach der Flut schnell versickert. An feuchteren Standorten weisen die Orchideenwiesen **Sumpf-Stendelwurz** (Epipactis palustris), sehr selten gewordene **Wanzen-Knabenkraut** (Orchis coriophora) und **Männliches Knabenkraut** (Dactylorhiza maculata) auf.

Große Wiesenbereiche sind aber nach Aufgabe der Bewirtschaftung zugewachsen und stark gefährdet. Unglücklicherweise ist der am besten erhaltene Teil der Podravina mit Molve und Đurđevac als Kerngebiet nicht als Natura-2000-Gebiet gemeldet. Hinzu kommt noch, dass keine Untersuchungen der Wiesenvögel bekannt sind. Internationale Hilfe für Schutz und Erhaltung der artenreichen Wiesenlandschaft wäre dringend geboten.

Schöne **Silbergras-Schafschwingelrasen** (Corynephoretea-Festucetum vaginate croaticum) wachsen – leider nur noch kleinräumig – auf den Sanddünen bei Đurđevac. Solche Silikattrockenrasen wurden früher als unbrauchbarer Treibsand betrachtet; schon im 19. Jahrhundert hat man deshalb den größten Teil der Sanddünen mit Robinien und Koniferen bepflanzt.

Foto: Arno Mohl

Die Dravska liga, ein Zusammenschluss von kroatischen Naturschutzorganisationen entlang der Drau, feiert regelmäßig ein gemeinsames Flussfest zum Schutz der Kultur und Natur. Als Fische verkleidete Schulkinder werben für eine frei fließende Drau vor dem Rathaus in Koprivnica.

Vor Berzence, auf ungarischer Seite, reichen die Wiesen des Lankóci-Waldes bis zu den Grünlandbereichen des ungarischen Nationalparks, die sich auf 12 km Länge in einer Randsenke der Drau über Somogyudvarhely bis zum Belavár hinziehen. Im Süden reichen sie bis an die Grenze zwischen Ungarn und Kroatien im sogenannten Ždala-Graben, dem einstigen Draulauf. Das durch Mäanderbogen vernetzte Grünland ist nachweislich über Jahrhunderte hinweg kontinuierlich beweidet und gemäht worden. Ungefähr 60 Prozent des Grünlands besteht heute aus Weiden und 40 Prozent aus sehr schönen Wiesen. Die Flächen werden vom Nationalpark an die Bauern verpachtet. Die Wiesentypen vor Ort sind: **Großseggenriede** (Caricenion gracilis), **wechselfeuchte Wiesen** (Deschampsion caespitosae), **Pfeifengraswiesen** (Molinion coeruleae), **Flachlandmähwiesen** (Arrhenatherion) und **Borstgrasrasen** (Cynosurion).

Der **Wachtelkönig** (Crex crex), der in der Mur-Drau-Donau-Niederung extrem selten geworden ist, hat hier noch eine Heimat, ebenso einige gefährdete Pflanzenarten. In den sumpfigen Wiesen wächst die Sibirische Schwertlilie, in Magerwiesen der **Gewöhnliche Teufelsabbiss** (Succisa pratensis), in nährstoffarmen Feuchtwiesen der **Lungen-Enzian** (Gentiana pneumonanthe). Auch Feuchtigkeit liebende Orchideenarten wie Sumpf-Stendelwurz oder **Fleischfarbenes Knabenkraut** (Dactylorhiza incarnata) lassen sich finden.

Besonders die im Frühling unter Wasser stehenden tieferen Bereiche der Randsenke zwischen Berzence und Belavár ziehen einige Transsaharazieher wie **Löffelente** (Spatula clypeata), **Knäkente** (Spatula querquedula), Bruchwasserläufer und Kampfläufer zur Rast und Nahrungssuche an. Der Kiebitz – und in nassen Jahren sogar die **Bekassine** (Gallinago gallinago) – brüten hier. Als Erinnerung an einstige Waldweiden stehen immer noch riesige mehrhundertjährige solitäre Eichenbäume in der Landschaft. Ein weiteres Beispiel der einstigen Waldweiden an der Drau in Ungarn findet man südöstlich des Dorfes Péterhida bei Babósca direkt an der Grenze an den Mäanderbögen von Križnica.

Foto: Jenő Purger

Bei Berzence hat die extensive Beweidung eine schöne Kulturlandschaft mit imposanten Solitär-Eichen geschaffen.

Foto: Martin Schneider-Jacoby

Foto: Martin Schneider-Jacoby

Foto: Martin Schneider-Jacoby

Kornweihen (Circus cyaneus) gehen über den Wiesen und Weiden auf Kleinvogeljagd und überwintern auch im Gebiet. Die naturnahe Grünlandbewirtschaftung bei Berzence hat außerdem einen guten Weißstorchbestand zur Folge.

Foto: Alen Ploj

Langstreckenzieher wie der Bruchwasserläufer profitieren vom reichen Nahrungsangebot der kurzrasigen Weideflächen, die im Frühling seicht überschwemmt sind.

Križnica – wo Flussmäander Grenzgeschichte schreiben

Landschaftlich einmalig liegt das kroatische Dorf Križnica zwischen dem alten und dem neuen Flussbett der Drau. Während der Habsburgischen Landnahme (1763 bis 1787) lag Križnica noch am rechten Flussufer. Zwischen 1806 und 1869 hat man dann mit einem Durchstich eine ganze Abfolge von Mäanderbögen mit einer Gesamtlänge von 24 km durchstochen und damit die Fließstrecke um 23 km verkürzt! Seither hat sich die Drau wieder um fast 1,5 km in Richtung Norden verschoben. Der Zugang zum Dorf ist nur über eine 1967 gebaute und 164 m lange Hängebrücke für Fußgänger oder mit der Fähre möglich. Es ist sehr zu hoffen, dass diese einmalige Brücke auch für die Zukunft erhalten bleibt. Von Norden und gegen Ungarn hin, durch die Stillgewässer der Mäander regelrecht abgeschottet, bildet Križnica eine Welt für sich. Die Mäander sind zwischen 100 bis 140 m breit; in ihren reichen Strukturen beherbergen sie Brutvögel wie Zwergrohrdommeln und Blässhühner.

Eine solch eigentümliche, durch Jahrzehnte oder sogar Jahrhunderte bewahrte Grenze ist ein wahrer Kulturschatz! Europaweit gibt es nicht viele vergleichbare alte Flussgrenzen wie die bei Križnica. Zu oft waren die Anrainer bemüht, die Flussgrenzen durch Begradigung zu vereinfachen und den Landschaftsgestalter Fluss zu bändigen. Ein schönes Beispiel bietet auch die Grenzmur zwischen Slowenien, Kroatien und Ungarn. Mögen die Anrainer auch hier die Mäandergrenze beibehalten, damit die Mur wieder zurückpendeln kann, so wie dies die Drau gerade in Križnica macht!

Drávaszentes – die Wiedergeburt einer alten Weidelandschaft

Zur Unterstützung des Schutzes der Drau hat die ungarische Nationalparkverwaltung 2008 das schöne Besucherzentrum „Dráva Kapu" in Drávaszentes eröffnet (www.ddnp.hu). Hier ist eine der besten Anlaufstellen für Touristen entstanden, die den Lebensraum Feuchtwiese bzw. Weide anhand fachlicher Informationen und auf dem Lehrpfad kennenlernen wollen. Das Zentrum liegt nur 4 km vom Auenrand entfernt und verfügt über eine professionelle Leitung. Für die Verköstigung von Besuchern, denen umfassende Informationen und Ausstellungen zur Natur- und Kulturgeschichte geboten werden, ist ebenfalls gesorgt.

Es gibt sogar einige wenige Gästezimmer zum Übernachten. Auch Naturschutzkonferenzen werden organisiert, was besonders wichtig ist, denn der Erfahrungsaustausch im Bereich Herdenmanagement und Landschaftspflege wird entlang von Drau und Mur sehr benötigt.

Das Wichtigste für die Pflege der alten Kulturlandschaft am Fluss findet man nur wenige Meter vom Besucherzentrum entfernt: Herden alter bedrohter Nutztierrassen mit Zackelschafen und Huzulen (eine osteuropäische Ponyrasse mit Wildpferdmerkmalen und somit nah verwandt mit dem Urwildpferd Tarpan), Steppenrindern, Mangalitza-Schweinen und Eseln grasen in den etwa 700 ha umfassenden Weiden des Donau-Drau-Nationalparks. Nach der Brut- und während der Zugzeit begleiten Wiesenschafstelzen und Stare die Weidetiere. Auch Ammern, Pieper, Lerchen und viele andere Singvögel finden sich auf den von Greifvögeln kontrollierten Flächen ein. Die feuchten oder sogar seicht überschwemmten Weiden locken Wasservögel an.

Die Weiden und Wiesen von Drávaszentes stellen derzeit das größte beweidete Grünlandgebiet entlang der Grenzdrau dar. Ohne den Nationalpark gäbe es hier wahrscheinlich nur noch flurbereinigte Äcker und Einheitsforste.

Foto: Jenő Purger

Zu einer Weide gehören Tier und Mensch, aber auch die Wiesenpflanzen sowie Büsche und Bäume: Hier muss der Waldrand noch unterbrochen werden, um eine halboffene Weidelandschaft mit fließenden Übergängen zwischen Wald und Grünland zu schaffen. Die Steppenrinder von Drávaszentes öffnen unsere Augen für eine nachhaltige Landwirtschaft, die Natur und Kultur dient.

Foto: Martin Schneider-Jacoby

Dieses Bild vermittelt den Eindruck, als handle es sich um abklingendes Hochwasser und die Schlammbänke hätten sich gezeigt. Tatsächlich waren es aber die Huftiere, die die Oberfläche der Drávaszentes-Weidelandschaft durch Tritt und Verbiss geformt haben. So erhält man mittels nachhaltiger Weidewirtschaft eine stark dynamische Flusslandschaft wie auch an der Save in Kroatien.

Barcs – Donji Miholjac: Landschaft mit abgetrennten Mäanderbögen

Heute kann man die rund 76 km lange Flussstrecke zwischen der Virovitica (ehem. Draubrücken), Barcs, Donji Miholjac und Harkany als Landschaft der abgetrennten Mäanderbogen bezeichnen. Im 19. Jahrhundert sind die Drau-Schlingen an 42 Stellen durchstoßen worden. Zudem sind alleine auf der ungarischen Seite des Flusses mindestens 52 Mäander mit einer Pendelweite von bis zu 3 km klar erkennbar. Vom heutigen Flussverlauf reichen sie 8 bis 10 km tief in die Landschaft hinein. Die Vegetation der teils trockenen, teils seicht überschwemmten Flächen setzt sich deutlich von der flurbereinigten Landschaft ab. Auch Mäander mit offener Wasserfläche sind zu finden. Viele ehemalige Mäander erkennt man noch gut an den hufeisenförmigen Strukturen des Sekundärwalds oder der Sukzession (leider auch Neophyten) in der Ormánság Flussniederung. Einen Abstecher wert ist das erst kürzlich errichtete Old-Drava Besucherzentrum des Donau-Drau Nationalparks bei Szaporca (http://odlk.hu/en/). Das Zentrum bietet eine Menge Wissenswertes über die alte Natur- und Kulturlandschaft des Ormánság. Nach Besuch der Ausstellung kann man entlang eines Lehrpfades den längsten Drau-Altarm in diesem Gebiet erkunden, der bereits seit 1979 als Ramsar Gebiet geschützt ist. Kanutouren lassen sich vorab im Zentrum buchen.

Auch Fahrräder kann man hier ausborgen. Teil des Zentrums ist ein Schau-Bauernhof, der alte ungarische Haustierrassen beherbergt und einen guten Einblick in die historische Lebensweise der Bevölkerung der Region gibt.

Foto: Mario Romulić

Rallenreiher.

Radfahrer kommen gut voran auf den Hochwasserdämmen (teils Asphalt-, meistens Erdwege) sowie auf den wenig befahrenen Dorfstraßen. Vom Dorf Drávasztára gelangt man direkt an zwei abgetrennte Mäander (Brestik und Vájás-tó) und den Fluss. Auch das Wandern auf dem Damm ist lohnend, besonders wenn man bei Hochwasser auf einer Seite die überschwemmte Aue vor sich hat. Am Fluss gibt es alle 15 bis 20 km Campingplätze, außerdem Übernachtungsmöglichkeiten in Drávatamasi, Drávafok und in Mailáthopuzsta, das in der Mitte eines großen Mäanderbogens liegt.

Auch an der kroatischen Seite der Drau befinden sich nordöstlich von Virovitica einige große Flussschlingen mit offener Wasserfläche: drei bei Detkovac sowie je eine bei Budakovac und Sopje. Lohnend ist der Besuch des Informations- und Bildungszentrums östlich von Virovitica an der Drau in Noskovci (http://dravska-prica.hr/en/) Es ist im ehemaligen Herrenhaus des Grafen Drašković aus dem 19. Jahrhundert untergebracht das erst 2016 für diese Zwecke renoviert wurde. Das Zentrum bietet neben verschiedenen, sehr liebevoll eingerichteten Schauräumen, die den

Besuchern den einmaligen Naturreichtum des Gebiets auf vielfältige Weise näherbringen, auch eine Herberge. Vom Zentrum führt in östlicher Richtung ein Feldweg entlang eines Naturlehrpfades bis zum Hochwasserdamm. Nach dessen Überquerung gelangt man nach ein paar Minuten ans Drauufer. Im nahegelegenen Auwald brütet der Seeadler. Etwas flussabwärts ist in den 1980iger Jahren ein Drau-Mäander künstlich durchstochen worden. Die Ufer hat man aber nicht befestigt und so bieten sie einer kleinen Kolonie von Uferschwalben Heimat. Auch der **Eisvogel** (Alcedo atthis) brütet hier mit mehreren Paaren. Schon bei einem kurzen Stopp an der Straße von Donji Miholjac in Richtung Harkány, einige 100 m vor dem Grenzübergang, ist der ökologische Wert der Fischteiche schnell zu erkennen. Von Ende Mai bis in den Juli hinein brüten in den Teichen direkt an der Straße bis zu 1.500 Weißbartseeschwalben. Außerdem kann man mit zahlreichen Moorenten, sehr vielen Blässhühnern sowie Grau-, Purpur-, Silber- und eventuell Nachtreihern rechnen. Aus dem dichten Teppich der Schwimmblattgesellschaften tauchen zwischen den gelben Blüten der Seekanne meist nur die Köpfe der Moorenten auf, die sich vor dem Beobachter zu verstecken suchen. Während der Brutzeit im Juni und Juli sind die Seekannenbestände der wichtigste Lebensraum der Moorente. Die Altvögel ernähren sich hier meist nicht durch Tauchen, sondern durch den Fang von Blattläusen auf der Wasseroberfläche. Schon Ende März bis Anfang April halten sich Hunderte der hübschen Enten vor dem westlichen Stadtteil auf, bis sie nach dem Befüllen der Teiche zur Brut dorthin wechseln können.

Das Hotel Borik liegt direkt an der Südseite der Teiche am östlichen Eingang der Stadt. Leider ist es an Wochenenden und Feiertagen dort sehr laut, während man sonst nur Frosch- und Vogelkonzerte hört. Die seltene Knoblauchkröte ist hier beheimatet, und am Rande der Hotelanlage jagen **Waldohr-** und **Schleiereule** (Asio otus, Tyto alba). Die Fischteiche von Donji Miholjac sind nicht für Besucher geöffnet. Man kann jedoch mit dem Verwalter, der auch die großen Grudnjak Ribnjaci-Fischteiche bewirtschaftet, Kontakt aufnehmen. Nach einer höflichen Bitte steht dem Betreten des Geländes – sogar ohne Rückmeldung – in der Regel nichts im Wege.

Foto: Borut Stumberger

Im August vermitteln die Teppiche der Seekanne in den Fischteichen von Donji Miholjac einen Eindruck von der großartigen Landschaftskulisse der einstigen Drau-Landschaft mit ihren großen Mäanderbogen in verschiedenen Verlandungsstadien.

Foto: Borut Stumberger

Fischteiche von Donji Miholjac im Schlosspark vor dem Ablassen im Oktober. Im Hintergrund befinden sich die Auen der Drau.

Unweit Donji Miholjac und unterhalb Drávaszábolcs liegt am kroatischen Flussufer, aber dennoch auf ungarischem Territorium, eine Kormoran-Kolonie. Man kann sie nur vom ungarischen Ufer aus sehen auf dem Weg von der Ortschaft Matty durch Keselyősfapuzsta hindurch zum Fluss. Dort führt ein Lehrpfad am Flussufer entlang zum Wald der Kormorane (Mattyi kormoránoş erdő). Die Kormoran-Kolonie ist von Ende Februar bis in den Juni hinein besetzt und die Nahrungsflüge der Vögel sind schön zu verfolgen. Die Koloniestärke der Kormorane pendelt zwischen 180 und 330 Brutpaaren (2005 bis 2014). Hier kann man aber auch andere Vögel wie Purpur- und Nachtreiher oder Seeadler entdecken. Bei mittlerem Wasserstand wird eine Sandbank mit rastenden Wasservögeln oder jagenden Schwarzstörchen sichtbar.

Die größten Drau-Auwälder zwischen Donji Miholjac und Osijek

Sobald die Drau die gemeinsame kroatisch-ungarische Grenzstrecke in südöstlicher Richtung verlässt, schlängelt sie sich bis Osijek durch einen 2–4 km breiten Auwaldgürtel. Diese Auwälder sind die größten zusammenhängenden entlang der gesamten Drau. Einen guten Blick in die Auen hat man vom Hochufer in der Nähe der kleinen kroatischen Ortschaft Šag aus, die man aber nur über Feldwege erreicht. Von dort aus überblickt man den Fluss mit seinen großartigen Auwäldern. Auf der gegenüberliegenden Sandbank haben die Autoren 2005 noch den Triel (Burhinus oedicnemus) rufen gehört, der mittlerweile nur mehr ein seltener Gast an der Drau ist. Viel häufiger sieht man hier Seeadler oder Schwarzstorch. Von einem eigenmächtigen Durchstreifen der schwer zugänglichen Auwälder und auch der Uferzone wird dennoch abgeraten, da die Wälder nach wie vor noch nicht zur Gänze entmint sind.

Foto: Darko Grlica

Die ausgedehnten Mäander und Auwälder der Unteren Drau sind in Europa einzigartig. Im Vordergrund eine abgetrennte Flussschlinge.

Wenn man Richtung Süden fährt und den Naturpark Kopački rit besuchen möchte, sollte man es auf keinen Fall versäumen, der Stadt Osijek einen Besuch abzustatten. Besonders sehenswert ist die Altstadt (Tvrđa), gleichzeitig die barocke Festungsanlage von Osijek. Von hier aus kann man das Drauufer entlangschlendern. Mit etwas Glück lässt sich an lauen Frühlingsabenden in den angrenzenden Parks der Ruf der **Zwergohreule** (Otus scops) vernehmen.

Foto: Darko Grlica

Tvrđa ist eine barocke Festungsanlage an der Drau und gleichzeitig die Altstadt von Osijek. Sie wurde nach dem Sieg der Österreicher über die Türken im Jahr 1687 erbaut.

Kopački rit – ein Naturparadies par excellence

Das Herzstück des Biosphärenreservates Mur-Drau-Donau bildet der Naturpark Kopački rit. Zur Zeit des ehemaligen Jugoslawien lag der Schwerpunkt auf dem Jagdtourismus; es gab deshalb nur wenige Verstecke für nur mit Fernglas und Fotoapparat „bewaffnete" Besucher. Doch dafür bot der Hochwasserdamm einen herrlichen Ausblick über den zentralen Teil des Schutzgebietes und die Fischteiche. Das „Spezielle Zoologische Reservat" war damals nur mit einem Boot mit Führer zu erreichen. Diese Lösung war aber ideal, denn gerade dadurch bekamen die Besucher den ganzen Reichtum der Auenlandschaft zu sehen. Die Wildtiere zeigten wenig Scheu, weil sie sich an das Boot gewöhnt hatten, das stets denselben Kurs einhielt.

Eine Bootsfahrt durch die Auen bleibt unvergesslich. In der faszinierenden Urlandschaft sieht man Nachtreiher in den Weiden hocken und Graureiher in der **Sumpfkresse** (Rorippa amphibia) nach Jungfischen stochern, während Hunderte von Seeschwalben über dem Wasser jagen. Manchmal stapfen Rothirsche durch die Flachwasserbereiche. Riesige Kormoranschwärme unterstreichen die urwüchsige Kraft der europäischen Flussauen, und über dem Kopačko-See kreisen meist – manchmal sogar bis zu einem Dutzend – Seeadler.

Während der Zerfallskriege Jugoslawiens war die einzigartige Landschaft lange Zeit Frontlinie. Danach musste das Schutzgebietsmanagement ganz neu aufgebaut werden, wobei man die früher gemachten Erfahrungen mit den neuen Möglichkeiten der Besucherinformation verband. Obwohl dieser Prozess noch nicht abgeschlossen ist, hat der Naturpark Kopački rit Besuchern heute schon vieles zu bieten (http://pp-kopacki-rit.hr). Ein guter Ausgangspunkt für die Erkundungen ist das Besucherzentrum des Naturparks, das am Rande des kleinen Fischerortes Kopačevo liegt. Von hier aus gelangt man über einen erst kürzlich errichteten, 1.500 m langen und vielfach verzweigten Holzsteg, zum Hochwasserdamm, von dem aus man einen ersten Blick in die Auen werfen kann. Direkt am Damm gibt es eine Anlegestelle für Besucherboote. Mit dem Solarboot „Vidra" (kroat. „Otter") kann man, nach Voranmeldung im Zentrum, die Auenlandschaft in Begleitung erfahrener Führer erkunden. Lohnenswert ist auch ein (kulinarischer) Abstecher in den kleinen Fischerort Kopačevo, den man bequem zu Fuß auch über den Holzsteg erreichen kann.

Foto: Arno Mohl

Eine der vielen guten Vogelbeoachtungspunkte beim Besucherzentrum ins Kopački rit.

Den besten Einblick ins Kopački rit hat man vom Hochwasserdamm aus, der abschnittsweise von einer schmalen Straße begleitet wird, die am Besucherzentrum vorbeiführt. Linkerhand liegen die von Vögeln reichlich besuchten Fischteiche Podunavlje, rechterhand liegt die riesige Auenlandschaft. Von hier aus kann man sehr gut vorbeifliegende **Weißbartseeschwalben** (Chlidonias hybrida), **Purpurreiher** (Ardea purpurea) und regelmäßig Seeadler beobachten.

Achtung: Besucher sollten sich keinesfalls außerhalb der beschilderten Wege bewegen und sich streng an die Parkanweisung halten, weil die Minengefahr noch nicht überall gebannt ist!

Die kriegsbedingt nicht mehr bewirtschafteten und somit trocken gefallenen Fischteiche von Podunavlje konnten mit Hilfe eines WWF-Projektes wiedervernässt werden. Inzwischen findet dort wieder extensive Fischzucht statt und die Teiche sind in der Trockenzeit zu einem wichtigen Ersatzlebensraum für viele Wasservögel geworden. Ein Beweidungsprojekt mit Podolischen Rindern hat das Ziel, die Existenzgrundlagen für Reiher, Ibisse, Enten und Limikolen zu verbessern. Die Hirschpopulation hat sich nach dem Kriegstief erholt und umfasst inzwischen mit rund 1.000 Tieren wieder ein Viertel des ehemaligen Bestandes.

Foto: Predrag Kostin

Heute finden Rothirsche in den Wäldern des Kopački rit wieder einen sicheren Lebensraum.

Heute brüten im Kopački rit bis zu 70 Seeadlerpaare. Zusammen mit den 20 Brutpaaren in den angrenzenden östlichen und nördlichen Donauauen in Serbien bis zur ungarischen Grenze ist das die weltweit höchste Brutdichte. Des weiteren brüten hier 10 **Rohrweihen** (Circus aeruginosus) und einzelne Würgfalken sowie zwei Kormoranarten, eine davon, Phalacrocorax carbo, sogar mit 2.500 Paaren. Ganz ungewöhnlich ist auch die Zahl der brütenden Graureiher mit etwa 1.000 Paaren. Im Winter tauchen regelmäßig einzelne **Schelladler** (Aquila clanga) auf, ebenso der **Merlin** (Falco columbarius). Sogar **Rotmilane** (Milvus milvus) zeigen sich dann hier und in der angrenzenden Baranja.

Der Schwarzstorchbestand hängt im Kopački rit maßgeblich von den alten Eichenwäldern ab. Während Anfang der 1990er Jahre noch zwischen 30 und 50 brütende Paare im Kopački rit und seiner Umgebung festgestellt werden konnten, sind es inzwischen um mehr als die Hälfte weniger. Dies liegt daran, dass man die Fläche der Eichenwälder durch Holzeinschlag auf nur noch 570 ha reduziert hat, wobei die Hälfte der Bäume heute jünger als 60 Jahre alt ist und sich deshalb noch kaum als Brutbäume für Schwarzstörche eignen.

Brütende Wiesenvögel kommen wegen der Trockenlegung und Ackerlandwirtschaft in der Baranja eher selten vor. Umso bedeutender sind die natürlichen Wiesenbestände im Kopački rit. Das Öffnen der Auenkanäle für gemietete Boote und Kanus muss gerade deshalb sehr kritisch betrachtet werden, da sie quer durch das Vogelreservat und somit die Ruhezone für Wasservögel und Wiesenbrüter führen.

Wenn man vom Damm Richtung Norden fährt kommt man zum ehemaligen Jagdschloss Tikveš des Prinzen Eugen (http://tzo-bilje.hr/tikves), das später auch von Jugoslawiens Präsident Tito für Jagdausflüge genutzt wurde. Im anschließenden Gebäude sind eine Forschungsstation und eine Ausstellung untergebracht, die den rund 23.000 ha großen Naturpark mit seinen zahlreichen Naturschätzen vorstellt. Auch Fahrräder kann man mieten.

Empfehlenswert ist ein Besuch des Ökozentrums Zlatna greda (http://zlatna-greda.org), das von der lokalen Naturschutzorganisation „Green Osijek“ betrieben wird. Dieses Zentrum bietet neben verschiedenen Umweltaktivitäten auch Bootstouren auf der Donau und in den Naturpark an und ist ein guter Ausgangspunkt für Radtouren ins Gebiet. Es gibt einfache Herbergen und Möglichkeiten, Fahrräder auszuleihen.

Gute Übernachtungsmöglichkeiten bietet der kleine Ort Karanac in der Baranja, der nordwestlich des Kopački rit in Richtung ungarischer Grenze liegt. Ein besonderes Erlebnis ist die Übernachtung in einem der alten, malerischen Bauernhäuser, die als Pensionen eingerichtet sind. Bei einem Abendspaziergang durch das Dorf kann man im Frühjahr mit ein wenig Glück die Rufe gleich von drei Eulenarten hören, **Steinkauz** (Athene noctua), Schleiereule (Tyto alba) und Waldohreule (Asio otus). Wenn man in nordöstlicher Richtung die Straße zur serbischen Grenze nimmt, führt eine kleine Bergstraße bei Batina den Banska kosa Hügel hinauf. Von dort hat man einen wunderbaren Blick auf die Flusslandschaft und Auwälder der Donau im Dreiländereck Kroatien-Ungarn-Serbien. Zudem gibt es unweit des Aussichtpunktes Reste von subpannonischen Steppen-Trockenrasen.

Foto: Arno Mohl

Die Pensionen in der Baranja werden als Familienbetriebe geführt, in denen sich die Besitzer persönlich um das Wohl der Gäste bemühen (Bild links).

Foto: Arno Mohl

Der Banska kosa Hügel bei Batina bietet einen hervorragenden Blick über die Donauauen im Dreiländereck Kroatien-Ungarn-Serbien. Er war auch Mittelpunkt der Kampagne von WWF und EuroNatur gegen die Regulierung von Donau und Drau.

Foto: Mario Romulić

Natürliche Auenlandschaft des Kopački rit.

Foto: Mario Romulić

Eine Wanderung entlang des Dammes zwischen der Naturlandschaft des Kopački rit und der Kulturlandschaft mit den Fischteichen von Podunavlje gehört zum den schönsten und vogelreichsten Erlebnissen in der Drau-Donau Flusslandschaft. Im Vordergrund das Besucherzentrum.

Foto: Mario Romulić

In der Ortschaft Kopačevo werden Mitte September die Fischtage organisiert – eine gute Gelegenheit, die lokale Gastronomie zu testen.

Sehens- und Erlebenswertes in der Flusslandschaft der Donau

Das Gemenc-Auwaldgebiet

Die Auwälder im Gemenc-Gebiet sind die größten zusammenhängenden Auwälder Ungarns. Sie ziehen sich auf 20 km Länge und durchschnittlich 5 km Breite hin, wobei sich nördlich und südlich weitere Auwaldbereiche anschließen. Insgesamt ergibt dies einen mächtigen Waldgürtel auf 30 km Länge.

Ab 1822, als man mit der Regulierung der Donau begann, hat man die Auen in Schlagflächen aufgeteilt und dann nach und nach in eine Holzplantage umgewandelt. 1977 wurden 10.000 ha Wald als Landschaftsschutzgebiet Gemenc ausgerufen und 1996 der Nationalpark Donau-Drau gegründet. Obwohl vor 1996 von 35.000 ha bereits rund 5.000 ha ausschließlich dem Naturschutz gewidmet waren, diente der weitaus größte Teil also noch wirtschaftlichen Zwecken. Aber schon im Jahr 2000 war die Hälfte der Wälder nicht mehr als Wirtschaftsgebiet deklariert und der Schutz auf 17.000 ha der Auwaldflächen erweitert. Aufgrund der starken Populationen des **Schwarzmilans** (Milvus migrans) mit 25 Brutpaaren und des Schwarzstorchs mit 35 Brutpaaren, die größte Population in Ungarn, sind 17.839 ha von Gemenc außerdem als IBA-Gebiet gemeldet. Heute werden die Wälder von der Gemenc Forst- und Wildwirtschaft AG bewirtschaftet.

Immer mehr der einheimischen Baumarten der Weich- und Hartholzauen ersetzen inzwischen wieder die ökologisch wenig nützliche Edelpappel, deren Anteil mittlerweile um die Hälfte gesunken ist. Würde man nun noch zulassen, dass die Donau sich mit einem oder zwei Mäandern wieder mit dem Auwald vernetzt, bekämen auch viele Fisch- und weitere Vogelarten hier eine neue Chance.

Es ist nicht einfach, Auwälder in dieser Größenordnung zu erkunden. Deshalb ist eine spezielle Waldbahn für die Besucher und sonstige Transporte eingerichtet worden. Tickets für die Bahn bekommt man im Zentrum für Ökotourismus im Dorf Pörböly, das als Tor zum Gemenc-Gebiet zu betrachten ist. Ein Museum präsentiert die Volkskultur mit einer Sammlung zur Imkerei sowie Tieren und Pflanzen in der Aue. Die Bahnfahrt ist beeindruckend. Ein aufmerksamer Beobachter erkennt schnell, welche Höhe die letzten Überschwemmungen erreichten, dass die Krautschicht im Wald von Wildtieren abgeweidet wird und dass sich Rothirsche und Wildschweine kaum scheu verhalten. Von Ende August bis Mitte September werden sogar spezielle Touren angeboten, damit man die Hirschbrunft life erleben kann.

Achtung: Wegen der Zugluft sollten Besucher auch im Sommer eine Jacke und eine Kopfbedeckung mit Ohrenschutz tragen, denn die Abteile der Waldbahn haben zwar ein Dach, sind aber sonst offen. Fahrräder kann man in der Waldbahn mitnehmen, um später auf einem Radweg weiterzufahren. Noch erholsamer sind die ruhigen Wanderwege.

Ornithologisch interessant ist die alte Aufweitung des Rezéti-Duna-Altarmes (Malomtelelő-tó), die leicht mit der Waldbahn zu erreichen ist. Während der Brut- und Zugzeit lassen sich von einem Beobachtungsturm aus insbesondere die Schwarzstörche gut beobachten, die hier in erstaunlich großen Gruppen leben. Nicht umsonst gilt dieser Abschnitt der Donau-Auen als Lebensraum einer der weltweit dichtesten Populationen des Schwarzstorches.

Foto: Borut Stumberger

Die Gemencer Waldbahn macht es allen Altersgruppen möglich, die beeindruckenden Auwälder an der mittleren Donau zu erleben. Die Bahn bietet auch Anschluss an diverse Wander- und Radwege.

Foto: Mario Romulić

Schwarzstörche sieht man meistens in der Luft kreisend. Eine besonders gute Gelegenheit, sie bei der Nahrungssuche zu beobachten, bietet der Beobachtungsturm am Malomtelelő-tó Altarm.

Foto: Borut Stumberger

Türr-István Brücke an der Donau bei Baja.

Pörböly – Trockenaue, künstlich angelegt und vorübergehend überschwemmt

Im Bereich der Donau-Auen, westlich von Gemenc und östlich von Mohács, sowie in den sich südlich anschließenden Teilen der Vojvodina in Serbien, erstrecken sich Hunderte von Quadratkilometern meistens flurbereinigter ehemaliger Auengebiete. Diese riesigen Flächen sind zu landwirtschaftlichen Monokulturen geworden, nachdem man sie von den periodischen Hochwässern der Donau durch Hochwasserdämme abgeschnitten hatte. Bei starken lokalen Regenfällen und hohem Pegel der Donau bzw. des Grundwasserspiegels presst sich das Wasser durch die Dämme, und wenn ein Damm bricht (was schon mehrmals vorkam), entstehen in den früheren Auen plötzlich neue Gewässer. Mosaikartig bis flächendeckend und flach überschwemmt locken diese sogar im Juli tausende Lachmöwen, hunderte Graugänse und Gründelenten, Scharen an Stelzenläufern und zahlreiche andere Limikolen an. Besonders in der Zugzeit stellen sich dann auch viele Zugvögel, u.a. **Kraniche** (Grus grus), ein. Die Bedeutung der vorübergehenden Seen und Tümpel mit verschieden starker Wasserspeicherkraft des Bodens ist für die Tier- und Pflanzenwelt leider wissenschaftlich weitgehend unerforscht. Aber auch für die Menschen sind diese Trockenauen wichtig, da sie – meist unbebaut und ohne Infrastruktur – die einzigen Retentionsflächen für den Hochwasserschutz darstellen.

Foto: Mario Romulić

Foto: Borut Stumberger

Im Löss-Hochufer nördlich Mohács bei Dunaszekcső brüten nicht nur die bunten Bienenfresser, sondern auch Stare.

Donau-Hochufer bei Mohács mit Hinterland

Wie an Mur und Drau kann man auch an der Donau an einigen Stellen das Hochufer nutzen, um sich einen Überblick über die Flusslandschaft zu verschaffen. In Kroatien findet man dafür den besten Abschnitt zwischen Ilok und Vukovar, insbesondere mit dem Aussichtsturm bei Vukovar. Um zum Hochufer zu gelangen, kann man in den Orten Šarengrad, Opatovac und Vučedol die Wege zu den Wochenendhäusern benutzen. Besonders schöne, unbebaute Hochufer findet man aber in Serbien zwischen Slankamen und Belegiš unterhalb Novi Sad. Serbische Ornithologen haben hier auf 23 km Flusslänge in den Lösswänden beachtliche 8.000 Uferschwalben- und 1.000 Bienenfresserpaare samt einigen Steinkäuzen (Athene noctua) ermittelt. Das viel kürzere und auf 50 m Höhe ansteigende Hochufer nördlich Mohács (Dunaszekcső) bietet ein ähnliches Repertoire mit einigen 10 bzw. mehreren 100 Brutpaaren der beiden Kolonienbrüter. Auch viele Insekten nutzen die Löss-, Sand- und Lehmwände sowie die Hohlwege von der Siedlung zur Donau als Brutstätte.

Die Hochufer trennen die feuchten von den trockenen Lebensräumen. Außerhalb der Donau-Auen am rechten Donau-Ufer wird heute großflächig intensive Ackerwirtschaft betrieben. Wühlmäuse wie die **Feldmaus** (Micotus arvalis) besiedeln in Gradationsjahren massenhaft die trockenen und oft mit Leguminosen oder Weizen eingesäten Ackerböden. Diese Massenvermehrungen fallen zuerst vor allem durch lokale Greifvogelversammlungen auf. So konnte man in der Baranya südlich von Mohács bis in die kroatische Baranja hinein im Spätsommer 2013 an fünf Punkten 13 bis 29 **Bussarde** (Buteo buteo), 5 bis 10 Rohrweihen und Graureiher, 3 bis 5 **Turmfalken** (Falco tinnunculus), 1 bis 4 Weißstörche, bis 3 Schwarzmilane sowie einzelne **Habichte** (Accipiter gentilis), Rotfußfalken und Wiesenweihen zählen. Der durchwühlte Boden dehnt sich kilometerweit aus; in Kolonien können schätzungsweise 400 bis 1.100 Feldmäuse pro Hektar leben. In Latenzjahren brechen die Populationen der Feldmaus wieder fast vollkommen zusammen. Diese Bestandsschwankungen treten besonders ausgeprägt in weiträumig offenen, monotonen Agrarlandschaften auf.

Außer den Greifvögeln sind auch das Mauswiesel und die Waldohreule natürliche Feinde der Feldmaus. Die Waldohreule bildet in der kälteren Jahreshälfte Gemeinschaftsschlafplätze inmitten der Siedlungen. Oft kann man während des Tages einige zehn oder sogar mehrere hundert der schönen Eulen an einem solchen Schlafplatz zählen. In der benachbarten Vojvodina haben Ornithologen im Winter 2007/2008 auf 368 Schlafplätzen genau 19.335(!) Waldohreulen gezählt, und auch in den Dörfern um Mohács sind größere Ansammlungen dieser hübschen Eulen zu beobachten – allerdings nicht während der Brutzeit, wo jedes Paar sein Revier gegen Artgenossen verteidigt.

Im Hafen von Mohács, von dem aus Fähren die Verbindung zum ungarischen Donau-Ufer herstellen, kann man auch im Sommer mit der seltenen **Steppenmöwe** (Larus cachinnans) und vor allem mit Mittelmeermöwen rechnen. Die Gedenkstätte an die Schlacht von Mohács liegt inmitten eines Gebietes, wo sich Greifvögel versammeln und man die Massenvermehrung der Kleinsäuger, die ihnen Nahrung bieten, am durchwühlten Boden gut erkennen kann.

Foto: Borut Stumberger

Hafen in Mohács.

Foto: Borut Stumberger

Diese Mittelmeermöwe, als Jungvogel am 27. Mai 2008 auf der kroatischen Insel Glavat bei Mljet (Süddalmatien) beringt, wurde Ende August 2013 und 2014 in Mohács gesehen.

Foto: Borut Stumberger

Foto: Borut Stumberger

Schwarzmilane sind Opportunisten und ernähren sich sowohl von Fischen in der Aue wie auch von Feldmäusen, die bei Mohács ganze Abschnitte der Agrarlandschaft durchlöchert haben. Dass diese Landschaft unlängst noch schwer bewacht war, verdeutlichen die Grenzpostenstellen am ehemaligen Eisernen Vorhang, die man nun leicht in Einrichtungen zur Vogelbeobachtung umbauen kann.

Weißstorch-Museum in Kölked

Das kleine Weißstorch-Museum (Féher gólya Múzeum), das sich in einer Seitengasse des Dorfes Kölked versteckt, sollte man sich nicht entgehen lassen. Auf einfachste Weise und dennoch wissenschaftlich fundiert wird Besuchern schon ab dem Kleinkindalter ein prägender Eindruck von der Lebensweise des Adebars, seiner Zugrouten und seiner Verwandten vermittelt. Die Verwaltung des Donau-Drau-Nationalparks hat außerdem für ein reichhaltiges Angebot an Informationsmaterial, Karten, Souvenirs und Literatur zum Nationalpark und dem Weißstorch gesorgt. Zeichnungen von Schulkindern weisen auf die gelungene Einbindung der Bevölkerung in die Umweltbildungsarbeit hin. Auch lebendige Weißstörche kann man ganz aus der Nähe sehen. Sie kommen zu der Tränke direkt vor dem Museumseingang; manche bleiben das ganze Jahr über auf dem Gelände. Das Dorf Kölked wirkt selbst fast wie ein Museum. Storchennester krönen die schönen Bauernhäuser (2013 brüteten hier 11 Weißstorch-Paare). Obstbäume und Schafe, ähnlich der alten Cigaja-Rasse, vermitteln eine geruhsame Atmosphäre.

Von Kölked aus erreicht man zu Fuß an einem halben Tag oder mit dem Fahrrad in einer Stunde den Naturlehrpfad Nagypartos. Dort begegnet man einer Graurinderherde auf einer Weide, kann sich die geschützte Wiese Nagy-rét anschauen und schließlich am Ufer der Donau rasten. Im Herbst lassen sich ziehende Wespenbussarde beobachten, die auf ihrem Zugweg dem Fluss folgen.

Foto: Otto Samwald

Der Wespenbussard ist ein Langstreckenzieher. Er überwintert in Afrika südlich der Sahara.

Béda und Karapancsa

Béda und Karapancsa sind zwei durch die Donau getrennte, aber ökologisch zusammenhängende Auengebiete in Ungarn an der Grenze zu Serbien. Karapancsa liegt im Donau-Theiß-Zwischenstromland, also am linken Donauufer, und Béda am rechten Donauufer in der Báranya.

Südlich des Dorfes Kölked führt ein Weg zum Béda-Auwald, wo sich bald der Blick auf eine schöne Baumkronen-Kulisse öffnet. Greifvögel und andere Thermiksegler wie der Schwarzstorch beherrschen den Luftraum dieser Gegend. Oft kann man auch mehrere **Milane** (Milvus spec.) (10 Brutpaare), Bussarde, **Kolkraben** (Corvus corax) und Seeadler oder die über den Wiesen vor dem Auwald jagenden Weihen bewundern. Gute Beobachtungsmöglichkeiten ergeben sich besonders nach dem Mähen der Wiesen oder Umpflügen der Äcker in Auwaldnähe. Schon beim ersten Schritt in die Béda-Aue begegnet man Sumpfschildkröten und den quirligen **Eichhörnchen**

(Sciurus vulgaris). Das schachbrettartig angelegte Wegenetz bietet dem Wanderer vielfältige Naturerlebnisse: Die geraden Wege erlauben manchen Blick in den Wald hinein, wobei man Wildschweine und Rothirsche entdecken kann, bevor sie sich beobachtet fühlen. Radfahrer können zwischen verschieden langen Rundtouren wählen. Inzwischen gibt es auch Übernachtungsmöglichkeiten im Auwald hinter dem Hochwasserdamm.

Foto: Mario Romulic

Der Schwarzstorch (Ciconia nigra) ist der Charaktervogel der ungarischen Donauauen, der gerne in Altarmen auf Jagd geht.

Der Kühlső-Béda-Altarm liegt im Einflussbereich des Donauhochwassers und ist mit 200 m Breite und 4 km Länge der wohl attraktivste Altarm des Gebiets. Besonders bei ablaufendem Pegel der Donau treten Schlickflächen und seichte Wasserbereiche zutage, die mit ihrem reichen Nahrungsangebot Auenvögel anziehen. Über 100 Seiden-, Silber- und Graureiher durchwaten den Altarm, während Eisvögel und zahlreiche Libellen in der Luft herumschwirren und hübsche Schmetterlinge wie der **Kaisermantel** (Argynnis paphia) scharenweise im Schatten der Bäume flattern. Beeindruckend ist der spätabendliche Einfall der Nachtreiher an ihren Schlafplatz im Altarm (hinter dem Dörflein Erdőfű befindet sich eine gemischte Reiherkolonie mit fünf Arten). Ungarische Vogelforscher berichten, dass hier auch Moorente, Graugans, Rohrdommel und das Kleine Sumpfhuhn heimisch sind.

Der oft als Radweg der Flüsse bezeichnete Euro-Radweg Route 6 durchquert, von Baja herkommend, den Wald in Richtung Serbien. Die Route beginnt in Nantes an der französischen Atlantikküste, folgt dem Lauf der Rhone, quert die Schweiz, führt dann am Bodensee entlang und danach zur Donau bis ins Donaudelta am Schwarzen Meer, um schließlich im rumänischen Constanza zu enden.

Das Karapancsa-Gebiet ist gleichermaßen interessant. Um mit dem Fahrrad Béda-Karapancsa von Mohács aus zu erreichen, nimmt man die Fähre nach Ujmohács. Vom Hochwasserdamm aus bietet sich ein Abstecher zu dem schönen Dorf Homorúd an. Nirgendwo sonst am linken Donau-Ufer zwischen Baja und der serbischen Grenze gibt es reichere Obstbaumbestände mit Hochstämmen und alten Sorten. Deshalb singen auch in vielen Obstgärten des Dorfes Wendehals und **Gartenrotschwanz** (Phoenicurus phoenicurus) ihr Loblied auf Pomona, die Göttin der Baumfrüchte.

Béda-Karapancsa mit dem Riha-Altarm ist auf einer Fläche von 9.579 ha als IBA-Gebiet ausgewiesen. Die ökologische Bedeutung beweisen u.a. 30 Seiden- und Purpurreiherpaare und sogar 200 Nachtreiherpaare. Als Zeugen einstiger Jagdvergnügen der höfischen Gesellschaft stehen hier ein kleines und ein großes Jagdschloss, erbaut von habsburgischen Erzherzögen.

Fotos: Borut Stumberger, Otto Samwald (Rechts)

Foto: Andreas Ebert

Im Kühlső-Béda-Altarm (links) wird der Fischfang mit Reusen betrieben, die in den schlammigen Boden eingesteckt werden. Auch die Seidenreiher tasten mit den Füßen den Untergrund ab und versuchen so, die im seicht-trüben Wasser oder Schlamm versteckten Beutetiere aufzuscheuchen.

Mostonga-Salzwiesen und Kolut-Fischteiche

Kigyas (ungarisch) oder Plazović (serbisch) ist ein kleiner Flusslauf, der – heute begradigt – zwischen Ungarn und Serbien pendelt. 1887 wurden bei einer Landesaufnahme zwischen Riđica und Bezdan auf 20 km Luftlinie 78 Mäanderbogen des Kidoš verzeichnet. Noch weit mehr Mäander hatten das Flüsschen selbst durchstoßen und somit zu Altwässern gemacht. Einzelne Abschnitte des Kidoš glichen schon damals eher Sumpfseen als Flussläufen, da hier nur sehr wenig Wasser floss. Heute ist der größte dieser Sumpfseen bei Kolut zu Karpfenteichen umgestaltet worden. 20 km südlich des Kidoš bis nach Sombor, dem Provinzzentrum der Bačka, befanden sich über 50 Salzlaken – einige davon sogar mehr als 2 km lang. Die heute ebenfalls begradigte Mostonga entwässerte dieses durch Salzwiesen gekennzeichnete Gebiet an Sombor vorbei in den Donau-Theiß-Donau-Kanal.

Im Frühling steigt das Grundwasser meistens an, wodurch Salz in die Wiesen hochgespült wird. Manche wegen des hohen Salzgehalts weißlich gefärbte Stellen sind vegetationslos. Die Wiesen können nach lokalen Regenfällen oder bei sehr hohem Donaupegel aber auch seicht überschwemmt sein. Wiederholtes Trocknen und Fluten und die spezielle Chemie der Böden ergeben eine charakteristische Tier- und Pflanzenwelt der Salzwiesen. Salzpflanzen, die sogenannten Halophyten, wie etwa **Kurzkopf-Kratzdistel** (Cirsium brachycephalum), **Salz-Kresse** (Lepidium cartilagineum), **Salzkraut** (Salsola soda) und **Schafsgarbe** (Achillea asplenifolia) sind speziell an den erhöhten Gehalt leicht löslicher Salze an ihrem Standort angepasst. Einige für Salzwiesen charakteristische Gräser wie **Schwingel** (Festuca pseudovina), **Rotschwingel** (Festuca rubra), **Gewöhnlicher Salzschwaden** (Puccinelia distans) oder **Sumpf-Salzschwaden** (Puccinelia limosa) ergänzen diese Pflanzengesellschaft.

In den Wiesen leben Teichmolch, **Gelbbauchunke** (Bombina variegata) und Wasserfrosch. An Reptilien findet man Sumpfschildkröten und Zauneidechsen. Nacht- und Tagfalter sind häufig. Leider gibt es keine genauen Untersuchungen zu Flora und Fauna aus neuerer Zeit, doch während der Brutsaison darf man mit **Grauammern** (Miliaria calandra), Schwarzkehlchen, Braunkehlchen, Feldlerchen, **Haubenlerchen** (Galerida cristata) und Schafstelzen rechnen.

Dejan Đapić

Salz-Kresse (vorne) und Sandwegerich (Mitte) auf einer ausgetrockneten Salzwiese mit Salzschicht vor Dorf Stanišić.

Schwarzstirnwürger brüten mit 10 bis 12 Paaren im Gebiet der Mostonga- Salzwiesen und **Sumpfohreulen** (Asio flammeus) sowie Rohrdommeln in den sumpfigen Bereichen. In den Salzwiesen begegnet man auch häufig Purpurreihern von der Riđica-Kolonie mit ihren 10 bis 15 Brutpaaren. Und 2014 hat hier nach über einem Jahrzehnt sogar die Blauracke wieder gebrütet. Im Herbst nutzen außerdem viele Kleinvögel die Salzwiesen.

Um das Dorf Stanišić herum können im Winter bis 1.500 Kraniche und in der Zugzeit 25 Schwarzstörche Nahrung suchen. Ebenso nutzen dann bis 5.000 Blässgänse das Gebiet. Wie man aus den Spuren im Schnee schön ablesen kann, taucht manchmal sogar die **Großtrappe** (Otis tarda) auf. Gemeinsame Winterschlafplätze der Kornweihen befinden sich stets nur an abgelegenen, nicht gemähten und nicht unter Wasser stehenden Plätzen, die 50 bis 100 cm hoch über dem Erdboden liegen. An solchen Stellen können dann bis zu 10 dieser Greifvögel nächtigen.

Im Frühling sind die überschwemmten Salzwiesen wichtig für die Limikolen, insbesondere für den Großen Brachvogel, aber auch **Säbelschnäbler** (Recurvirostra avosetta) und Bekassine. Bei Überschwemmungen nutzen außerdem viele hunderte Enten das Gebiet, in trockenen Zeiten dagegen zahlreiche Greifvögel – eine äußerst interessante Kombination.

Die erstaunlich hohen Zahlen seltener Arten zeigen die Bedeutung dieses bisher noch wenig beachteten Gebiets entlang der Donau. Leider sind die Mostonga-Salzwiesen heute größtenteils in Äcker umgewandelt worden. Die letzten größten Wiesenkomplexe, die wie Punkte auf einem Leopardenfell zwischen Sombor und der ungarischen Grenze liegen, umfassen 3 bis 4 km². In der Vojvodina und der Pannonischen Tiefebene genießen solche Lebensräume inzwischen Seltenheitswert und sind stark gefährdet. Am besten erhalten sind die Salzwiesen bei Stanišić.

Der Hecken- und Baumanteil in der Gegend der Dörfer Gakovo, Rastina, Riđica, Stanišić, Rančevo mit Sombor macht insgesamt nur etwa ein Prozent der Fläche aus. Zwischen Riđica und der ungarischen Grenze sind die Böden sandig und für Obst- und Weinanbau geeignet. Besucher schätzen die hübsche Dorfarchitektur mit ihren Kirchen, aber auch die gut erhaltenen Schlösser aus dem 18. Jahrhundert in Rastina. Auch die 11 Weißstorchpaare um die Mostonga-Salzwiesen und die Versammlungen der Waldohreulen im Winter machen die Dörfer interessant.

Stanišić und Kolut verbindet ein 20 km langer Feldweg, der nicht immer mit Fahrzeugen passierbar ist. Bei nassem Wetter muss man an manchen Stellen sogar das Fahrrad schieben. Der Weg bietet viel Ruhe und vermittelt einen guten Eindruck von der Landschaft; allerdings ist er zwischen Mitte Mai und Mitte Oktober wegen der hohen Maisfelder nicht so attraktiv. An den Koluter Karpfenteichen (für einen Besuch muss man sich bei der Verwaltung der Fischteiche im Voraus anmelden, am besten über den Serbischen Vogelschutz DZPPS www.pticesrbije.rs) findet man eine ganze Palette von Tieren und Pflanzen auf engstem Raum: Purpurreiher brüten mit bis zu 30 Paaren in mehreren Kleinkolonien im Schilf, ebenso Silber- und Graureiher mit 10 Paaren. Rallenreiher

Foto: Josef Gergelj

Stelzenläufer und Säbelschnäbler sind im Frühling Durchzügler, die gerne in den Salzwiesen rasten oder in günstigen Jahren sogar hier zu brüten versuchen.

und Seidenreiher kommen von anderen Kolonien angeflogen. Ein weiterer Brutvogel ist die Rohrdommel. Und während der Brutsaison kommen sogar Kormorane von einer 35 km entfernten Kolonie im Kopački rit auf Nahrungssuche zu den Karpfenteichen.

Das Ablassen der Teiche ist die beste Zeit für fischfressende Arten. Im Winter sind die Zahlen und Dichten der Wasservögel viel geringer, aber immer noch darf man bei nicht vereister Wasserfläche z.B. mehr als 100 Grau- und 30 Silberreiher sowie 2 bis 3 Seeadler erwarten.

Gornje Podunavlje und Sombor

Entlang der Donau, von der ungarischen Grenze bei Bački Breg bis Bogojevo in Serbien, erstreckt sich auf einer Länge von 66 km das wichtigste Auwaldgebiet am Ostufer der Mittleren Donau mit 143 km² Eichen-, Eschen-, Weiden- und Pappelwäldern. Nur durch die Stadt Apatin wird der Waldgürtel kurz unterbrochen. Ein Netzwerk von Altarmen, Sümpfen, Feuchtwiesen, Fischteichen (wie die bei Kolut, Bezdan, Bački Monoštor und Svilojevo) und Röhrichten bildet das 196 km² große spezielle Naturreservat „Gornje Podunavlje" das zugleich den zentralen Teil des Biosphärenreservats an der Donau in Serbien bildet.

Foto: Boris Erg

Das serbische Spezial-Naturreservat „Gornje Podunavlje" ist reich an verschiedensten Tier- und Pflanzenarten. Wie diese Sandbank an der Donau stellt es für viele Vögel ein wichtiges Brut- und Rastgebiet dar.

Es ist auch Teil eines 226 km² umfassenden Ramsar- und IBA-Gebiets. Diese Wälder sind von großer ökologischer Bedeutung, obwohl ein wichtiger Teil davon in Pappelforste umgewandelt wurde. Ornithologen konnten bisher 230 Vogelarten, davon 160 Brutvogelarten, nachweisen. Im Winter versammeln sich bis zu 100 Seeadler, 1.000 Schellenten, sowie bis 5.000 Kormorane, und im Herbst rund 400 Schwarzstörche, 800 Silberreiher und 550 Löffler. Sehr interessant sind auch die bis 3.000 Knäkenten; somit ist das Gebiet einer der wenigen Herbstrastplätze in Pannonien für diese bedrohten Enten, die von ihren eurasischen Brutgebieten bis in die afrikanische Sahelzone eine Strecke von 10.000 km zurücklegen. Gemischte Reiherkolonien besiedeln die Fischteiche von Kolut, Mirković und Sonćanska bara; die größte Kolonie mit 200 Brutpaaren befindet sich bei den Eichen von Štrbac. Die Brutpopulation des Seeadlers wird mit 22 Brutpaaren angegeben; bei jeder Wanderung kann man mit diesen imposanten Vögeln rechnen. In den letzten Jahren fielen einzelne Seeadler aber immer wieder den illegal gegen Schakale ausgelegten Giftködern zum Opfer.

Botaniker haben bisher 57 Pflanzengesellschaften mit über 1.000 Arten im Schutzgebiet registriert. Wie im Kopački rit findet man auch hier natürliche, durch die Hochwässer im Juni und Juli entstandene Wiesenbereiche, die jetzt leider durch die Eindeichung der Donau sehr gefährdet sind.

Hinter dem Auwaldgürtel von Gornje Podunavlje erstrecken sich in Richtung Osten sowohl kleinparzellierte Kulturlandschaftsteile als auch Monokulturen. Wie fast überall in der Vojvodina weisen die Siedlungen typischerweise die gedrängte Form von Straßendörfern mit schachbrettartiger Anlage auf; noch fand hier keine Zersiedelung der Landschaft statt.

Zu Fuß kann man die 24 km entlang des Hochwasserdammes von Apatin bis zur Donaubrücke und die weiteren 6 km bis Bezdan kaum schaffen, aber für eine Radtour eignet sich die Strecke sehr gut. Wenn man die kürzere Strecke (auf halbem Weg zur Donaubrücke in Richtung Bački Monoštor) gehen oder fahren will, sollte man sich vorher erkundigen, ob die reparaturbedürftige Brücke vor Monoštor inzwischen wieder passierbar ist. Dieser attraktive Weg führt an einem 2,5 km langen Donau-Altarm entlang über Bački Monoštor und Štrbac nach Kozara. Die Hochwasserdämme parallel zur Donau bilden die erste Hochwasserschutzlinie in Serbien zwischen Bezdan und Bačka Palanka und sind ganzjährig frei begehbar. Nur während der Hirschbrunft zwischen dem 20. August und dem 30. September ist das Betreten der Dämme auf die Zeit zwischen 8.00 und 18.00 Uhr beschränkt.

Foto: Szilard Kovacs

Ausgedehnte Weichholzauen umgeben die Stadt Apatin an der Donau.

Štrbac und Kozara

Štrbac und Kozara sind Teil des speziellen Naturreservates „Gornje Podunavlje"; diese zusammenhängenden Gebiete liegen zwischen Bezdan und Bački Monoštor und östlich des Donau-Theiß-Donau Kanals. Sie unterscheiden sich sehr von den Donau-Auen, weil sie nicht unter dem Einfluss der Donau-Überschwemmungen stehen. Die salzigen Böden weisen eine mosaikartige Vegetation auf: An die hoch liegenden, bewaldeten Bereiche schließen sich Gebüschstreifen, Trocken- und Feuchtwiesen und die teilweise ganzjährig unter Wasser stehenden Sümpfe an. Orientierung geben einige Informationstafeln. Etwa 15 km^2 sind noch als Rest einer früher weit größeren Weidelandschaft erhalten geblieben. Extensive Beweidung wäre der richtige Weg, um die Naturentwicklung der Wälder und die Offenhaltung der Wiesengesellschaften wieder zu unterstützen. Alte Nutztierrassen wie Steppenrinder, Wasserbüffel und bedrohte Schweinerassen (z.B. Moravka, Resavka, Mangalitza) sowie die Lipska- und Cigaja-Schafe eignen sich sehr gut für diesen Zweck.

Besucher des Reservates Gornje Podunavlje müssen sich im Voraus beim Verwalter Vojvodinašume anmelden (www.vojvodinasume.rs).

Ein gutes Beispiel gelungener Revitalisierung gibt ein WWF-Projekt im Bereich des Semenjača-Sumpfes, das – in Zusammenarbeit mit der staatlichen Forstbehörde Vojvodinašume – ein hoffnungsvolles Zeichen für die Region setzt.

Um die Wasserfläche für die Schwimmblattgesellschaften mit Wasserfarn (links) zu erhalten, hat man in Štrbac der Verlandung des Semenjača-Sumpfes entgegengewirkt, indem auf 11 ha Fläche die Holzgewächse entfernt wurden. Entstanden ist eine freie Wasserfläche, die seit 2008 sowohl für Vögel als auch Besucher attraktiv ist (rechts).

Apatin

Das Städtchen Apatin liegt direkt am linken Ufer der Donau und gegenüber der großen Sümpfe des Kopački rit. Schiffswerft, Flusshafen und Uferpromenade bieten gute Möglichkeiten zur Vogelbeobachtung.

Die Schiffswerft befindet sich gleich an der ersten Flussschlinge oberhalb der Stadt am Mali Dunavac (Kleiner Donau-Altarm). Interessant ist der Kormoranschlafplatz, an dem sich in der Winterzeit über 1.000 Kormorane unterhalb der Stadt aufhalten. Wenn das Flusswasser nicht zu trüb ist, stürzen sich die Vögel im ersten Morgengrauen ins Wasser, wo sie die Fische von unten her zum Licht treiben und so leichter fangen können. Die Angler kennen dieses Verhalten, und deshalb sieht man dann bald an derselben Stelle auch bis zu 50 Angler ihr Glück versuchen. 2,5 km weit erstreckt sich der Weg von der Schiffswerft am Altarm entlang zurück zur Donau. Bei mittlerem Pegelstand sieht man hier, im Schatten der Grenze zwischen Kroatien und Serbien, eine Sandbank in der Donau, einen der wenigen ungestörten Winterrastplätze für Wildgänse. Unter anderem ruhen hier – auch tagsüber – bis zu 1.400 Graugänse.

Folgt man dem Hochwasserdamm der Donau weitere 4 km flussaufwärts zu Fuß, mit dem Fahrrad oder mit dem Auto, kann man anschließend entweder den 6 km langen Weg am Monošterski Dunavac (Donau-Altarm) entlang zur Brücke bei Kopusina und nach Sombor oder den 18 km langen Weg an der Donau bis zur Brücke bei Batina-Bezdan wählen. Unterwegs begegnet man Seeadlern, Silber- und Graureihern, Wasserrallen, Stock- und Krickenten sowie Raubwürgern. Auch ist es spannend, den Schwärmen von Wasservögeln zuzusehen, die den Fluss als Leitlinie für ihre Flüge nutzen. Besonders schön ist das Schauspiel der Kormorane, Möwen und Gänse, wenn sie zwischen ihren Schlaf- und Nahrungsplätzen fliegen. In den Auwäldern und Pappelplantagen fallen im Frühling und Sommer vor allem Schwarzmilan, Schwarzstorch, Wespenbussard und Seeadler ins Auge. Als Brutvögel treten auch **Gelbspötter** (Hippolais icterina), Halsbandschnäpper und Schlagschwirl auf.

Diese Tour eignet sich hervorragend sowohl für Wanderer wie auch für Radfahrer. Wegen der nahen Grenze ist mit Polizeikontrollen zu rechnen. In jedem Fall empfiehlt sich die Anmeldung beim Verwalter des Gebietes Vojvodinašume. Außerdem ist es ratsam, sich vor der Tour anhand topografischer Karten und GoogleEarth zu orientieren.

Eine Kette von Fischteichen: Svilojevo, Srpski Miletić, Deronje und Bač

Die Zeiten, als die Donau-Überschwemmungen immer aufs Neue riesige Schlick- und Schlammflächen in den Wiesen- und Weidelandschaften ablagerten, sind Vergangenheit. Doch ein spätherbstlicher oder winterlicher Besuch der Fischteiche Svilojevo, Srpski Miletić, Deronje und Bač, die im heutigen fossilen Bereich der Donau-Auen liegen, bietet genau das. Dieser spezielle Lebensraum wird gerne von Reihern, Adlern und Limikolen wie Kiebitzen oder von Zugverbänden der **Alpenstrandläufer** (Calidris alpina) genutzt.

Eine Wasservogelzählung in den abgelassenen Fischteichen von Bač am 2. Dezember 2014 erbrachte 1.807 Wasservögel von 32 Arten. Dieses Vogel-Ensemble setzte sich u.a. aus 202 Silberreihern, 10 Löfflern, 33 **Brandgänsen** (Tadorna tadorna) 5 Gründelentenarten (705 Individuen),

177 Alpendstrandläufern, 81 Kiebitzen, 5 Großen Brachvögeln und 34 Seeadlern zusammen, die von dem reichen Nahrungsangebot der Schlickflächen angezogen wurden.

Zahlreiche Watvögel warten mit der Nahrungssuche, bis die Wintersonne die Eiskruste der Schlickfläche auftaut. Langsam fließendes Grundwasser lässt die Wasserflächen auch im Hochwinter an wenigen Stellen nicht ganz zufrieren, was die Anwesenheit von Waldwasserläufern zu erkennen gibt. Insgesamt hat man an den Fischteichen von Bač 50 brütende Vogelarten festgestellt. Außerdem findet man hier nahezu alle seltenen, für die Altarme der Flüsse charakteristischen Wasserpflanzen.

Foto: Jaroslav Pap

Radišić und Tucakov (2010), zwei bekannte Ornithologen der Vojvodina, haben in einer neuen Langzeitstudie in den Fischteichen von Bač auch brütende Singvögel wie Schafstelze (12 bis 23 BP), Nachtigall (19 bis 30 BP), **Blaukehlchen** (Luscinia svecica) (4 bis 6 BP), Rohrschwirl (33 bis 52 BP), **Schilfrohrsänger** (Acrocephalus schoenobaenus) (65 bis 100 BP) und Drosselrohrsänger (116 bis 169 BP) erfasst. Die geschilderten Singvogeldichten sind beeindruckend und belegen den Wert der Fischteiche der Vojvodina. Aber auch Wasservögel nutzen in großen Zahlen die Fischteiche von Bač zum Brüten: **Haubentaucher** (Podiceps cristatus) (40 bis 60 BP), Zwergrohr- (10 bis 20 BP) und Rohrdommel (1 bis 2 BP), Silberreiher (2 bis 5 BP), Purpurreiher (8 bis 12 BP), Tafelente (30 bis 40 BP), Moorente (11 bis 20 BP) und Weißbartseeschwalbe (162 bis 180 BP). Und die Graugans brütet mit bis 2 Paaren hier an ihrem wahrscheinlich südlichsten Brutplatz in Pannonien.

Obwohl der Einfluss der Jagd nicht zu übersehen ist, steht das Teichgut Bač anscheinend nur teilweise unter Beschuss. So lassen sich die Seeadler hier besonders gut studieren, weil sie so wenig Scheu zeigen, wie dies sonst fast nirgends vorkommt. Der DZPPS (Serbischer Vogelschutz) hat mit dem Teichgut Bač eine erste Zusammenarbeit aufgebaut, und es ist zu hoffen, dass auch andere Fischteichkomplexe diesem positiven Ansatz bald folgen.

Obwohl die Fischteiche im Biosphärenreservat Mur-Drau-Donau als Tourismusziel europaweit noch unentdeckt sind, lohnt sich zu jeder Zeit (außer wenn sie zugefroren sind) ein Besuch. Fischotter, Europäische Sumpfschildkröten und Unmengen von Libellen bereichern solche Ausflüge. Der Aufbau eines Besuchermanagements für die Teiche wäre wünschenswert, zumal dies die Ziele des Biosphärenreservates unterstützen würde.

Wichtig: Bei Besuchen der Fischteiche nicht vergessen, sich rechtzeitig bei der jeweiligen Verwaltung anzumelden, am besten über den serbischen Vogelschutz DZPPS, und etwaige Anweisungen strikt zu befolgen! Und wer im Restaurant Karpfen bestellt, sollte möglichst Fische aus extensiver oder halbintensiver Zucht verlangen.

Foto: Mario Romulić

Im Herbst kann man auf den Fischteichen von Bač bis 50 Seeadler und in den nahen Fischteichen von Svilojevo bis 80 Seeadler gleichzeitig vor sich haben. Dies sind – neben denen im Kopački rit – die größten Ansammlungen im ganzen Mur-Drau-Donau-Raum und in Mitteleuropa überhaupt.

Donau bei Bačka Palanka und Ilok

Karađorđevo ist heute ein Sammelbegriff für ein bedeutendes 35 km^2 umfassendes Naturschutz- und Feuchtgebiet, das auf 22 km^2 Fläche regelmäßig überschwemmt wird. Das Schutzgebiet zieht sich über 17 km an der Donau entlang bis zur Brücke in Bačka Palanka hin, die zur Ilok nach Kroatien führt. Entscheidend für den heutigen Zustand war der Durchbruch der Donauschlinge im Jahr 1893 bei Mohovo (Kroatien). Die schönen Wald- und Wiesenstreifen in der Schlinge geben noch heute einen Eindruck von der Dynamik der Donau im Überschwemmungsbereich. Die Silberweiden- und Pappel-Auwälder in Bukinski rit, Hagel und Tikvara und die Reste der alten Stieleichen- und Eschenwälder in Šerengradska ada und Bukinski hrastik werden meist parallel von Altarmen, Rohr- und Wiesenstrukturen unterbrochen.

Für große Teile von Karađorđevo sind die Gebietsansprüche Kroatiens und Serbiens noch immer nicht geklärt. Deshalb gibt es für einen Besuch des Schutzgebiets zwei Möglichkeiten: Man benutzt entweder den 29 km langen Hochwasserdamm von Bačka Palanka Richtung Bačko Novo Selo in Serbien oder das Hochgestade der Donau von Ilok bis Opatovac in Kroatien, von dem aus Abstecher direkt zur Donau bei Šarengrad, Mohovo und Opatovac gemacht werden können. In beiden Fällen sollte man sich bei der Grenzpolizei anmelden. Wichtig ist, dass trotzdem beide Anrainerländer die umstrittenen Gebiete als IBA-Gebiet gemeldet haben. Somit steht einer dauerhaften Entwicklung dieses Donaustreifens im Sinne des Naturschutzes nichts im Wege.

Foto: Szilard Kovacs

Das Hochufer bei Ilok ermöglicht einen interessanten Blick vom kroatischen Ufer über die Donaulandschaft. Im Bild sieht man das Franziskanerkloster mit der St.-Kapistran-Kirche und die Festung mit Wehrmauer.

Novi Sad

Obwohl die Universitätsstadt Novi Sad (auch Verwaltungssitz der Vojvodina), nicht Teil des Biosphärenreservats ist, lohnt sich ein Besuch in jedem Fall. Im Winter lassen sich Wasservögel, sofern sie nicht gestört werden, oft aus der Nähe beobachten. In Novi Sad kann man dies sehr schön erleben, wenn man ab 14 h und bis in die Dämmerung hinein am linken Donauufer zwischen den drei Brücken entlang wandert. Bis 10.000 Lach- und 1.000 Mittelmeermöwen fliegen dann, begleitet von einigen Sturm- und Steppenmöwen, zu ihrem Schlafplatz auf der Donauinsel oberhalb der Stadt vor Bačka Palanka, oder sie versuchen, an der Donau-Erweiterung vor Petrovaradin zu nächtigen. Vereinzelt zeigen sich auch Seetaucher wie **Stern-** und **Prachttaucher** (Gavia stellata, G. arctica). In Keilformation ziehende Gänse geben ebenfalls Zeugnis von der Wichtigkeit offener Fließgewässer im Winter. In den Bäumen am Ufer sammeln sich lautstark Dohlen- und Saatkrähenschwärme, bevor sie zu ihren Schlafplätzen abfliegen.

Foto: Borut Stumberger

Zauberhaft ist – vor allem im Hochwinter – die Abendstimmung bei einem Spaziergang vor der Festung Petrovaradin.

Die sternförmig angelegte Festung Petrovaradin, die nach 88 Jahren Bauzeit 1780 endlich fertiggestellt wurde, ist ein markantes Wahrzeichen von Novi Sad. Auf 112 ha Fläche findet man hier gute Reptilienbestände, und im Frühling genießt man den schönen, vogelreichen Park. Fußwege erleichtern die Erkundung des Geländes.

Vor Novi Sad beginnt der Nationalpark Fruška gora. Als dominante Struktur in der flachen Vojvodina stechen die schönen Wälder heraus. Es gibt aber auch reizvolle offene Kulturlandschaftsflächen mit interessanten Brutvogelpopulationen. Bekannt sind etwa 100 bis 150 Brutpaare des Ortolan und sogar 7 bis 12 Brutpaare der **Kappenammer** (Emberiza melanocephala). Fruška gora ist mit drei Brutpaaren auch der einzige Brutplatz des Kaiseradlers in Serbien. Außerdem findet man noch Reste der hügeligen Steppenwiesen am Fuße des Nordhangs.

Allgemeine Hinweise

Kartenmaterial

Leider gibt es bis heute noch kein einheitliches Kartenmaterial für das gesamte Mur-Drau-Donau-Gebiet. Auch die Ausschilderung von Rad- und Fußwegen ist oft recht lückenhaft – umso bedauerlicher, als sich die Region besonders gut für Wanderungen und Radtouren eignet und sich gerade für Naturliebhaber eine Landschaft so am Besten erschließen lässt. Immerhin sind inzwischen Teile des Mur-Drau-Donau-Gebietes bereits in das internationale Eurovelo-Netzwerk (Eurovelo 13 und 6) eingegliedert **www.eurovelo.com/en/eurovelos.**

Sehr gut ist die Situation in Österreich. Für den Erholungsbezirk Bad Radkersburg gibt es beispielsweise schon seit Jahrzehnten eine Übersichtskarte über die Wege entlang der Mur bis Spielfeld und deren Umgebung. Der Mur-Radweg führt vom Ursprung der Mur im Nationalpark Hohe Tauern über Graz bis nach Bad Radkersburg und zur slowenischen Grenze. Radfahrern stehen ein Rad- und Bahnfahrplan und spezielle Radlertickets **(www.steiermark.com/de/murradweg)** der ÖBB zu Verfügung, die den Anschluss an sehr vielen Stellen des Mur-Radwegs ermöglichen. Von **www.radland.steiermark.at** kann man auch GPS-Tracks und digitale Kartenabschnitte herunterladen. Grenzenloses Genussradeln, immer dem Wasser nach unter dem Motto „Genuss am Fluss – užitek ob reki", verbindet die Gemeinden, Veranstaltungen und Kulinarik Grenzmur. Eine Karte lädt zum Besuch der Partnerbetriebe und Genuss ihrer regionalen Produkte ein unter **www.genussamfluss.at.** Einen guten Überblick über das Natura-2000-Gebiet an der Grenzmur und seiner einzigartigen Tier-und Pflanzenwelt erhält man hier: **www.natura2000.steiermark.at.**

In Slowenien gibt es mehrere Möglichkeiten, sich auf die Landschaft vorzubereiten. Der „Große Atlas Sloweniens – Veliki atlas Slovenije/Založba Mladinska knjiga" steht im Maßstab 1:50.000 als Kartengrundlage für das ganze Land zur Verfügung. Der Atlas ist auch in Deutsch gedruckt worden, aber die aktuellste Ausgabe von 2012 ist leider nur in slowenischer Sprache erhältlich. Dieses Kartenwerk ist zwar nicht billig, gibt aber einen sehr guten Überblick über das ganze Land mit seinen herrlichen Flüssen und Bergen.

Als Wandervolk haben die Slowenen schon seit Langem Karten für alle Landkreise herausgegeben. Touristische Karten für die Pomurje und Štajerska (1:75.000) bieten Wanderern sowie Rad- und Autofahrern hervorragende Grundlagen. Besonders schön sind die Wege entlang der Höhenzüge des Haloze und der Slovenske Gorice. Inzwischen gibt es Karten im Maßstab 1:50.000 für diese Abschnitte der Drau sowie für die Gegenden von Štajerska mit Hügellandschaften und „Boč". Auch Kartenblätter für einzelne Gemeinden sind oft sehr hilfreich. Seit der alten legendären Wanderkarte „Pomurje" (1:75.000, Geodetski zavod Slovenije, Ljubljana), die von der Mineralquelle Radenska an der Mur in Radenci gesponsert wurde, enthalten die meisten Karten auch Angaben zur Landschaftsnutzung (Weinberge, Aussichtspunkte) und zur touristischen Infrastruktur (Schwimmbäder, Hotels, Kunst, Gasthäuser). Ganz neu ist die Touristische Karte der Pomurje im Maßstab 1:40.000, herausgegeben von Kartografija. Die meisten Karten kann man über internationale Kartenverlage oder gute Buchhandlungen beziehen; ansonsten werden sie in verschiedenen Tourist-Infostellen und an Tankstellen in Slowenien angeboten.

Radwege gibt es auf beiden Seiten der Flüsse Drau und Mur, wobei einige Abschnitte an der Drau noch nicht durchgängig ausgebaut sind. Häufig hat man die Wahl zwischen verschiedenen Möglichkeiten, z.B. statt Asphalt einen guten Makadamweg auf einem Hochwasserdamm oder einen Feldweg. Manche Abschnitte der Radwege an der Mur, insbesondere an der Grenze zwischen Kroatien und Ungarn, führen durch die schönsten Auenbereiche, die überschwemmt werden und trassiert sind (bei großen Durchflüssen auf den Hochwasserdämmen bleiben!). Interessant sind diese Radwege schon deswegen, weil sie ein Pendeln z.B. zwischen Slowenien und Kroatien ermöglichen.

Der Drau kann man bereits ab der Quelle mit dem Rad folgen. Der Drauradweg beginnt am Toblacher Feld in Italien am Drauursprung und erstreckt sich entlang des Flusses von Osttirol über Kärnten und Slowenien bis nach Kroatien. Er endet beim Ort Varaždin. Dieser Teil ist sehr gut ausgebaut und bietet genussvolles Radeln durch die Alpen- und Beckenlandschaft Österreichs bis in die Pannonische Tiefebene.

Der Amazon of Europe Bike Trail

Um die bereits bestehenden, aber durchwegs unterschiedliche ausgebauten und markierten Radwege entlang Mur, Drau und Donau unter einer „Dachmarke" zu bündeln und die einzigartige Flusslandschaft für Fahrradbegeisterte aus ganz Europa erlebbar zu machen, haben WWF und EuroNatur gemeinsam mit internationalen Trail- und Tourismusexperten von REVITAL und Trail Angels den Amazon of Europe Bike Trail konzipiert. Derzeit wird mit EU Mitteln und unter der Leitung des slowenischen Instituts ISKRIVA gemeinsam mit einer Vielzahl an lokalen Partnern aus allen 5 Ländern der Fahrradweg umgesetzt **(www.aoebiketrail.com).** Die über 1.200 km lange Radroute beginnt an der Mur an der österreichisch-slowenischen Grenze, verläuft weiter entlang der Drau und führt schließlich zu den atemberaubenden Donau-Auen im Dreiländereck Kroatien, Ungarn und Serbien. 27 Einzeletappen machen das größte naturnahe Flusssystems Mitteleuropas unter dem vielversprechenden Motto „Entdecke den Amazonas Europas" mit dem Rad erlebbar.

Markenversprechen und Botschaft des Radweges

Unterwegs im größten Biosphärenreservat Europas entlang von Mur, Drau und Donau. Landschaft, Kulturen und Kulinarik sind außergewöhnlich vielfältig und geprägt von den fünf Staaten, die der Radweg durchquert. Hier liegen attraktive, historische Städte inmitten herrlicher Kultur- und Flusslandschaften. Entdecke die außergewöhnliche biologische Vielfalt im größten, naturnahen Flusssystem Mitteleuropas. Natur beobachten, sich im Fluss abkühlen, easy biking – einfach dem Kreislauf des Wassers folgen. Den Alltag vergessen, Wandel und Erneuerung zulassen, die uralte Kraft der Flüsse spüren.

Der Amazon of Europe Bike Trail im 5-Länder Biosphärenreservat Mur-Drau-Donau

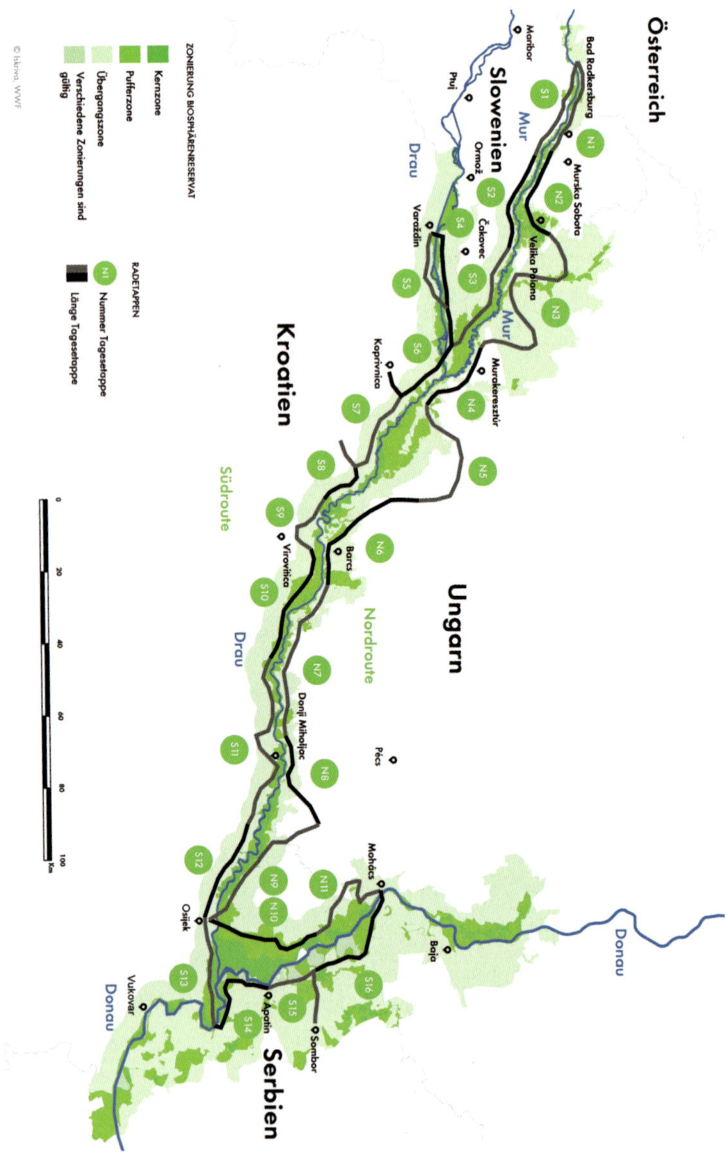

Foto: Shutterstock

Foto: Borut Stumberger

Radwege auf beiden Seiten der Flüsse bieten verschiedene Möglichkeiten. Ein Makadamweg auf einem Hochwasserdamm bietet gleichzeitig eine wunderschöne Aussicht.

Von dem Naturführer „Sturmovci", den der Slowenische Bund für Vogelschutz (DOPPS) in Zusammenarbeit mit der Stadt Ptuj herausgegeben hat, ist 2006 eine zweite Ausgabe erschienen. Er beschreibt das Gebiet der Sturmaue, welches unterhalb des Stausees bei Ptuj an der Mündung der Dravinja erhalten geblieben ist. Bisher ist er zwar nur auf Slowenisch erhältlich, doch mit der Karte, den Bildern und den lateinischen Namen gibt die Broschüre auch ausländischen Gästen Orientierungshilfe. Leider ist das Informationszentrum des Landschaftsparks Sturmovci im Dorf Markovci mit seinen guten Präsentationen auf ungewisse Zeit geschlossen; so muss man sich in der Stadt Ptuj nach Informationen umsehen.

Für die Komitate in Ungarn gibt es Karten im Maßstab 1:150.000 (Megye Térképe, Cartographia), die auch über internationale Kartenverlage bestellt werden können, wo sie allerdings mehr kosten als in Ungarn. Für die Drau sind die Karten Baranya mit Pecs als Hauptstadt und Somogy mit Kaposvár, für die Mur Zala mit Zalagerszeg und für die Donau die Komitate Tolna und Bács-Kiskun wichtig. Auf diesen Karten sind alle Ortschaften und Verbindungsstraßen eingezeichnet.

Der Donau-Drau-Nationalpark hat 2002 eine Übersichtskarte der Drau- und Donau-Auen im Nationalpark im Maßstab 1:60.000 publiziert. Mit Wanderwegen, Aussichtspunkten, Lehrpfaden, Sehenswürdigkeiten und Informationen bietet sie auch topografische Informationen zum kroatischen Ufer. Für Besucher der Mur-Drau-Donau-Region ist diese Karte als Grundausstattung zu betrachten. Ein weitere hervorragende Orientierungshilfe bietet die Karte über Béda-Karapancsa tájegység im Maßstab 1:30.000 aus dem Jahr 2008; sie zeigt den gleichnamigen Auwald und die Gebiete oberhalb von Mohács bis zur kroatischen und serbischen Grenze. Durch die gesonderte Darstellung der Weinberge ist in beiden Karten die Trennung zwischen Trockenbiotopen und Auen gut ersichtlich.

Für die Umgebung der Drau sind gute Detailkarten mit ausführlichen Informationen über die Gegend erhältlich. Es sind dies die Detailkarten Nr. 25 (Villányi-hegység, dem schönen Bergrücken bei Siklós), Nr. 15 (Mecsek, dem Gebirge nördlich von Pécs) und Nr. 17 (Zselic, dem großen Landschaftsschutzgebiet bei Kaposvár). Solche Karten gibt es auch für andere interessante Gebiete, wie z.B. für den Plattensee (Nr. 41).

Durch die jahrelange Kriegssituation und die touristisch wenig beachtete Lage gab es in Kroatien lange Zeit keine guten Wanderkarten. Umso erfreulicher sind die Möglichkeiten, die nun das Internet bietet. Wunderschön kann man auf der homepage des Staatlichen Naturschutzamtes **(http://natura2000.dzzp.hr/natura/)** die kroatischen Natura-2000-Gebiete an Mur, Drau und Donau kennenlernen. Neben guten topografischen Karten mit Luft- und Satellitenaufnahmen findet man vielseitige Informationen zu Flora und Fauna, so etwa über die Größe der Vogelpopulationen, die Pflanzengesellschaften oder über seltene Arten. Außerdem wird hier die derzeit mit Abstand kompakteste aktuelle Information über die einzelnen Flussabschnitte im Mur-Drau-Donau-Raum geboten. Eine weitere digitale Informationsmöglichkeit bieten die aktuellen topografischen Karten (1:25.000) und Luftaufnahmen (1:5.000) auf **http://preglednik.arkod.hr.**

Alle Natura-2000-Gebiete samt Tier- und Pflanzenwelt der Mur-Drau-Donau-Region sind auf dem von der EU entwickelten Natura-2000-Viewer zu finden unter **http://natura2000.eea.europa.eu.**

Lokal erhältlich sind verschiedene Karten für Touristen, darunter auch für Wanderer und Radfahrer, etwa für Čakovec (Međimurje), Varaždin, Koprivnica und Virovitica (Podravina), Osijek und Vukovar (Podunavlje).

Der für Besucher gut erschlossene Naturpark Kopački rit hat gemeinsam mit dem Donau-Drau-Nationalpark in Ungarn 2004 eine grenzüberschreitende Karte (1:60.000) für die Gegend zwischen Mohács und Osijek herausgebracht. Diese Karte enthält auch weite Teile des Podunavlje-Schutzgebiets, leider aber nicht den ganzen Streifen am linken Donau-Ufer.

Für die ganze Donau findet man gute Karten (1:50.000) sowie GPS-Tracks.

Für Serbien kann man topografische Karten von „Topografske karte Srbije" aus dem Internet herunterladen. Ganz großartig ist das 2009 erschienene serbische Buch „Important Bird Areas in Serbia". Das wunderschön bebilderte Buch enthält eine englische Zusammenfassung und eine Beschreibung der Flora und Fauna mit lateinischen Artnamen. Auf topografischen Karten werden die IBA-Gebiete des Landes präsentiert und Hinweise auf die wichtigsten Beobachtungspunkte und Sehenswürdigkeiten gegeben. Das preiswerte Buch ist beim Naturschutzamt in Novi Sad oder beim Naturschutzinstitut (Republički zavod za zaštitu prirode Srbije) in Belgrad erhältlich.

Wichtig: Die Orientierung über GoogleEarth empfiehlt sich vor der Reise in jedem Fall, weil auf weiten Strecken der Mur-Drau-Donau-Niederung aktuelle topografische Karten nicht verfügbar sind.

Entlang der Demarkationslinien zur Baranja sollten sich Besucher aus Sicherheitsgründen nicht aufhalten. Sehr zu empfehlen sind aber Wanderungen auf den Hochwasserdämmen an der Mur und Drau oberhalb Donji Miholjac.

Foto: Kerstin Sauer

An den Flussufern in Kroatien weisen in regelmäßigen Abständen Warnschilder auf die immer noch aktuelle Gefahr durch Minenfelder hin.

Sicherheit

Minenfelder in Kroatien

Trotz umfangreicher Minenräumaktionen besteht in den bis 1995 umkämpften Gebieten in Kroatien – insbesondere an den damaligen Frontlinien – noch immer eine erhebliche Gefährdung durch Landminen. Betroffen sind u.a. folgende Gebiete: Ostslawonien mit Srijem (30 bis 50 km vor der Grenze zu Serbien und an der Grenze zu Ungarn, insbesondere Gebiete um Vukovar und Vinkovci) und Westslawonien (Gebiet Daruvar, Pakrac, Virovitica). Besucher der kroatischen Donau- und Drau-Auen unterhalb Donji Miholjac sollten also unbedingt Warnhinweise vor Ort beachten. Nähere Informationen zu Gebieten, in denen eine Gefährdung durch Minen besteht, sind auf Wikipedia zu finden (https://en.wikipedia.org/wiki/Minefields_in_Croatia) und auf der Homepage der kroatischen Minenräumanstalt (https://ctro.hr/en/) auch in englischer Sprache abrufbar.

In diesen Gebieten wird dringend davor gewarnt, die Straßen und Wege zu verlassen. Achtung: Minen wurden oft dicht am Straßenrand verlegt! Minenfelder sind gewöhnlich durch Plastikstreifen abgesperrt, oder Schilder und Pfähle mit Plastikstreifen machen auf die Minengefahr aufmerksam – allerdings nicht überall. Trümmergrundstücke und leerstehende Gebäude sollten in jedem Fall gemieden werden. Sogar weidendes Vieh ist keine Garantie für die Minenfreiheit einer Weidefläche! Auch im Kopački rit muss man sich zur eigenen Sicherheit strikt an die Anweisungen der Parkverwaltung halten.

Hintergrundinformationen zu Regionsbezeichnungen

Baranya (ung. Báranya, kroat. Baranja) war eine historische Verwaltungseinheit im Königreich Ungarn. Heute ist sie aufgeteilt zwischen Ungarn und Kroatien. Der größere Teil befindet sich im heutigen Ungarn (Komitat Báranya) und der kleinere Teil im Gebiet zwischen der Drau im Süden und der Donau im Osten gehört zu Kroatien (Osječko-baranjska županija). Der Name Baranya geht auf die Burg Baranyavár zurück.

Kärnten (slow. Koroška) liegt im Süden von Österreich und grenzt im Norden und Osten an die Steiermark. Der bedeutendste Fluss des Landes ist die Drau. Ähnlich wie bei der Steiermark erinnern die regionalen Grenzen an die Aufteilung des ehemaligen österreichischen Kronlandes.

Komitat (ung. megye) ist die Bezeichnung für eine regionale Verwaltungseinheit Ungarns. Das Wort ist vom lateinischen comitatus und vom Titel comes (seit der Spätantike die lateinische Form des Grafentitels) abgeleitet. Neben Komitat war auch die Bezeichnung Gespanschaft üblich (heutige Verwaltungsparallele in Kroatien ist die županija).

Pannonien (Pannónia). Der Name lehnt sich an Eigenschaften der Landschaft an. Die Region beherrschen permanente Sümpfe und ständige Überschwemmungen. Die Verbindung mit dem altpreußischen pannean (Moosbruch) und dem altindischen pánkas (Schlamm, Sumpf) gilt als etymologisch sicher. Im vorliegenden Naturführer wird Pannonien auch als Pannonische Tiefebene, Pannonische Niederung, Pannonisches Becken (angelehnt an Karpatenbecken) usw. verwendet. Für weitere Informationen verweisen wir auf den Artikel „Die Schichtung der Gewässernamen in Pannonien" von Jürgen Udolph (1997/98).

Slawonien (auch Slavonien, kroat. Slavonija) ist eine historische Region zwischen der Drau und der Save im Osten Kroatiens. Sie erstreckt sich in Ost-West-Richtung etwa 150 km zwischen Südungarn und Bosnien und gilt als Kornkammer Kroatiens.

Steiermark (slow. Štajerska). Die Ober- und Mittelsteiermark liegen im heutigen Österreich. Die Region wird hauptsächlich durch die Mur geprägt, während den slowenischen Teil der Untersteiermark die Drau prägt. Dort bildet die Štajerska, anders als in Österreich, keine eigene Verwaltungseinheit mehr. Die Bevölkerung fühlt sich jedoch immer noch der Steiermark zugehörig.

Syrmien (kroat. Srijem, serb. Srem, ung. Szerém) ist eine geographische und geschichtliche Region im Gebiet zwischen Donau und Save am südlichen Rand der Pannonischen Niederung (siehe unten). Im Westen wird die Region durch die Flüsse Vuka und Bosut abgegrenzt. Heute ist Syrmien zwischen Kroatien und Serbien aufgeteilt. Namensgebend war die antike Stadt Sirmium, heute Sremska Mitrovica (Serbien).

Vojvodina (Wojwodina oder Woiwodina, ung. Tartomány) besteht aus Bačka (Batschka), Banat und Syrmien und wird durch die Flüsse Donau, Theiß und Tamiš geprägt. Der Name Vojvodina ist 1848 entstanden: Als Reaktion auf die ungarische Erhebung gegen das österreichische Kaiserhaus wurde damals die Serbische Vojvodina ausgerufen.

Adressen

Projekt des WWF und EuroNatur **„5-Länder Biosphärenreservat Mur-Drau-Donau"** www.amazon-of-europe.com

Informationen zum Projekt

EuroNatur Stiftung
Westendstraße 3
D-78315 Radolfzell, Deutschland
Telefon: +49 (0)7732 92 72 0
E-Mail: info@euronatur.org
www.euronatur.org

WWF Österreich
Ottakringer Straße 114-116
A-1160 Wien, Österreich
Telefon: +43 (1)48 81 70
E-Mail: wwf@wwf.at
www.wwf.at

Regionale Kontakte

Österreich

Blaurackenverein „Lebende Erde im Vulkanland"
Straden 85
A-8345 Stainz
Telefon: +43 (0)664 191 93 46
E-Mail: bernard.wieser@utanet.at
www.blauracke.at

Natura 2000 Betreuung Grenzmur
Baubezirksleitung Südoststeiermark
Referat Wasser, Umwelt und Baukultur
Bismarckstraße 11–13
A-8330 Feldbach
Telefon: + 43 (0)3152 2511-303
www.natura2000.steiermark.at

Regionalmanagement Südoststeiermark. Steirisches Vulkanland GmbH
(Biosphärenpark Unteres Murtal)
Grazertorplatz 3
A-8490 Bad Radkersburg
Telefon.: +43 (0)3152 83 80-0
E-mail: office@vulkanland.at
www.vulkanland.at

Naturschutzbund Steiermark
Herdergasse 3
A-8010 Graz
Telefon: +43 (316)322377-0
E-mail: office@naturschutzbundsteiermark.at
www.naturschutzbundsteiermark.at

Slowenien

Slowenischer Vogelschutz DOPPS-BirdLife Slovenia
Tržaška cesta 2
SI-1000 Ljubljana
Telefon: +386 (1)426 58 75
E-Mail: dopps@dopps.si
www.ptice.si

Europäisches Storchendorf Velika und Mala Polana (1999)
Občina Velika Polana (Gemeinde)
Velika Polana 111
SI-9225 Velika Polana
E-Mail: obcina@velika-polana.si
www.velika-polana.si

Institut für Naturschutz Slowenien, Regionalstelle Maribor
Pobreška cesta 20a
SI-2000 Maribor
Telefon: +386 (2)333 13 70
E-Mail: zrsvn.oemb@zrsvn.si
www.zrsvn.si

Storch Slowenien - CICONIA Slowenien
Cirkulane 41
SI-2282 Cirkulane
www.ciconia.si

Kroatien

Kroatische Gesellschaft für Vogel- und Naturschutz (HDZPP)
Gundulićeva 19a
HR-31000 Osijek
Telefon: +385 (95)909 87 53
E-Mail: tibor.kopacki.rit@gmail.com
www.ptice.hr

Naturpark „Kopački rit"
Kopačevo Visitor Centre
Mali Sakadaš 1
HR-31327 Kopačevo
Telefon: +385 (31)75 23 20
E-Mail: prijemni.centar@pp-kopacki-rit.hr
pp-kopacki-rit.hr

Hrvatske šume (Kroatische Forste)
Ulica kneza Branimira 1
HR-10 000 Zagreb
E-Mail: glasnogovornik@hrsume.hr
www.hrsume.hr

Öffentliche Institution für das Management von Schutzgebieten in der Gespanschaft Varaždin
Stanka Vraza 4
HR-42000 Varaždin
Telefon: +385 (42)300 640
E-Mail: zastita.prirode@vz.t-com.hr
www.priroda-vz.hr

Öffentliche Institution für das Management von Schutzgebieten in der Gespanschaft Virovitica-Podravina
Noskovci 2/a
HR-33523 Čađavica
Telefon: + 358 (33)722 033
E-Mail: info@virovitica-nature.hr
www.virovitica-nature.hr

Medjimurska Priroda – Öffentliche Institution für Naturschutz
Trg međimurske prirode 1, Križovec
HR-40315 Mursko Središće
Telefon: +385 (40)866 297
E-Mail: pisarnica@medjimurska-priroda.info
medjimurska.priroda@gmail.com (Besucherzentrum)
www.medjimurska-priroda.info

Öffentliche Institution für das Management von Schutzgebieten in der Gespanschaft Koprivnica-Križevci
Florijanski trg 4 / II
HR-48000 Koprivnica
Telefon: +385 (48)621 790
E-Mail: zastita.prirode.kk-zupanije@kc.t-com.hr
www.zastita-prirode-kckzz.hr

Öffentliche Institution für Naturschutz in der Gespanschaft Osijek-Baranja
Županijska 4/III
HR-31000 Osijek
Telefon: +385 (31)200 425
E-Mail: info@obz-zastita-prirode.hr
www.obz-zastita-prirode.hr

Öffentliche Institution für Naturschutz in der Gespanschaft Vukovar-Srijem
Trg Vinkovačkih jeseni 1
HR-32100 Vinkovci
Telefon: +385 (32)308 840
E-Mail: zasticene.prirodne.vrijednosti@vu.t-com.hr

WWF Adria
Gundulićeva 63
HR-10000 Zagreb
Telefon: +385 (1) 550 9623
E-mail: info@wwfadria.org
www.wwfadria.org

Ungarn

Pörbölyer Ökotouristisches Zentrum
Bajai út 100.
HU-7142 Pörböly
Telefon: +36 (74) 491 483
E-Mail: okocentrum@gemenczrt.hu
http://turizmus.gemenczrt.hu/a-porbolyi-okoturisztikai-kozpont/

Weißstorchmuseum Kölked
Széchenyi u. 1
HU-7717 Kölked
Telefon: +36 (30)846 60 20
www.ddnp.hu/okoturizmus/bemutatohelyek/feher_golya_muzeum

„Dráva Kapu" Besucherzentrum, Drávaszentes
Fő u. 1
HU-7570 Barcs-Drávaszentes
Telefon: +36 (82)461 285, +36 (30)377 33 93
www.ddnp.hu/okoturizmus/bemutatohelyek/drava_kapu_bemutatokozpont

Europäisches Storchendorf Nagybajom (1996)
Gemeinde Nagybajom
Fő u. 40
HU-7561 Nagybajom
Telefon: +36 (82)556 950
www.nagybajom.hu

Balaton-felvidéki Nationalpark
Kossuth u. 16.
HU-8229 Csopak, Ungarn
Telefon: +36 (87)555-260
E-Mail: bfnp@bfnp.hu
www.bfnp.hu

Duna-Drava Nationalpark
Tettye tér 9
HU-7625 Pécs
Telefon: +36 (72)517-200
E-Mail: dunadrava@ddnp.hu
www.ddnp.hu

WWF Ungarn
Álmos vezér útja 69/a
HU-1141 Budapest
Telefon: +36 (1)214-5554
E-Mail: panda@wwf.hu
https://wwf.hu/en/kezdooldal/

Serbien

Gesellschaft für Vogelschutz und Vogelkunde Serbiens (DZPPS)
Vladike Ćirića 24/19
RS-21000 Novi Sad
Telefon: +381 (21)631 83 43
E-Mail: sekretar@pticesrbije.rs
www.pticesrbije.rs

Spezielles Naturreservat „Gornje Podunavlje"
JP Vojvodinašume, ŠG Sombor
Apatinski put 11, Sombor
Tel: +381 (25)46 31 11
Besucheranmeldung: +381 (62)800 53 50
E-Mail: sgsombor@gmail.com
www.gornjepodunavlje.net

Institut für Naturschutz Vojvodina Province
Radnička 20a
RS-21000 Novi Sad
Telefon: +381 (21)4896-306

WWF Adria-Serbia
Đure Jakšića 4a/8
RS-11000 Belgrad
E-Mail: serbia@wwfadria.org
Telefon: +381 (11)303 37 53
www.wwfadria.org/sr

Danksagung

Die vollständig überarbeitete und erweiterte Ausgabe dieses Mur-Drau-Donau-Naturreiseführers baut im Kern auf dem Inhalt des früher im Naturerbe Verlag Jürgen Resch erschienenen „Drau-Mur" Naturreiseführers auf. Den fast zeitlosen Inhalt haben wir mit Informationen über die Gebiete entlang der Donau zwischen Baja (Ungarn) und Novi Sad (Serbien) ergänzt und mit einer Erweiterung und Novellierung des Textes dem gesamten Raum noch mehr Aufmerksamkeit geschenkt. Insbesondere gilt das für die avifaunistischen Ausführungen, ein neues Kapitel über alte Nutztierrassen sowie für die Darstellung der Bemühungen und des Kampfes der letzten beiden Jahrzehnte für den Schutz der Flusslandschaft Mur-Drau-Donau. Wo immer es möglich war, haben wir unsere Aussagen mit Zahlen untermauert. Der vorliegende Naturreiseführer ist eine bisher einzigartige Dokumentation der Naturschutzarbeit an den drei Flüssen Donau, Drau und Mur geworden. Wie vor rund 30 Jahren geplant, wird derzeit das Mur-Drau-Donau-Biosphärenreservat verwirklicht.

Wir danken folgenden Gebietskennern, Fachleuten, Kollegen und Naturschützern für ihre umfassende Unterstützung: Ivana Korn Varga, Branka Španiček, Emöke Györfi, Claudia Mohl, Dejan Dapić, Milan Ružić, Marko Tucakov, Slobodan Puzović, Radmila Šakić, Tanja Šikoparija, Duška Dimović, Miljan Velojić, Anton Žuljević, Marko Šćiban, Ulrich Schwarz, Klaus Michor, Tanja Nikowitz, Bernd Wieser, Darko Grlica, Gordan Lukač, Jelena Kralj, Tibor Mikuska, Milorad Mrakovčić, Mirjana Pintar, Josip Suić, Goran Šafarek, Tamás Gruber, István Pótz, Dragica und Jenő Purger, Viktória Siposs, Gorazd Urbančič, Al Vrezec, Luka Božič, Matjaž Bedjanič, Marijan Govedič, Stephan Ernst, Joachim Neumann, Kerstin Böck, Marie Pfeiffer, Urška Dolinar, Gerhard Hildebrandt und Waltraud Kugler. Einer Gruppe von fast 100 Vogelbeobachtern, Ornithologen und Naturschützern ist es zu verdanken, dass viele Vogeldaten in diesem Naturreiseführer veröffentlicht werden können.

Artenverzeichnis

Pflanzen

Amphibien / Reptilien

Fische

Insekten

Säugetiere

Vögel

Schlagwortregister

Ortsverzeichnis

Literaturverzeichnis

Akademie für Natur- und Umweltschutz (1992): Wasserkraft – Energiequelle der Zukunft? Beiträge der Akademie für Natur- und Umweltschutz Baden-Württemberg, Band 9.

Akademie für Natur- und Umweltschutz Baden-Württemberg (1994): Lebensraum Donau – Europäisches Ökosystem. Beiträge der Akademie für Natur- und Umweltschutz Baden-Württemberg. Perspektiven im Naturschutz, Band 17.

Alliance for Nature (1990): IUCN-Kriterien. Wien.

ANL (1991): Erhaltung und Entwicklung von Flußauen in Europa. Laufener Seminarberichte 4/91.

Anzeljc, D. & Kobold M. (2013): Hidrološka analiza poplavnega dogodka na Dravi 5.11.2012. 24. Mišičev vodarski dan 2013.

Anonymus (ab 1886): Die österreichisch-ungarische Monarchie I-XX. Wien-Budapest.

Balon, E. K. (1968a): Einfluß des Fischfangs auf die Fischgemeinschaften der Donau. Archiv für Hydrobiologie, Supplement 34 (3): 228–249.

Balon, E. K. (1968b): Urgeschichte der Donauichthyofauna (vor dem Einfluß des Menschen). Archiv für Hydrobiologie, Supplement 34 (3): 204–227.

BirdLife International (2014): Important Bird Areas factsheet: Gemenc. Downloaded from www.birdlife.org on 30.04.2014.

Bognar, A. (1985): Basic geomorphological problems of the Drava river plain in SR Croatia. Geographical papers 6, Department of Geography, Zagreb.

Bognar, A. (1990): Geomorfologija Baranje. Savez geografskih društava Hrvatske, Posebno izdanje, svezak 7, Zagreb.

Božič, L. (2002): Primerjava združb in nekaterih populacijskih parametrov ptic v izbranih tipih nižinskih gozdov [Comparison of communities and some population parameters of birds in selected types of lowland riverine forests]. Diplomska naloga/Graduation thesis, Ljubljana, Biotehniška fakulteta, Oddelek za biologijo.

Božič, L. (2005): Results of the International Waterbird Census (IWC) in January 2004 and 2005 in Slovenia. Acrocephalus 26: 123–137.

Božič, L. (2006): Results of the International Waterbird Census (IWC) in January 2006 in Slovenia. Acrocephalus 27: 160–167.

Božič, L. (2007): Results of the International Waterbird Census (IWC) in January 2007 in Slovenia. Acrocephalus 28: 23–31.

Božič, L. (2008a): Results of the International Waterbird Census (IWC) in January 2008 in Slovenia. Acrocephalus 29: S. 39–49.

Božič, L. (2008b): Results of the International Waterbird Census (IWC) in January 2009 in Slovenia. Acrocephalus 30: 169–179.

Božič, L. (2010): Results of the International Waterbird Census (IWC) in January 2010 in Slovenia. Acrocephalus 31 (145/146): 131–141.

Božič, L. (2011): Results of the January 2011 Waterbird Census in Slovenia. Acrocephalus 32 (148/149): 67–77.

Božič, L. (2012): Results of the January 2012 Waterbird Census in Slovenia. Acrocephalus 33 (152/153): 109–119.

Božič, L. (2013): Results of the January 2013 Waterbird Census in Slovenia. Acrocephalus 34 (156/157): 93–103.

Božič, L. & Denac D. (2010): Številčnost in razširjenost izbranih gnezdilk struge reke Drave med Mariborom in Središčem ob Dravi (SV Slovenija) v letih 2006 in 2009 ter vzroki za zmanjšanje njihovih populacij [Abundance and distribution of selected breeding river-bed birds on the Drava River between Maribor and Središče ob Dravi (NE Slovenia) in 2006 and 2009, and causes of the reduction of their populations]. Acrocephalus 31 (144): 27–45.

Bračko, F. (1986): Naglo upadanje številčnosti zlatovranke Coracias garrulus v Sloveniji. Acrocephalus 7 (30): 49–52.

Bračko, F. & Stumberger, B. (1995): Breguljka Riparia riparia ob slovenski subpanonski Dravi [The Sand Martin Riparia riparia along the Slovene Sub-Panonnian Drava river]. Acrocephalus 16: 62–67.

Breznik, M. (1992): Increase of the Drava and Mura high waters due to the regulation and river barrages. Mednarodna Konferenca o Dravi. Maribor.

Bošković, I., Florijančić T., Beck A., Beck R., Pintur K., Opačak A. & Ozimec S. (2009): Preliminarna istraživanja prehrane čaglja (Canis aureus aureus) na području istočne Hrvatske. Krmiva 51(6): 305–311.

Bukvić, M. (1969): Apatin kroz vekove. Kulturno-prosvetna zajednica Apatin, Apatin.

Bunzel-Drüke, M., Böhm C., Finck P., Kämmer G., Luick R., Reisinger E., Riecken U., Riedl J., Scharf M. & Zimball O. (2008): Praxisleitfaden für Ganzjahresbeweidung in Naturschutz und Landschaftsentwicklung – „Wilde Weiden" . Arbeitsgemeinschaft Biologischer Umweltschutz im Kreis Soest e.V., Bad Sassendorf-Lohne.

BUND & EuroNatur (1992): Nationalpark Elbtalaue – Aktuelles, Forschung, Perspektiven. Tagung am 1.2.1992, Hitzacker.

Carboneras, C. & Kirwan, G.M. (2014): Greylag Goose (Anser anser). In: del Hoyo, J., Elliott, A., Sargatal, J., Christie, D.A. & de Juana, E. (eds.) (2014). Handbook of the Birds of the World Alive. Lynx Edicions, Barcelona. (retrieved from www.hbw.com/node/52815 on 11 August 2014).

Cegnar, T. (2013): Kdo in kaj – Agencija RS za okolje. Ministrstvo za kmetijstvo in okolje, ARSO. Ljubljana.

Ciglenečki, M. (1989): Ptuj na starih vedutah [Pettau auf alten Veduten]. pokrajinski muzej Ptuj. Ponatis kataloga iz 1983.

Ciglenečki, M. (1999): Vurberške slike iz 17. stoletja v ptujskem muzeju. In: Jaki, B. (ed.): Razprave iz evropske umetnosti. Za Ksenijo Rozman. Ljubljana, Narodna galerija: 57–86.

Glutz von Blotzheim (1985): Handbuch der Vögel Mitteleuropas. Band 10 Passeriformes (Teil 1). Akad. Verl.-Ges. Wiesbaden, Aula–Verlag.

Grlica, I.D. & Razlog-Grlica J. (2012): Monitoring bregunica, vodomara, male i crvenokljune čigre na rijekama Muri, Dravi i Dunavu. Virovitica. Unpubl. Report: 61.

Conrady, D. (1989): Die Jagd auf Wasservögel im Nationalpark Schleswig-Holsteinisches Wattenmeer. Landesamt für den Nationalpark, Tönning: 44.

Denac D., Schneider-Jacoby M. & Stumberger B. (eds.) (2010): Adriatic Flyway – Filling the Gap in Bird Conservation. EuroNatur, Radolfzell:, 208.

Dick G., Rehfisch M., Skinner J. & Smart M. (1991): Wintering Greylag Geese Anser anser in North Africa. Ardea 79 (2): 283–286.

Društvo za varstvo okolja Pomurja (1988): Zeleni list. ZGEP Pomuski tisk. Murska Sobota.

DZPPS (unpub.): Bird Population Estimates for IBA3 in Serbia 2014. Bird Study and Protection Society of Serbia (DZPPS).

Đapić, D. (2010): Kolonija crvene čaplje Ardea purpurea kod Riđice [Colony of Purple Heron Ardea purpurea near Riđica]. Ciconia 19: 169.

Đapić, D. (2010): Teritorialni zov vodenog bika Botaurus stellaris na bari Jezero kod Stanišića [Territorial calls of Great Bittern Botaurus stellaris on a Jezero pond at Stanišić]. Ciconia 19: 167.

Elektroprivreda Zagreb (ohne Jahr): Razvoj, izgradnja i stanje energetskih izvora. Radna zajednica „zajednički poslovi", Zagreb.

Erdmann, K.-H. & Nauber N. E. (1993): Der deutsche Beitrag zum UNESCO-Programm „Der Mensch und die Biosphäre" (MAB) im Zeitraum Juli 1990 bis Juni 1992. Bonn: DUK.

Forschungsgemeinschaft Auenzentrum Petronell (1992): Populationsdynamische Untersuchungen im Altarmsystem und in der Donau im Bereich von Regelsbrunn und Haslau. WWF Österreich, Wien.

Freyhof, J. (2012): Threatened freshwater fishes and molluscs of the Balkan. Potential impact of hydropower projects. Unpublished report. ECA Watch Austria & EuroNatur: 81.

Gamauf, A. & H. Winkler (1991): Untersuchungen zur Vogelwelt der oberen Drau. Caranthia II, 181./101. Jg.: 547–562, Klagenfurt.

Gepp, J. (1985): Auengewässer als Ökozellen. Grüne Reihe des BM Gesundheit und Umweltschutz, Band 4, Wien.

Gesner, J., Chebanov, M. & Freyhof, J. (2010): Huso huso. In: IUCN 2013. IUCN Red List of Threatened Species. Version 2013.1. <www.iucnredlist.org>. Downloaded on 30 July 2013.

Gesner, J., Freyhof, J. & Kottelat, M. (2010): Acipenser nudiventris. In: IUCN 2013. IUCN Red List of Threatened Species. Version 2013.1. <www.iucnredlist.org>. Downloaded on 30 July 2013.

Gerken, B. (1981): Zum Einfluß periodischer Überflutungen auf bodenlebende Coleopteren in Auewäldern am südlichen Oberrhein. Mitt. dtsch. Ges. allg. Ent. 3: 130–134.

Gerken, B. (1988): Auen – verborgene Lebensadern der Natur. Verlag Rombach, Freiburg.

Grimmett, R. & A. T. Jones (1989): Important Bird Areas in Europe. ICBP Technical Publication No. 9.

Haller, M. (2000): Seltene Haus- & Nutztierrassen. Leopold Stocker Verlag, Graz.

Ham, I., J. Mikuska, D., Gec, J., Fistrović & M. Schneider (1988a): Stanje populacije orla belorepana u Jugoslaviji. 4. kongres ekologa Jugoslavije, Plenarni referati i izvodi saopstenja, Ohrid: 306. (Übersetzung im Rundbrief der WAG Nr. 10, Juni 1989).

Ham, I., J. Mikuska, M. Schneider und D. Gec (1990): Nalazi i promatranje prstenovanih i krilnim markicama obelezenih orlova stekavaca, Haliaeetus albicilla, u Jugoslaviji u godinama 1985–1988 – 1. izveštaj. Larus 41–42: 69–86.

Heckel, J. & Kner R. (1858): Die Süsswasserfische der Österreichischen Monarchie mit Rücksicht auf die angrenzenden Länder. Verlag von Wilhelm Engelmann, Leipzig: 388.

Hegemeijer, E.J.M. & M.J. Blair (Eds.) (1997): The EBCC Atlas of European Breeding Birds: Their Distribution and Abundance. T & AD Poyser, London.

Horvat, I., V. Glavač, & H. Ellenberg (1974): Vegetation Südost-Europas. G. Fischer Verlag, Stuttgart.

Hrvatske vode (2014): Provedbeni plan obrane od poplava branjenog područja sektor A – Mura i gornja Drava broj 33.

Hügin, G. (1981): Die Auenwälder des südlichen Oberrheintals – ihre Veränderung und Gefährdung durch den Rheinausbau. Landschaft + Stadt 13: 78–91.

Hydrometeorological Institute of Slovenia (1992): Water quality in Slovenia, year 1991. Ljubljana.

Ildiko, I. & Lehmann A., Eds. (2002): Duna-Drava Nemzeti Park.

Ilijanič, L. (1973): Allgemeiner Überblick über die wechselfeuchten Niederungswiesen Jugoslawiens im Zusammenhang mit den klimatischen Verhältnissen. Acta Botanica Academiae Scientiarum Hungaricae 19 (1–4), 165–179.

Imboden, E. (Ed.) (1987): Riverine Forests in Europe – Status and Conservation. ICBP, 15th Conference of the European Continental Section, Rapperswil, Switzerland.

Jež, M. (1987/92): Ob Dravi in Muri. Zbirka Pelikan, Založba Mladinska knjiga, Ljubljana – Mariborski TISK, 2. Auflage.

Kárpáti, I. (1989): Die voraussichtlichen Wirkungen des Wasserkraftwerkes bei Đjudjevac. Manuskript – Studie für die Landesnaturschutzorganisation Somogy.

Kerovec, M. (1986): Priručnik za upoznanje beskralješnjaka naših potoka i rijeka, SNL, Zagreb.

Kralj, J. (2000): Struktura zajednica ptica gnjezdarica šuma hrasta lužnjaka u Hrvatskoj. Doktorska disertacija. PMF, Zagreb:, 80.

Kryštufek, B., D. Murariu, C. Kurtonur (1997): Present distribution of the Golden Jackal Canis aureus in the Balkans and adjacent regions. Mammal Review 27(2): 109–114.

Kronprinz Rudolf von Oesterreich, E. F. von Homeyer & Brehm (1879): Zwölf Frühlingstage an der Mittleren Donau. Journal für Ornithologie 27 (1): 1–83.

Kutter, S. & V. Späth (1993): Rheinauen – bedrohtes Paradies am Oberrhein. Verlag G. Braun, Karlsruhe.

Lovacz, Gy. (1972): A Drava-Mura vizrendszer vizjarasi es potamologiai vizsgalata, Viziterv, Budapest.

Malicky, (2002): Frauenfeld-Köcherfliege (Platyphylax frauenfeldi): Porträt eines fast ausgestorbenen Insekts. Öko. L 24 (3): 29–34.

Malicky H. (2009): Die Köcherfliegen (Insecta, Trichoptera) der Sammlung von Franjo Košćec im Museum Varaždin, Kroatien. Natura croatica 18 (1): 129–134.

Mangelsdorf, J. & K. Scheurmann (1980): Flußmorphologie – Ein Leitfaden für Naturwissenschaftler und Ingenieure. R. Oldenbourg Verlag, München, Wien.

Mednarodna konferenca o Dravi (1992): Internationale Konferenz über die Drau. Tagungsband. Univerzitetna knjižnica Maribor, Maribor.

Mihorko, P. & Gacin M. (2014): Ocena kemijskega stanja podzemnih voda v Sloveniji v letu 2013 [Bewertung des chemischen Zustands des Grundwassers in Slowenien im Jahr 2013]. Republika Slovenija, ARSO, Ljubljana.

Mikuska, J. & Lakatos (1977): Podaci o rasprostranjenju i ekologiji vranca velikog, Phalacrocorax carbo (L. 1758), u Jugoslaviji. Larus 29–30: 141–151.

Mikuska, J. (1979): Seeadler (Haliaeetus albicilla) im Naturschutzgebiet Kopacsi-ret und in der Umgebung. Aquila 85: 45–47.

Mikuska, J. (1982): The importance of Kopački Rit. Aquila 89: 205–207.

Mikuska, J. (1983): Prilog poznavanju ishrane vranca velikog, Phalacrocorax carbo (L. 1758) u specijalnom zoološkom rezervatu Kopački rit. Larus 33–35: 31–36.

Mikuska, T. (1993): Status of the black stork in Croatia. 1st International Black Stork Conservation and Ecology Symposium. ICBP/IWRB/IUCN Specialist Group for Storks, Ibises and Spoonbills, Jurmala/Latvia.

Mikuska, T. (2009): A review of recent knowledge on White-tailed Eagles in Croatia. Denisia 27: 115–126.

Mikuska, T. (2013): Siva guska Anser anser. In: Tutiš V., Kralj J., Radović D., Ćiković D., Barišić S. (eds.): Crvena knjiga ptica Hrvatske. ministarstvo zaštite okoliša i prirode, državni zavod za zaštitu prirode, Zagreb: 183–184.

Mohl, A. (2001): The nesting of the Little Tern (Sterna albifrons) on the Drava River in Croatia and Hungary. Acrocephalus 22: 35–39.

Mohl, A., Schwarz, U. (1997): Ein Wildfluß vor der Zerstörung – Kraftwerkspläne gefährden Nationalpark Drau. In: Nationalpark 4/97.

Mohl, A., Schwarz, U. (1998): Landschafts- und Gewässerstrukturkartierung an der kroatisch-ungarischen Drau (Flußkilometer 226-185,5), im Gebiet des geplanten kroatischen Wasserkraftwerks „Novo Virje", unter besonderer Berücksichtigung naturschutzrelevanter und gewässerökologischer Fragestellungen. Diplomarbeit an der Universiät für Bodenkultur (BOKU)/Wien und Universität Wien.

Mohl, A., Schwarz, U. (1998): Einfluss der Wasserwirtschaft auf den Flusslauf der Drau zwischen Botovo und Ferdinandovac. International Conference Sustainable Economic Use of the Lowland Rivers and the Protection of Nature and Environment. Hrvatsko Šumarstvo Društvo, Hrvatsko Energetsko Društvo and EuroNatur, Zagreb: 118–132.

Gattermayr, M., Mohl, A. & Nemmert, A., 2019: Action plan for river birds in the planned five-country Biosphere Reserve „Mura-Drava-Danube". WWF Austria. Project LIFE14 NAT/HR/000115 – DRAVA LIFE., pp. 90.

Gattermayr, M., Mohl, A., 2019: Kopacki Rit (Kroatien). Vogelschutz. Nr. 47. Birdlife Österreich. Seiten 10–13. Wien

Mohl, A., Hagenstein. I., 2019: Amazonas Europas. Grenzüberschreitender Biosphärenpark Mur-Drau-Donau. Natur & Land. Naturschutzbund. Heft 2-2019. S. 32–35.

Mohl, A., Korn-Varga, Györfi I, 2020: The ecological corridor Mura-Drava-Danube and future five-country biosphere reserve. in IUCN Guidelines for conserving connectivity through ecological networks and corridors. Series Nr 30. page 104–106. Gland

Csagoly, P., Magnin, G., Mohl, A. (2018): Danube, Drava, and Mura Rivers: The „Amazon of Europe". The wetland Book. In Springer Nature 2018. p 903–909.

Naumann, J.F. (1937): Ornithologische Reise nach und durch Ungarn. Archiv für Naturgeschichte 3 (1): 69–110. In: Hildebrandt G. (2001): Die Veröffentlichung der Ornithologenfamilie Naumann in Zeitschriften. Ornithologischer Verein „J.F. Naumann", Köthen.

Nehring, S., Essl F., Klingenstein F., Nowack C., Rabitsch W., Str O., Wiesner C., & Wolter C. (2010): Schwarze Liste invasiver Arten: Kriterien und Schwarze Listen invasiver Fische für Deutschland und für Österreich. Bundesamt für Naturschutz, BfN–Skripten 285. Bonn – Bad Godesberg.

Neuschulz, F. & H. Wilkens (1991): Die Elbtalniederung – Konzept für einen Nationalpark. Natur und Landschaft 66: 481–485.

Neuschulz, F. (1988): Zur Synökologie von Sperbergrasmücke und Neuntöter. Lüchow – Dannenberger Ornithologische Jahresberichte, Band 11.

Nissen J. (2003): Enzyklopädie der Pferderassen. Europa. Band 3. Franckh-Kosmos Verlag, Stuttgart.

Österreichisches Institut für Raumplanung (1990): Raum- und Umweltverträglichkeitsprüfung der Kraftwerksprojekte Obere Drau – Sachsenburg-Spittal-Mauthbrücken. Amt oder Kärntner Landesregierung, Wien.

Ozimec, R., Marković D. & Jeremić J. (eds.) (2011): Green book of indigenous breeds of Croatia. Republic of Croatia, Zagreb.

Pickl, O. (1971): Pettau – ein internationaler Handelsplatz des 15. und 16. Jahrhunderts. – Zeitschrift Historischer Verein Steiermark 62: 87–109.

Plachter, H. (1993): Alpine Wildflüsse. Garten + Landschaft, Heft 4: 47–52.

Povž, M. (1984): Ihtiofavna reke Mure I. Biol. Vestn. 32: (1): 87–92.

Povž, M. & B. Sket (1990): Sladkovodne ribe. Založba mladinska knjiga, Ljubljana.

Prpić, B. & đ. Rauš (1991): Situation der Flußauen in Jugoslawien. ANL, Laufener Seminarbeitr. 4/91: 58–65.

Prpić, B. (1989): Sušenje hrasta lužnjaka (Quercus robur L.) u Hrvatskoj u svjetlu ekološke konstitucije vrste. Glas. Šum. pokuse 25: 1–24.

Puzović, S. (1998): Ramsarska podrucja u Srbiji u funkciji očuvanja diverziteta faune ptica vodenih staništa. Zaštita prirode 50: 283–290.

Puzović, S., Sekulić G., Stojnić N., Grubač B. & Tucakov M. (2009): Značajna područja za ptice u Srbiji – Important Bird Areas in Serbia. Ministarstvo životne sredine i prostornog planiranja, Zavod za zaštitu prirode Srbije, Pokrajinski sekretariat za zaštitu životne sredine i održivi razvoj.

Radišić, D. & Tucakov M. (2010): Sastav i status faune ptica ribnjaka kod Bača u periodu 2000–2010. [Composition and status of bird fauna on fish farm at Bač in the period between 2000 and 2010]. Ciconia 19: 33–47.

Rajković, D. (2012): Zimska noćilišta poljske eje Circus cyaneus kod Stanišića u periodu 2008–2013 [Winter roosting sites of Hen Harrier Circus cyaneus near Stanišić in the period between 2008 and 2013]. Ciconia 21: 65–66.

Rauš, Đ. (1973): Die Wälder Slawoniens und der Baranja seit Matija Antun Relković bis heute. Papers for the centre for organizing scientific research work in Vinkovci, 2.

Rauš, Đ., Trinajstić I., Vukelić J., Medvedović J. (1992): Biljni svijet hrvatskih šuma [Die Pflanzenwelt der kroatischen Wälder]. Šume u Hrvatskoj.

Reeder, D., Mohl A., Schneider-Jacoby M. & Stumberger B. (2006): The protection of the Drava-Mura wetlands. In: Terry A., Ulrich K. & Riecken U., The Green Belt of Europe: From Vision to Reality. IUCN, Gland, Switzerland and Cambridge, UK: 110–120.

Republika Hrvatska (2006): Prostorni plan Parka prirode „Kopački rit" [Raumplan des Naturparkes „Kopački rit"]. Osijek.

Rothenberg, G. E. (1970): Die Österreichische Militärgrenze in Kroatien 1522 bis 1881. Verlag Herold, Wien, München.

Ružić, M, Radišić D, Tucakov M, Šćiban M, Janković M. (2009): Rasprostranjenje i brojnost zimujućih jata utine (Asio otus) u naseljima u Vojvodini tokom zime 2007/08. godine [Distribution and numbers of Long-eared Owl Asio otus communal roosts in Vojvodina during the winter 2007–08]. Zaštita prirode 60 (1–2): 295–304.

Sackl, P. (1985): Die Ausbreitung des Schwarzstorches (Ciconia nigra, Aves) – Arealveränderungen in Osteuropa und Südostösterreich. Mitt. Naturwiss. Ver. Steiermark 115: 125–131.

Sackl, P. & Ilzer, W. (1997): Neue Brutansiedlungen und Bestandsentwicklung der Uferschwalbe (Riparia riparia) in der Steiermark 1992–1996. Egretta 40 (1): 49–55.

Sallai, Z. & Mrakovčić M. (2007): Protokol za istraživanje faune riba i praćenje stanja u reci Dravi. In: Purger J.J. (ed.): Priručnik za istraživanje bioraznolikosti duž rijeke Drave. Sveučilište u Pečuhu/Pécs: 133–161.

Sambraus, H.H. (2001): Farbatlas Nutztierrassen. Eugen Ulmer, Stuttgart.

Sáfrány J. (2001): Wie soll es weiter gehen, Gemenc? Naturfilm, Készült a Gemenc Zrt. támogatásával (DVD).

Selanec, I. & Lauš B. (2011): Rasprostranjenost čaglja (Canis aureus) na području Republike Hrvatske. Biološki odsjek, Prirodoslovno-matematički fakultet, Sveučilište u Zagrebu, Zagreb.

Šćiban, M., Đapić D., Sekereš O, Đorđević I., Ružić M., Stanković D., Radišić D., Gergelj J., Janković M, Radaković M., Rudić B., Agošton A., Dajović M. & Simić D. (2011): Rezultati Međunarodnog censusa ptica vodenih staništa u Srbiji – Results of the International Waterbird census in 2012 in Serbia. Ciconia 20: 120–128.

Schneider, M. (1987): Wassersportler stören Wasservögel auch im Winter. Vogelwelt 108: 201–209.

Schneider-Jacoby, M. & H. Ern (1990): Die Save-Auen – Vielfalt durch Überschwemmung. Jürgen Resch Verlag, Radolfzell.

Schneider-Jacoby, M. (1992): Ökoterrorismus an der Militärgrenze – Die ökologischen Folgen des Jugoslawien-Krieges. Ökozidextra „Klassenfeind Natur – Die Umweltkatastrophe in Osteuropa":113–130, Focus Verlag, Gießen.

Schneider-Jacoby, M. (1994): Sava and Drava – Ecological Value and Future of the Two Main Rivers in Croatia. Periodicum biologorum 96 (4): 348–356.

Schneider-Jacoby, M. (2004): Die Bedeutung der Beweidung von Auen und Niederungslandschaften mit Beispielen aus der Avifauna. In: C.-P. Hutter & W. Konold (Hrsg.): Beweidung mit großen Wild- und Haustieren. Bedeutung für Offenland und Markt, 1–10. – Hirzel-Verlag, Stuttgart: 51–62.

Schneider-Jacoby, M. (2012): The European Stork Village Network as an example of rural business development. In: Oppermann R., Beaufoy G. & Jones G. (Eds.): High Nature value Farming in Europe. Verlag Regionalkultur, Ubstadt-Weiher: 459–465.

Schneider-Jacoby, M., Mohl, A. (2012): Mura-Drava-Danube: Five countries – three rivers – one Biosphere Reserve. In Danube News: No. 25, p.5–8.

Schwarz, U. (2005): Landschaftsökologische Charakterisierung des Kopacki Rit unter besonderer Berücksichtigung von Flusslandschaftsformen sowie deren Genese und Typologie. Dissertation am Institut für Geographie, Universität Wien.

Schwarz, U. (2007): Hydromorphological Survey and Mapping of the Drava and Mura Rivers, Fluvius, Wien.

Schwarz, U., Grlica D. & Stumberger B. (2012): Impact on riverine breeding birds along the Lower Mura and Drava. Danube 14 (25): 14–15.

Frhr Geyr von Schwepenburg, H. (1915): Ornithologische Beobachtungen im Komitat Syrmien. Journal für Ornithologie 63 (1): 70–111.

Schwoerbel, J. (1987): Einführung in die Limnologie. 6. Auflage. UTB, Gustav Fischer Verlag, Stuttgart.

Scott, D.A, & Rose P.M. (1996): Atlas of Anatidae Populations in Africa and Western Eurasia. Wetlands International Publication No. 41, Wageningen, The Netherlands.

Skoberne, P. & S. Peterlin (eds. 1988): Inventar najpomembnejše naravne dediščine Slovenije, 1. del: vzhodna Slovenija. Zavod Republike Slovenije za varstvo naravne in kulturne dediščine, Ljubljana.

Smole, J. (2003): Race iz rodu Aythya na ribnikih v Donjem Miholjcu v času gnezdenja [Ducks from genus Aythya on the fishponds of Donji Miholjac during the breeding period]. Diplomarbeit, Department of Biology, Biotechnical faculty, University of Ljubljana.

Spindler, T. (1997): Fischfauna in Österreich. Ökologie – Gefährdung – Bioindikation – Fischerei – Gesetzgebung. Bundesministerium für Umwelt, Jugend und Familie, Monographien 87: 140. http://www.umweltbundesamt.at/fileadmin/site/publikationen/M087.

Spitzenberger, F. (2001): Die Säugetierfauna Österreichs. Grüne Reihe des Bundesministeriums für Land- und Forstwirtschaft, Umwelt und Wasserwirtschaft, Band 13. Graz.

Stiftung Europäisches Naturerbe (1993): Machbarkeitsstudie „Mur-Auen", Endbericht Juli 1993. Graz.

Stiftung Europäisches Naturerbe (1994): Materialien zur Drau-Naturschutzkonferenz in Kaposvar, Mai 1993. Hrvatsko Ekološko Društvo, Zagreb/Radolfzell.

Stanković, S. & D. Janković (1971): Mechanismus der Fischproduktion im Gebiet des Mittleren Donautales. Archiv für Hydrobiologie, Supplement 36 (4) (Donauforschung): 299–305.

Stojanović, S. & Dorđević-Milošević S. (2003): Autochthonous breeds of domestic animals in Serbia and Montenegro. Savezni sekretariat za rad, zdravstvo i soijalno staranje, Sektor za životno sredinu. Beograd.

Stumberger, B., M. Kaligarič & I. Geister (1993): Krajinski park Šturmovci. Občina Ptuj.

Stumberger, B. M. Vogrin, A. Sovinc et al. (1995): Drava med Mariborom in Središčem ob Dravi [The Drava river between Maribor and Središče ob Dravi – the sphere of conflict between nature conservation and the development policy]. Acrocephalus 16 (Sondernummer): 1–92.

Stumberger, B. (1997): Results of the mid-winter waterfowl census in January 1997 in Slovenia. Acrocephalus 18: 29–39.

Stumberger, B. (1998): Results of the mid-winter waterfowl counts in January 1998 in Slovenia. Acrocephalus 19: 36–48.

Stumberger, B. (1999): Results of the mid-winter waterfowl census in January 1999 in Slovenia. Acrocephalus 20: –22.

Stumberger, B. (2000): Results of the mid-winter waterfowl census in January 2000 in Slovenia. Acrocephalus 21: 271–274.

Stumberger, B. (2001): Results of the mid-winter waterfowl census in January 2001 in Slovenia. Acrocephalus 22: 171–174.

Stumberger, B. (2002): Results of the mid-winter waterfowl census in January 2002 in Slovenia. Acrocephalus 23: 43–47.

Stumberger, B. (2005): Results of the mid-winter waterfowl census in January 2003 in Slovenia. Acrocephalus 26: 99–103.

Stumberger, B. (2003): Results of the mid-winter waterfowl counts in January 2005 (IWC) in the proposed Drava-Mura Biosphere Reserve. Report, EuroNatur. Radolfzell.

Stumberger, B. & Schneider-Jacoby M. (2013): Importance of the Adriatic Flyway for Common Crane (Grus grus). In: Nowald G., Weber A., Franke j., Weinhardt e. & Donner n. (eds.), Proceedings of the VIIth European Crane Conference: 64–68, Crane Conservation Germany, Groß-Mohrhof.

Suter, W. (1982): Vergleichende Nahrungsökologie von überwinternden Tauchenten (Bucephala, Aythya) und Bläßhuhn (Fulica atra) am Untersee-Ende/Hochrhein (Bodensee). Orn. Beob. 79: 225–254.

Szép, T. (1991): A Tisza magyarországi szakaszán fészkelő partifecske (Riparia riparia L., 1758) állomány eloszlása és egyedszáma [Number and distribution of the Hungarian Sand Martin (Riparia riparia L., 1758) population breeding along the Hungarian reaches of the river Tisza]. Aquila: 111–124.

Tamás, E.A. (2012): Breeding and migration of the Black Stork (Ciconia nigra), with special regards to a Central European population and the impact of hydro-meteorological factors and wetland status. PhD Thesis, University of Debrecen.

Tempel, van R. (1992): Verstoring van watervogels door jacht in wetlands. Naturmonumenten, Technisch rapport Vogelbescherming 9, Zeist/NL.

Tucakov, M. (2004): Fauna ptica ribnjaka kod Koluta kao kriterijum za njegovo zaštitu. Diplomski rad. Univezitet u Novom Sadu, prirodno-matematički fakultet, Departman za biologiju i ekologiju, Novi Sad.

Tucakov, M. (2006): Seasonal variation in numbers of Great Cormorant (Phalacrocorax carbo) on the Kolut fish farm (NW Serbia). Archives of Biological Sciences 58 (2): 83–86.

Tutiš, V., Kralj J., Radović D., Ćiković D. & Barišić S. (2013): Red Data Book of Birds of Croatia. Ministry of Environmental and Nature Protection, State Institute for Nature protection, Zagreb.

Udolph, J. (1997/98) [1999]: Die Schichtung der Gewässernamen in Pannonien. Ural-Altaische Jahrbücher, Neue Folge 15: 90–106.

Uherkovich, A. & Nogradi S. (1997): Platyphylax frauenfeldi Brauer, 1857 (Trichoptera, Limnephilidae) in Hungary. Brauereia 24: 13–14.

Uherkovich, A., Kučinić M. & Previšić A. (2007): Protokol za praćenje vrsta i populacija tulara (Trichoptera) rijeke Drave i pritoka. In: Purger J. (ed.): Priručnik za istraživanje bioraznolikosti duž rijeke Drave. Sveučilište u Peču, Pecs:113–122.

Weber, E. (1989): Entwicklung der Donaufischerei von Wien bis zur Marchmündung vor und nach der Donauregulierung von 1880–1900. Studie Internationale Arbeitsgemeinschaft Donauforschung, Wien.

Welcomme, R. L. (1979): Fisheries ecology of floodplain rivers. The Chaucer Press Ltd, Bungay, Suffolk.

Wetlands International (2014): „Waterbird Population Estimates". Retrieved from wpe.wetlands.org on Monday 11 Aug 2014.

Yon, D. & G. Tendron (1981): Alluvial Forests in Europe. Council of Europe, Nature and Environment Series 22, Strasbourg.

Viziterv (1988): Djurdjeváci vizlépcsö – müszaki ismertetö. Budapest.

Zauner, G. (1997): Acipenseriden in Österreich, Österreichs Fischerei 50: 183–187.

WWF Austria (2006): Saving a picture of beauty. The Danube-Drava-Mura river corridor. Brochure, Vienna.

WWF Austria, EuroNatur (2009): Lifeline Drava-Mura 2009-2020. A Plan for Conserving and Restoring the Drava and Mura Rivers for Nature and People. Study. Vienna, Radolfzell.

WWF Austria (2013): Assessment of the River and Floodplain Restoration Potential in the Transboundary UNESCO Biosphere Reserve „Mura-Drava-Danube". Study. Vienna.

WWF Austria, EuroNatur, Revital (2016): „Amazon of Europe" Bike trail. From the Alps to the Pannonian plain along the largest natural river system in Central Europe. 6-sprachig. Brochure. Vienna.

WWF Österreich (2017): coop MDD. Schutzgebietskooperation für den Erhalt des „Amazonas Europas". Leaflet. 6-sprachig. Vienna.

WWF Österreich (2014): Der „Amazonas Europas". Mur-Drau-Donau: Flüsse zwischen Schutz und Zerstörung. 6-sprachig. Leaflet, Wien.

WWF Österreich (2017): coop MDD. Schutzgebietskooperation für den Erhalt des „Amazonas Europas". Leaflet. 6-sprachig. Vienna.

USGS (2019): Declassified satellite images. CORONA satellite aerial images 1960–1975 (Declass 1 (1996), https://earthexplorer.usgs.gov/ U.S. Geological Survey.

Unveröffentlichte Quellen und Datenbanken

Brutvogelmonitoring (Kies,- Sandbank und Steilwandbrüter) an der Donau, Drau und Mur in Kroatien und Grenzabschnitte zu Ungarn und Serbien (2006–2020) (Darko Grlica)

Resultate der Koloniezählungen an der Drau und Mur in Kroatien (2000 und 2005) (Boris Kočevar und Borut Stumberger)

Resultate der Wasservogelzählungen (IWC) in Kroatien (Tibor Mikuska)

Resultate der Wasservogel-(IWC 1997–2017) und Gänseschlafplatzzählungen (1989–2017) in Slowenien (Luka Božič, Borut Stumberger)

Resultate der Wasservogelzählungen (IWC 2012–2014) in Serbien (Marko Ščiban)

euronatur

Westendstr. 3
D-78315 Radolfzell

Fon +49 (0)7732/92 72 0
Fax +49 (0)7732/92 72 22
info@euronatur.org
www.euronatur.org

Spendenkonto: 8182005
Bankleitzahl: 370 205 00
Bank für Sozialwirtschaft, Köln

WWF

WWF Österreich
Ottakringer Straße 114–116
A-1160 Wien, Österreich

Telefon: +43 (1)48 81 70
wwf@wwf.at
www.wwf.at

Adria-Ostküste

Vögel beobachten und Natur erleben in historischen Landschaften am Mittelmeer

Sommer, Sonne, azurblaues Meer: Die meisten Menschen verbinden mit der östlichen Adriaküste vor allem Strandurlaub. Der EuroNatur Reiseführer „Adria-Ostküste“ zeigt eindrücklich, dass die Region weitaus mehr zu bieten hat – ein Muss für alle Natur- und Vogelfreunde.

Für Natururlauber gab es darüber bisher nur wenige Informationen. Sie waren zudem auf einzelne Länder begrenzt. Diese Lücke schließt der EuroNatur-Reiseführer. Das Buch gibt wertvolle Reisetipps und beschreibt ausführlich die Tier- und Pflanzenwelt sowie die atemberaubenden Landschaften der östlichen Adriaküste.

Also available in English.

6 farbige Übersichtskarten – 234 Farbfotos – umfassende Tipps und wichtige reisepraktische Hinweise – fundierte Hintergrundinformationen.

13 × 19 cm, 268 Seiten, 100 % Recyclingpapier **15,00 Euro**

Deutsch: ISBN 978-3-00-033929-5
Englisch: ISBN 978-3-00-035952-1

Prespa-Ohrid-Seenregion

Die Wiederentdeckung einer vergessenen Ecke Europas

Sollte es in unserem dicht besiedelten Europa tatsächlich noch eine vergessene Ecke geben? Nun ja, wirklich vergessen ist die geschichtsträchtige und landschaftlich so reizvolle Region auf dem südlichen Balkan, durch die sich die Ländergrenzen zwischen Mazedonien, Albanien und Griechenland hinziehen, zwar nicht. Aber hatten schon die hohen Bergketten und häufigen Stammesfehden in früheren Jahrhunderten das Reisen erschwert, so sorgten politische Verbohrtheit und Misstrauen vollends für strenge Isolation, als verfeindete Staaten lebensgefährliche Barrieren errichteten, um bis in die 1990er Jahre hinein jeglichen Austausch über die Grenzen hinweg zu verhindern. Deshalb wagten lange Zeit auch nur Wenige, die Gegend zu bereisen, noch weniger wurde darüber geschrieben. Inzwischen aber hat der politische Wandel die Region aus dem Dornröschenschlaf befreit. Die Grenzen sind offen, die Straßen sicher geworden. Begeisternd schöne Landschaften voll reizvoller Gegensätze und kostbarer Naturschätze harren nun der Wiederentdeckung. Der vorliegende Naturreiseführer bietet mit informativen Beschreibungen und ansprechender Bebilderung die Möglichkeit dazu - auch all jenen, die nur in Gedanken reisen möchten. Wer sich aber trotz manchem Mangel an Komfort in dem touristisch noch wenig erschlossenen Gebiet gern selbst auf den Weg machen will, dem ist das Buch im praktischen Taschenformat ein wertvoller und zuverlässiger Begleiter.

10 farbige Übersichtskarten und Diagramme – mehr als 190 Farbfotos – umfassende Tipps für Individualreisende – wichtige reisepraktische Hinweise – fundierte Hintergrundinformationen.

13 × 19 cm, 256 Seiten, 100 % Recyclingpapier **15,00 Euro**

ISBN 978-3-00-027579-1

Foto: Goran Šafarek